아동관찰 및 행동연구

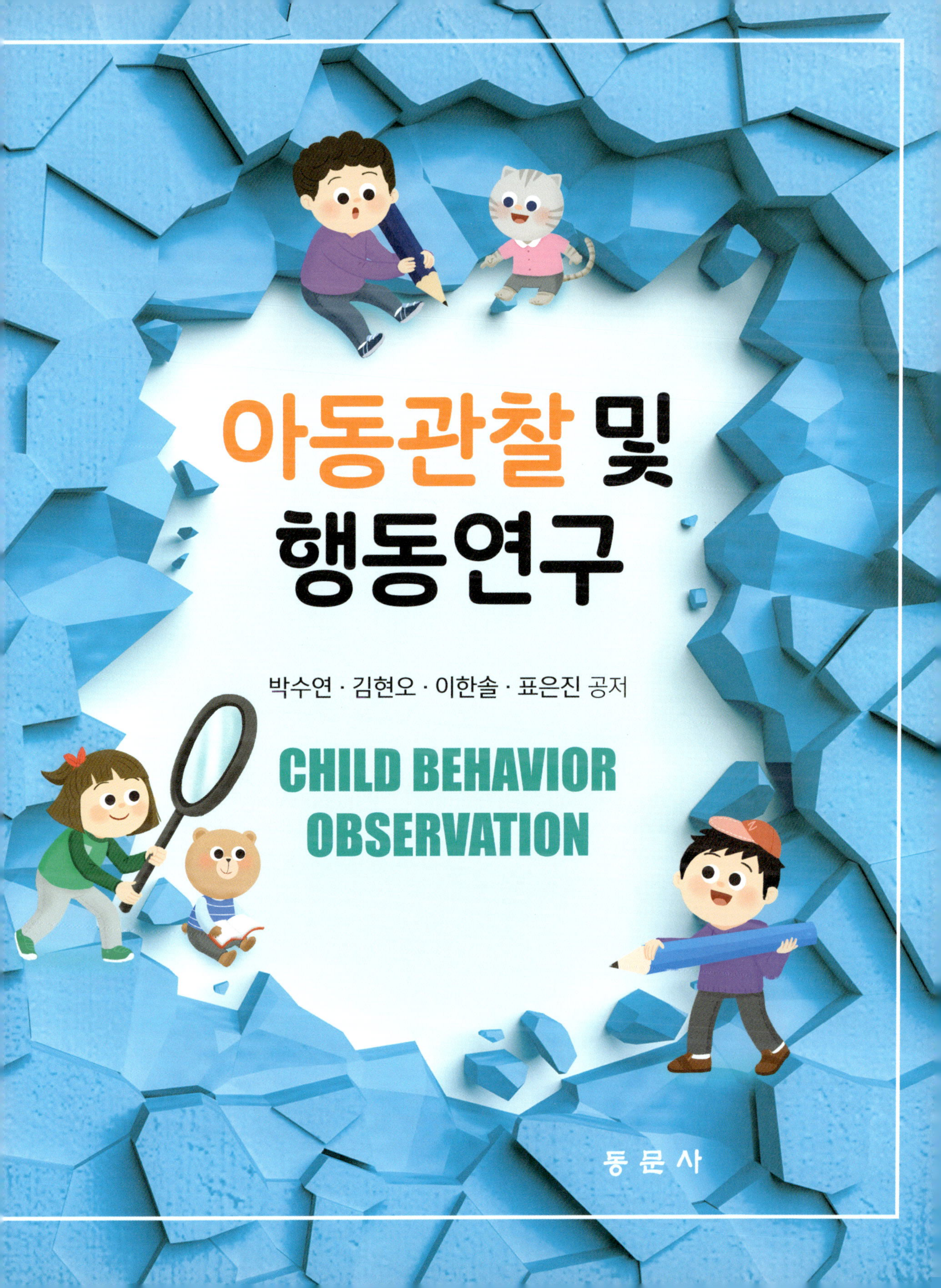

아동관찰 및 행동연구

박수연 · 김현오 · 이한솔 · 표은진 공저

CHILD BEHAVIOR OBSERVATION

동문사

머리말

' All kids are smart,

All kids are sense,

All kids want to have a good life. '

- Daniel J. Walsh, 1998.

위 세 가지는 어린이를 연구하는 연구자의 기본 태도로, 첫 번째는 어린이들 세상을 잘 알기 위한 유일한 방법은 어린이들로부터 배우는 것이고, 두 번째는 정상적이지 않은 행동을 이해하는 방법은 어린이들을 주의깊게 보고 들으며 관찰하는 것이며, 세 번째는 연구자의 시선에서 스스로 망가트리는 행동 또는 다른 사람에게 피해를 주는 행동들도 어린이들이 자신의 좋은 인생을 성취하기 위한 행동이라는 의미이다.

관찰의 사전적 정의는 '살피다', '사물이나 현상을 주의하여 자세히 살펴보는 것'이다. 이는 단순히 눈을 통해 보고 살피는 것이 아니라 보이는 것을 통해 보이지 않는 것을 이해하는 것이 바로 관찰의 목적이라 말할 수 있다.

보이지 않는 무엇인가를 발견하고 이해한다는 것은 표면적인 인간 상호작용의 저변을 이해하는 연구가 필요하다는 의미이므로 관찰연구는 이전에 보지 못했던 것을 보는 것이고, 더 나아가 눈으로 보이지 않는 것까지도 이해하게 되는 것이라 볼 수 있다.

훈련되고 체계적인 관찰은 기술이며 학습될 수 있다. 그래서 숙련된 관찰자는 다른 사람들이 볼 수 없는 것을 보며, 잘 보이지 않던 것을 볼 수 있게 되는 것이다.

숙련된 관찰자로서의 역할을 잘 수행하는 교사가 되려면 그만큼의 관찰 능력과 연구 역량을 갖춘 교사의 전문성이 요구된다.

본서의 구성은 예비교사들과 아동연구자들이 아동을 관찰하고 기록하는 기술을 익히고, 교육현장에 적용하고 응용할 수 있도록 구성하였다. 크게 3부로 나뉘며 12장으로 구성되어 있다.

제 1부는 아동관찰 및 행동연구에 대한 기초적인 이론으로 1장은 아동관찰의 이해, 2장은 행동연구의 이해, 3장은 아동발달에 따라 행동관찰을 제시하였다.

제 2부는 현장에서 활용될 수 있는 다양한 기록 방법과 실제 사례를 제시한 아동관찰방법으로, 4장은 표본식기록법 및 일화기록법, 5장은 행동목록법 및 평정척도법, 6장은 사건표집법, 7장은 시간표집법으로 구성하였다.

제 3부는 관찰결과의 활용으로 행동연구방법과 포트폴리오로서, 8장은 조사연구, 9장은 실험연구, 10장은 사례연구, 11장은 아동검사, 12장은 포트폴리오평가로 구성하였다.

아동교육현장에서는 실험적 상황이 아닌 자연적 상황에서 나타나는 아동을 직접 관찰하고, 기록하고, 분석함으로써 아동의 개별적 또는 집단적 행동을 이해할 수 있으며, 이를 위해서는 교사의 세심한 관찰력과 객관적인 연구가 중요하다. 실제 관찰은 일상생활에서 우연적으로 발생될 수 있으며, 특히 놀이하는 과정에서 자연스럽게 관찰이 이루어지는 것이 바람직한 방법이 될 수 있다.

본서의 목적은 아동교육현장에서 아동을 관찰하는 가장 기본적인 업무를 수행하는 데 필요한 지식, 기술, 태도를 기르는 것에 중점을 두고 있다. 또한 관찰을 통하여 아동 개인의 요구뿐 아니라 사회·환경적인 부분까지도 파악할 수 있게 됨으로써, 아동의 개별적 발달상황과 요구를 알아차릴 수 있고, 그에 따른 행동수정과 문제해결을 도모할 수 있다. 따라서 아동교육을 실천하는 교사들이 신중하고 다양한 방법들을 사용하여 아동의 개별적 실천에 대한 적절성과 효과성을 이끌어 낼 수 있도록 충분한 내용을 담고자 하였다.

교사들이 본서를 통해 아동의 발달과 행동연구에 대한 이해를 높이고 교육현장에서 '관찰'이 바르게 이루어지길 바란다.

끝으로 이 책을 위해 도움을 주신 국공립 코오롱 하늘숲 어린이집의 김은아원장님, 현장에서 실제 관찰 기록지를 제공해주신 선생님들 그리고 이 책이 나올 수 있도록 지원해주시고 도와주신 동문사 임직원들께 진심으로 감사를 드린다.

2021년 7월

저자 일동

차례

PART I

아동관찰 및 행동연구의 이해

이걸 기억하겠다고 약속해줘.

넌 네가 믿는 것보다 더 용감하며,

보기보다 강하고,

네 생각보다 더 똑똑하다는 걸.

- 곰돌이 푸

CHAPTER

01 아동관찰의 이해

아동관찰의 이해를 위하여 관찰의 개념, 아동관찰의 목적 및 필요성, 관찰의 요소 및 매체, 관찰의 절차에 대하여 살펴보고자 한다. 특히 관찰 절차에서는 각 단계별로 수행해야 하는 과업을 제시하였다.

1 관찰의 개념

관찰(observe)은 사물 또는 현상을 주의하여 자세히 살펴보는 것으로 아동을 대상으로 하는 것은 아동의 행동과 그 이면을 보다 잘 이해하기 위한 진단적인 목적을 가지고 있으며 연구나 평가 중에서 가장 오래된 역사를 지닌 방법이다. 1930~40년대에는 현장관찰 연구가 주류를 이루었으나 1950년대 들어서면서 비자연적 관찰기법인 면접법(interview)이 주류를 이루었고, 1960년대 초반에는 실험연구로 바뀌었다(전남련 외, 2009 재인용).

아동관찰은 특정 현상에 대한 객관적 자료를 수집하기 위한 절차로서 아동연구에 있어서 일상적인 상태에서 진행되는 자연스러운 인간의 행동을 직접 관찰하여 기록하는 절차이다(김병선 외, 2000). 이러한 관찰은 일상생활에서 일어나는 자연스러운 인간의 행동에 대하여 객관적 자료를 수집하기 위하여 관찰장면에 특별한 조작(operation)이나 제재(sanction)를 가하지 않고 관찰자가 가지고 있는 기존의 지식을 사용하여 관찰대상의 행동을 있는 그대로 기술하는 활동이다. 즉, 관찰을 통해 얻어진 자료들은 아동을 전인적인 관점에서 볼 수 있도록 하며 아동의 성장·발달에 대한 정보를 제공해 주는 것으로 발달에 적합한 활동을 계획하고 문제점을 밝혀낼 수 있으며, 교사들의 교수-학습 방법에 대한 효과를 평가하고 수정할 수 있는 기초자료를 마련해 주는 것이다.

아동을 대상으로 실시하는 연구에서 관찰방법이 권장되는 것은 아동이 관찰자의 존재에 대하여 크게 개의치 않으므로 관찰아동의 자연스러운 행동을 관찰할 수 있으며, 관찰자가 관찰대상 아동의 행동이 일어나는 현장에서 즉시 어떤 행동이나 사실을 포착할 수 있기 때문이다. 그리고 아동들은 언어를 통한 의사소통이 원활하지 못하므로 면접이나 질문지 검사보다 관찰이 더 적합하다(전남련 외, 2009). 아동들에게 실험조작을 하거나 어떤 정보를 얻기 위해서 통제와 조작을 가하는 것이 윤리적인 관점에서 문제가 제기될 수 있으며 관찰대상자의 협력을 덜 필요로 하기 때문이다.

이와 같이 관찰은 언어적으로 한계가 있고 집중력이 짧은 아동의 발달특성상 발달과 행동특성을 이해할 수 있는 가장 적합한 방법이다. 단, 아동을 객관적으로 관찰하기 위해서는 전문적 지식과 기법이 필요하다.

2 관찰의 목적 및 필요성

1) 관찰의 목적

관찰(observation)은 아동을 가능한 자연적인 상태에서 평가하기 위한 가장 자연스러운 방법으로 관찰자 주변이나 특정 주제와 관련해서 무슨 일이 일어나는지를 주의 깊게 듣고 보고 기록하는 것이다. 즉, 관찰법은 시각, 청각 등 관찰자의 감각을 통해서 아동의 행동이나 언어를 과학적인 방법으로 관찰하고 기록함으로써 아동발달을 더 잘 이해하기 위한 대표적인 평가 방법이다(이미화 외, 2012). 이는 행동이 발생하는 과정이나 상호작용 유형 등 과정을 강조하는 연구에서 특히 유용한 것으로 아동의 학습과 발달에 관련된 정보를 파악할 수 있는 가장 친숙하고 직접적인 방법이다. 교사가 아동의 행동을 잘 이해하고 효율적인 교사 역할을 수행하기 위해 아동의 행동을 관찰하고 그 결과를 객관적으로 수집함으로써 아동 행동의 특성과 원인을 파악할 수 있다.

- 아동의 흥미를 파악할 수 있다.
- 아동의 발달수준을 규준에 맞추어 파악하고 기록하여 전인발달에 도움을 줄 수 있다.
- 아동의 개별 발달 정도에 맞는 교수방법의 계획 및 운영이 가능하다.
- 아동의 반응을 통해 교사는 자신의 교수 실제를 평가하고 교사로서의 전문성 계발의 기초가 되는 교사발달 프로그램을 고안하는 데 도움을 준다.
- 교실 운영에서 다양한 문제들을 분석하고 해결방안을 찾는 데 도움을 준다.

- 관찰기록은 동료교사, 부모, 기관장 간의 의사소통 자료로 활용될 수 있다.
- 특정 발달영역에서 지연을 보이는 아동을 발견 및 조기 중재와 문제행동의 원인을 파악하고 치료 효과를 극대화할 수 있다.

관찰을 통해 교사는 대상 아동 개개인의 흥미와 특성 그리고 욕구와 변화 등의 발달에 대한 정보를 획득할 수 있으므로 아동의 흥미에 기초하여 교육적 경험들을 계획하고 실행할 수 있어야 할 것이다. 관찰 시 일반적인 지침은 다음과 같다(조윤경, 김경혜, 2013).

- 주의 깊게 듣고 보는 것에 집중한다.
- 관찰자는 객관적이고 민감해야 한다.
- 감정이 아닌 사실을 다룬다.
- 정확하게 기록한다.
- 지시대로 관찰내용을 정리·보관한다.
- 아동을 효율적으로 돕기 위해 관찰을 이용한다.
- 기록된 내용에 대해서는 비밀이 보장되어야 한다.
- 아동의 이름과 연령을 명시한다.
- 관찰자의 이름, 날짜, 시간, 관찰장소를 기록한다.
- 다른 관찰자에게 말하지 않는다.
- 아동이 관찰자에게 말을 걸어올 경우, 간단하게 대답해 주고 다시 관찰한다.
- 아동이 하는 말이나 행동에 큰 소리로 웃지 않는다.
- 관찰자는 별도로 관찰자의 느낌을 기록한다.
- 왜 그리고 무엇을 관찰하는지 기록한다.
- 전체적인 상황을 파악한다.

관찰은 모든 연구에서 자료수집의 일차적인 방법으로 조직적이고 체계적이어야 하는 것으로, 현재성과 직접성을 주요 특성을 지니고 있을 뿐만 아니라 아동을 연구는 데 있어 관찰법이 선호되는 이유는 아동의 발달적 특성을 파악할 수 있기 때문이다(홍길회, 박재옥, 2019).

- 관찰대상의 행동이 발생함과 동시에 기록될 수 있으므로 비교적 자세하고 풍부하고 생생한 많은 정보를 얻을 수 있다.
- 주로 도구를 사용하지 않고 관찰하며 도구 사용의 경우도 측정받는 대상에게는 영향을 미치지 않는다.
- 관찰의 성패 여부는 관찰대상의 조건에 좌우되지 않고 관찰자 자신의 관찰 능력에 의해서 좌우된다. 즉, 피관찰자의 협력이 덜 필요하다.
- 비언어적인 행동에 대한 자료수집에 있어서 더욱 유용한 방법으로 대상자를 있는 그대로 관찰할 수 있다.
- 관찰대상의 능력이나 교육 정도에 제한을 받지 않으므로 언어표현 능력이 제한된 연령의 아동에게 적합하다.
- 대부분의 아동들이 관찰자의 존재를 크게 의식하지 않으므로 자연스러운 행동을 관찰하는 것이 용이하다.

이와 같이 아동을 대상으로 한 관찰기록은 실험실 상황이나 검사 상황에서 얻을 수 없는 풍부하고 전체적인 자료들을 제공해 준다는 장점을 가지는 것으로 궁극적인 목적은 아동의 발달을 이해할 수 있도록 하고, 아동의 최적의 발달을 꾀하기 위한 것으로 안전, 신체 건강, 도움 제공, 지도, 흥미발견, 학습 양식과 교수전략, 학습경험 확장, 교육과정 계획, 아동과의 의사소통, 가족과의 의사소통, 측정과정, 타당성을 확보하기 위함이다.

〈표 1-1〉 관찰의 목적

목 적	내 용	사 례
안전	잠재적인 위험상황을 보고 상해를 예방하는 등 안전 제공	▪그림을 그리려고 기다리던 아동과 그림을 그리고 있던 아동과 싸우고 있는 것을 관찰 ▪교사가 급히 뛰어가서 중재
신체 건강	아픔, 질병의 신호인식	▪그림을 그리고 있던 아동의 귀 뒤에 작은 반점이 있는 것을 발견 ▪2주 전 해당 아동의 형이 수두를 했다는 기억을 떠올림 ▪다른 아동과 분리를 위해 부모에게 전화 걸기
도움 제공	도움이 필요한 상황 알림	▪한 아동이 그림을 그리려고 하나 종이가 다 떨어지고 없어서 이젤 앞에 서 있는 것을 봄 ▪교사는 추가로 종이를 가지고 와서 집게로 고정해 둔다.
지도	잠재적 문제 안내와 지도	▪그림을 그리다가 벽 쪽으로 이동하는 아동에게 교사가 "종이 위에 그림 그리자"고 말함
흥미 발견	아동의 흥미영역 발견	▪한 아동이 극놀이 영역에서 놀이하고 있는 다른 아동에게 말을 거는 것을 관찰
학습 양식과 교수전략	아동의 인성, 학습 스타일을 알려주며, 교수전략에 대한 실마리 제공	▪그림을 그리는 아동을 관찰함으로써 그 아동에게 더 효과적인 학습방식을 알게 됨
학습경험 확장	가르치기 적절한 순간포착	▪영어 문자로 가득한 그림을 관찰한 후 교사는 알파벳 모형 자석을 가져다주어 그 아동이 가지고 놀게 함
교육과정 계획	주요 경험과 활동을 계획하도록 정보 제공	▪이젤 페인팅을 경험한 아동에게 다음 주에는 물감을 소개
아동과의 의사소통	교사들은 아동과 언어적 상호작용을 함으로써 아동의 생각하는 과정 탐구	▪교사가 그림 그리는 아동에게 "그림을 아주 열심히 그렸구나, 어떻게 그렸는지, 무엇을 먼저 그렸는지 말해 주겠니?" 하고 질문
가족과의 소통	아동 일상에 대해 부모와 대화는 아동이 세심한 보살핌을 받고 있음을 의미	▪일과에서 관찰된 행동 혹은 포트폴리오의 기록으로 부모들과 상의하면 아동에 대한 정적이고 방대한 정보를 가져다주게 됨
측정과정	관찰 지식을 토대로 이후 변화가 기대되고 예측	▪교사는 아동이 선을 그리는 것과 도형 안에 색칠하는 것을 본 것은 몇 주 전에 비해 소근육 조절을 잘할 수 있음을 나타내는 것임
타당성 확보	아동이 현재 어느 시점에 있는지를 보여 줌	▪아동이 오른손, 왼손, 오른손으로 바꾸어 그림을 그림 ▪이는 아동이 한 손만 사용 않음으로 평가됨

2) 관찰의 필요성

관찰법은 아동 행동을 이해하여 효율적인 교사 역할을 수행하기 위해 자료를 수집하여 연구·평가하는 필요적 방법이므로 교사는 아동의 발달 수준을 파악한 체계적인 관찰을 실시할 수 있는 능력이 필요하다. 이는 아동들은 대부분 눈빛, 목소리, 몸짓 등으로 의사소통을 하므로 비언어적 행동에 대한 관찰을 통해 중요한 정보를 제공받는다. 또한 아동은 스스로의 선택이 아닌 외부에서 제시된 상황에 장시간 주의를 집중한다는 것은 어려운 과제이다. 그리고 자연 상황이 아닌 인위적 상황에서 아동은 자신의 능력을 최대한으로 발휘하지 못할 가능성이 높기 때문이다. 이에 관찰의 유용성을 제시하면 다음과 같다.

- 관찰대상 아동의 발달을 잘 이해할 수 있다.
- 교육과정을 계획하는 데 기초를 마련해 준다.
- 학부모에게 자료를 제공할 수 있다.
- 관찰자 자신을 이해하는 데 도움이 된다.

TIP 관찰 시 주의사항

- 관찰자가 현상을 보는 즉시 참여대상의 행동에 대한 원인이나 이유를 쉽게 추론할 수 있다 하더라도 자신의 추론을 기록하지 말고 관찰 현상을 가능한 한 자세하게 기록하여 많은 자료들이 모인 후 추론해야 한다.
- 관찰은 실시 여부보다 관찰의 방법이 더 중요하다. 관찰에서 핵심은 관찰할 대상과 내용을 정하고 그것을 객관적이고 자세하게 기록하는 것이다.

3 관찰의 요소 및 매체

1) 관찰의 요소

관찰 요소는 관찰 단계와 같은 것으로 기록, 해석, 평가가 포함되며, 이 세 가지 과정을 분명히 구분되어야 한다.

기록은 관찰 단계에서 가장 먼저 실시하는 것으로 관찰자 앞에서 일어나고 있는 장면을 가능한 한 자세하고 객관적으로 적는 것이다. 관찰 해석, 평가, 느낌, 추론 등이 가능한 배제되도록 연구자의 편견을 의식하고 통제하려고 노력해야 한다. 이러한 과정을 통해 동일한 장면을 관찰한 다른 사람에게 동의를 얻을 수 있다.

해석은 행동의 원인 또는 그 행동을 할 때의 감정 등을 추측해 보고 기록된 자료의 의미를 찾아보는 과정이다.

평가는 축적된 관찰자료를 바탕으로 현재 상태와 앞으로 방향에 대한 결론을 내리는 단계로 가치를 평가하고 부여한다. 특히, 아동의 행동, 특징, 인성 등에 관찰자의 가치나 태도를 쉽게 적용시킬 수 있으므로 평가 시 각별한 주의가 요구된다.

해석과 평가는 객관적 관찰기록(관찰자의 해석, 느낌, 평가, 추론 등)에서 얻어지는 2차적 자료로서 실제 행동에 대한 객관적인 기술 없이 이루어진 해석이나 평가는 그 타당성을 인정받을 수 없다. 특히 관찰을 서술적으로 기록할 때 주의해야 하는 것은 기술, 해석, 평가를 분명히 구분할 줄 알아야 하며, 해석이나 평가는 반드시 객관적이고 충분한 관찰기록에 근거해야 한다. 관찰은 누구나 할 수 있지만 정확한 평가와 판단을 위해 자신의 주관성을 배제하고 객관성을 최대한 보장하는 전문가적 자질이 절대적으로 필요하다.

2) 관찰 매체

관찰 매체를 사용하여 관찰을 하는 것은 개인이 1회의 관찰을 통해 기록, 추론, 해석하는 데 따른 위험성을 감소시키는 효과가 있다. 매체를 사용한 관찰은 동시 다발적으로 발생하는 장면에서 특정 장면을 놓치게 되는 경우나 관찰자의 개인적 특성이 반영될 위험을 줄여 준다. 특히, 반복해서 관찰할 수 있고 다른 사람과 함께 관찰된 내용을 검토할 수 있는 점 때문에 관찰의 신뢰도를 높이는 데 유용하다. 그러나 관찰 매체를 사용하여 관찰장면을 녹음, 녹화하려고 할 때는 관찰의 목적에 맞는 장면이나 대상이 잘 선택되도록 주의해야 한다. 또한 매체의 설치가 아동들의 활동을 방해하지 않도록 해야 하며, 매체의 유용성과 작동의 간편성, 적용의 범위, 사용에 필요한 훈련 정도 등을 고려하여 매체의 종류를 신중히 선택해야 한다.

〈표 1-2〉 관찰매체의 장단점

유 형	특 징	장 점	단 점
사진	▪ 관찰기록 보완 자료로 유용	▪ 관찰장면을 일정시간이 지난 후 기억 재생에 도움	▪ 정지된 상태만 제공되므로 전후 맥락 파악 어려움
오디오	▪ 녹화자료에 비해 다소 제한적 ▪ 특정 상황의 정서적 분위기 파악이 용이함	▪ 아동의 언어발달이나 언어적 상호작용에 대한 정보획득에 유용	▪ 녹음될 수 있는 자료 이외의 정보들 무시
비디오	▪ 컴퓨터와 연결하여 필름비용, 현상비용, 저장과 보관비용 등 절감	▪ 여러 사람이 동일한 장면을 볼 수 있으며, 반복해서 볼 수 있음 ▪ 직접 현장에 참여하지 않더라도 관찰 장면에 대한 이해 가능 ▪ 관찰자가 순간적으로 간과한 장면이나 세부적 요소 포착 가능	▪ 도구의 조작이나 촬영을 위한 기술 필요 ▪ 가격이 비싸다.

4 관찰 절차

아동을 체계적이고 객관적으로 관찰하기 위해서는 관찰의 절차에 대한 정확한 지식이 필요하다. 관찰자는 아동을 관찰하고자 할 때 무엇을 관찰할 것인가, 언제, 얼마 동안, 어디에서 관찰할 것인가, 어떻게 관찰하고 관찰한 내용을 어떻게 기록할 것인가, 관찰로 얻은 자료를 어떻게 분석할 것인가를 생각해야 한다. 관찰은 아동의 하루 일과 중 다양한 맥락에서 관찰이 이루어질 수 있으며, 보편적으로 관찰대상은 아동이지만 교사의 교수행동, 교사와 아동의 상호작용, 물리적 환경 등도 관찰이 가능하다. 기본적으로 관찰은 목적이 있어야 하며 체계적이고 정확하며 상세하게 이루어져야 한다는 것을 염두에 두고 관찰계획에서부터 실제 관찰, 관찰결과의 활용 등이 유기적으로 조직되도록 해야 한다.

관찰 전 활동	**계획**	• 관찰의 목적 • 관찰행동의 표집(시간적 연속성, 공간적 대표성 고려) • 관찰장면의 선정 • 기록방법 선택
관찰 활동	**관찰 기록**	• 모든 감각기관 활용 • 관찰내용은 반드시 기록(동시 혹은 사후) • 객관적 기록
관찰 후 활동	**추론 평가 결과 활용**	• 행동의 동기, 원인, 목적 등을 추측 • 행동에 대한 가치 부여 • 교육과정에 반영, 아동 평가, 부모 면담

[그림 1-1] 관찰 절차

출처: 황해익 외(2013).

1) 관찰 전 활동

관찰 전 활동은 관찰에 대한 계획을 세우는 것이다. 관찰계획은 관찰의 목적, 대상, 방법, 평가 등 실제에 대한 종합적인 설계도이므로 매우 중요하다. 관찰계획에는 관찰목적을 설정하는 것이 가장 우선되어야 한다. 이는 관찰의 목적에 따라서 관찰대상, 관찰장면, 관찰상황, 관찰방법, 관찰기간 등이 달라지기 때문이다. 이러한 관찰계획에는 관찰행동의 표집이 포함되는 데 관찰행동 표집은 참여대상을 선정하여 그 대상의 행동을 범주화하고 행동단위를 결정하는 것이다. 이때 관심 있는 행동을 가장 잘 대표할 수 있는 표본을 얻도록 하는 것이 중요한데 시간적 차원에서 연속성과 공간적 차원에서 대표성을 고려해야 한다(황해익, 임재택, 1996).

관찰행동 표집에 이어 관찰장면이 선정되어야 한다. 즉, 관찰자가 보고자 하는 행동이 가장 빈번히 발생하는 장소와 상황을 선택하는 것이다. 예를 들어, 아동의 가상놀이나 이와 관련된 행동을 보고자 한다면 역할놀이 영역을, 블록놀이의 단계를 관찰하려면 쌓기놀이 영역을, 소근육 발달 정도를 관찰하려면 조작영역을 선택하는 것이 바람직하다.

〈표 1-3〉 시간적 차원의 연속성과 공간적 차원에서의 대표성

유형	내 용
시간적 차원의 연속성	▪ 관찰 시기 또는 시간에 관한 문제이다. (예, 아동의 놀이 행동에 대한 관찰을 하고자 할 때 오전 자유놀이 시간에 할 것인지, 오후 자유놀이 시간에 할 것인지, 한 아동을 10분 계속 관찰하면서 기록할 것인지, 아니면 1분 관찰한 후 30초 기록할 것인지 등 시간적 차원의 연속성에 대한 결정을 내려야 한다)
공간적 차원의 연속성	▪ 관찰대상의 행동 초점과 행동단위 세분화에 관한 문제이다. ▪ 관찰대상의 행동에 대한 분명한 정의와 하위 행동범주를 설정해야 한다. (예, 아동의 또래 괴롭힘 행동을 관찰하면서 직접 또는 간접적 또래 괴롭힘을 모두 포함할 것인지, 둘 중 한 가지만 초점을 맞출 것인지 등을 의미한다)

관찰장면이 선정되면 그 관찰장면을 기록할 방법을 선택해야 한다. 직접 관찰하여 기록할 것인지, 매체를 통해 관찰하며 기록할 것인지, 혹은 평정척도법이나 행동목록법을 사용할 것인지 등에 대한 사항을 결정해야 한다. 또한 모든 상황을 관찰할 수 없듯이 모든 내용을 기록하는 것은 불가능하기 때문에 적절한 관찰기록방법을 선택해야 한다. 기록방법에는 서술형, 약호형, 기계에 의한 기록이 있다.

〈표 1-4〉 **관찰의 기록방법**

유형	내 용	예
서술형	▪ 고정양식 없이 행동과 사건을 이야기하듯 기록하는 방법 ▪ 특별한 사전 준비물이 필요 없음 ▪ 사건 발생 주변 상황에 대한 정보 및 사건 전후 관계를 파악할 수 있는 장점이 있음	유아전기, 표본기록, 일화기록, 서술식 사건표집 등
약호형	▪ 관찰행동에 대한 조작적 정의를 한 뒤 그 행동 출현 시 어떤 부호로 기록할 것인지를 사전에 결정하는 방법 ▪ 행동의 시작과 끝이 분명한 경우에 적절	체크리스트, 평정척도, 시간표집 등
기계에 의한 기록	▪ 여러 가지 기기를 이용하여 정확하며 신속하게 관찰결과를 기록해 두는 방식	녹음기, 사진기, 비디오, 카세트, 컴퓨터 등

2) 관찰활동

관찰활동은 관찰계획에서 결정한 목적에 따라 관찰장면과 상황을 선정하여 관찰을 실제로 실시하고 기록하는 단계이다.

(1) 관찰

관찰의 가장 중요한 기본 도구는 관찰자의 오감이며, 관찰은 직접 관찰 현장에서 실시하거나 녹화 또는 녹음 등을 통하여 실시할 수 있다. 아동들이 놀이하는 모습을 보고, 말소리를 듣고, 주변에서 나는 냄새를 맡고, 아동들이 만든 음식의 맛을 보는 일련의 행동 모두가 관찰에 속한다. 목표행동이 일어났을 때 이를 놓치지 않고 정확히 기록하기 위해서는 관찰자가 실제 관찰에 임하기 전에 관찰의 내용과 방법을 충분히 숙지해야 한다.

행동표집은 무엇을 관찰할 것인가에 대한 것으로 연구자가 관찰계획을 세울 때 관찰할 행동이 무엇인지에 관해 명료하고 분명하게 결정해야 한다. 연구자는 대상의 행동을 가장 잘 대표하는 표집을 얻어내는 일이 매우 중요하다. 목표행동을 가장 잘 대표하는 행동표집을 결정하여 정확하게 관찰해야 한다. 행동적 차원에서 표집이란 관찰자가 한 번 관찰할 때 대상의 어떤 행동에 초점을 두며 행동단위를 얼마나 세분화하여 관찰할 것인가를 말한다.

관찰장면(setting) 선정은 언제, 어디서 관찰할 것인가에 대한 것으로 관찰목표행동을 어느 곳에서 가장 잘 관찰할 수 있는지 그리고 그 행동이 나타나는 한 장면을 택할 것인지 아니면 여러 장면을 택할 것인지에 대한 결정이다. 관찰장면은 어떤 행동이 일어나는 물리적 환경 및 장소를 의미한다. 따라서 유아교육기관의 활동실, 실외놀이터, 교실, 소아과 병원 등은 유아의 행동을 쉽게 관찰할 수 있는 장면에 속한다.

TIP 현장 관찰을 위한 일반적인 지침

- 익숙하지 않은 교실에서 관찰할 경우에는 배치도와 상황표가 도움이 된다. 상황표에는 물리적인 상황, 시설, 설비, 교재, 성인과 아동의 비율, 남아와 여아의 수 등이 적혀 있으면 좋다.
- 관찰 시 교사 또는 교실 전체에 방해가 되지 않도록 눈에 띄지 않는 곳에 앉는다.
- 특정한 대상을 관찰하고자 할 때, 특히 교사를 관찰할 때 관찰자는 교사에게 관찰의 목적을 충분히 설명하고 이해와 양해를 미리 구해야 한다.
- 한 번의 관찰로 어떤 결론을 유출하는 것보다 반복적으로 여러 번 관찰을 실시하는 것이 바람직하다.
- 아동이나 부모 또는 외부인 앞에서 관찰한 내용에 대해 언급하지 않는다.

출처; Caruso & Fawett(2006).

(2) 기록

기록은 관찰과 동시에 실시할 수도 있고 관찰 후 기록할 수도 있다. 기록의 형식에는 대체로 일정한 양식에 구애됨이 없이 행동과 사건의 전모를 그대로 이야기체로 기술하는 서술형식(narrative type), 일정한 행동의 영역에 대해 사전에 준비된 행동목록표를 사용하여 특정 행동이 출현할 때마다 표기하는 행동목록 형식(checklist type), 관찰에 기초하여 어떤 특정영역의 행동에 대해 판단을 한 후 준비된 척도에 표기하는 평정척도(rating scale)의 세 가지 방법이 있다.

이러한 방법 중 어떤 형식을 택하든지 관찰기록에 공통적으로 유의해야 할 점은 첫째, 관찰기록 용지에 반드시 기입해야 할 사항은 관찰자, 관찰 유아의 이름, 성별, 생년월일, 관찰일 현재 유아의 연령, 관찰일시, 관찰장면 등이다. 둘째, 관찰기록에서 유의할 사항은 실제 관찰된 사실과 관찰자의 해석을 분명히 구분해야 하며, 관찰대상의 언어는 가능한 한 실제 그대로 인용되어야 하고, 행동 서술은 직접 관찰된 사실을 기술한다. 셋째, 관찰기록은 가능한 한 관찰과 거의 동시에 또는 직후에 이루어져야 한다. 넷째, 관찰장면에서 완전히 기록하지 못한 경우에는 관찰 직후 확실히 기억할 수 있을 때 누락된 부분에 대해 보완해야 하며, 관찰계획 시 반드시 결정되어야 할 사항은 행동표집, 관찰장면 선정이다.

관찰기록은 최근 여러 가지 관찰도구의 기술적인 발전으로 녹음기나 비디오카메라를 사용하거나 관찰연구용 자동 기록 분석기(automated recording and analysis devices) 등을 활용하고 있다. 이와 같이 기기를 사용하면 아동의 행동이나 언어를 빠짐없이 기록할 수 있고 연구자가 수시로 재관찰할 수가 있으며, 신속히 움직이는 행동의 속도를 느리게 조정하여 분석을 쉽게 하게 해주고 언제든지 재분석할 수 있어서 좋은 것으로 무엇을 관찰할 것인가, 언제, 얼마 동안, 어디에서 관찰할 것인가, 어떻게 관찰하고 관찰한 내용을 어떻게 기록할 것인가, 관찰로 얻은 자료를 어떻게 분석할 것인가에 대하여 관찰 전 활동, 관찰활동, 관찰 후 활동을 기록하는 것이다.

기록을 할 때 도움이 되는 몇 가지 준비물에는 작은 수첩, 접착식 메모, 목걸이형 펜, 주머니 달린 앞치마, 미니 녹음기(핸드폰) 등이 있다.

[그림 1-2] 기록을 위한 준비물

3) 관찰 후 활동

관찰 후 활동은 관찰계획에 따라 기록한 자료에 대한 추론과 평가, 결과 활용을 포함한다. 추론은 객관적 서술을 넘어 관찰한 행동의 원인, 그 행동을 할 때의 감정 등을 추측해 보는 것으로 어떤 행동이나 사건의 원인, 개인적 동기, 행동의 목적을 설명하려는 시도를 말한다. 즉, 실제로 보지 못한 이면에 대하여 추측하는 단계이다. 추론 단계에서는 참여대상에 대한 사전 정보나 발달 놀이에 대한 지식 등 관찰자의 주관이 개입될 위험이 많으므로 추론을 내리려면 한 가지 행동이 아닌 다양한 상황에서 나타나는 행동에 근거하여 신중히게 헤야 한다. 추론을 지지해 주는 관찰 기초 증거 자료가 많아지면 추론은 신뢰성과 타당성을 더 지니게 된다.

평가는 객관적으로 관찰기록한 자료의 내용이 아동의 어떤 특성을 나타내는지를 결정하는 것으로 아동의 행동이 바람직한가, 바람직하지 않은가 또는 긍정적인가, 부정적인가 또는 정상적인 발달인가, 발달지체인가를 판단한다.

〈표 1-5〉 관찰기록의 예방법

유형	내 용
기록	수진이가 칠판에 분필로 그림을 그리고 있다. 수진: (동그라미를 그리며 옆에 있던 민수에게) "민수야, 내가 그린 과자 좀 봐" 민수: (칠판으로 다가오며) "내가 그 과자 먹어야지"라며 수진이 그림을 지워버린다. 그러자 수진이가 민수를 밀쳤는 데 이때 수진이가 들고 있던 분필이 바닥에 떨어지며 여러 조각으로 갈라진다. 그러자 수진이는 교사에게 달려가 "선생님, 민수가 내 분필을 부러뜨렸어요"라고 말한다.
추론	수진이는 자기가 동그라미를 잘 그릴 수 있다는 것이 기뻤고 민수에게 자랑을 하고 싶었다. 반면 민수는 수진이가 그린 그림보다는 수진이와의 상호작용에 더 관심이 있었고 그 방법의 일환으로 그림을 지웠다. 민수의 이 행동이 수진이를 화나게 하였고 공격적인 행동을 보이게까지 하였다. 분필이 부러졌을 때 수진이는 자신이 한 행동을 받아들이지 않고 민수에게 책임전가를 하였다.
평가	수진이와 민수는 나이에 적합한 행동을 보이지 못하였다. 수진이는 화가 났을 때 민수를 밀치는 대신 말로 하는 방법과 자신이 한 일은 그 결과가 나쁘더라도 받아들일 줄 아는 태도를 배워야 한다. 민수는 다른 사람이 열심히 그린 것을 지워 버리는 것은 긍정적인 반응을 가져오지 않는다는 것을 배워야 한다. 친구들이 자기의 그림을 보라고 했을 때 어떻게 반응을 하면 되는지를 배울 수 있는 기회를 준다.

출처: 이정환, 박은혜(2011).

결과활용 단계는 관찰자료에 근거한 교육적 개선을 위한 추후활동 단계로 모든 관찰자료는 다양한 교육활동에 피드백 되어야 한다. 즉, 관찰한 내용을 바탕으로 개별 아동에게 적합한 교육활동을 준비하거나, 교사의 교수법을 수정하거나, 정기적인 부모 면담에 활용할 수 있다.

5 관찰의 유형

관찰은 관찰하려는 행동장면을 인위적으로 통제했는지 여부에 따라 자연적 관찰과 통제적 관찰이 있으며, 통제적 관찰은 체계적 관찰로도 보는 것으로 관찰된 행동이나 시간을 미리 정해 놓고 특정한 영역의 행동에 대해서만 관찰하는 방법으로, 자연적 관찰보다 구체적인 행동이나 반응을 관찰하기에 적합하다. 이는 실험적 조작과 관찰행동, 시간, 상황 등을 미리 정해 놓고 특정 영역만 관찰하는 방법이다. 또한 관찰자가 행동 장면에 직접 참여하는지의 여부에 따라 참여관찰과 비참여관찰이 있다.

1) 통제 정도에 따른 분류

(1) 자연적 관찰

자연적 관찰은 관찰장면을 조작하거나 인위적으로 어떤 특별한 자극을 주지 않고 자연적 관찰장면에서 발생하는 행동과 사건을 있는 그대로 관찰하는 방법이다(황해익 외, 2013). 만약 한 연구자가 4살짜리 유아가 하루 동안 무엇을 하면서 지내는가를 알고 싶다면 그 아이를 하루 종일 따라다니면서 관찰할 수 있다. 그러나 자연스러운 맥락 내에서 일어나는 일상적 활동을 특별한 제한 없이 관찰하기 때문에 분명한 목적을 설정하지 않으면 우발적이고 임의적인 관찰이 될 수 있다. 따라서 타당성 있는 관찰이 되기 위해서는 관찰목적을 명확히 정하고, 관찰대상이 되는 아동이 의식하지 않도록 관찰자의 존재나 개입을 최소화하는 것이 중요하다.

〈표 1-6〉 **자연적 관찰**

단계	방법	내 용
1단계	관찰대상과 집단선정	▪구체적인 연구문제가 선행된 후 집단 선정 ▪관찰대상 지역과 사회경제적 배경, 교육수준 등을 고려
2단계	관찰범위 결정	▪주요 연구문제와 관련된 것으로 제한 ▪관찰대상 행동의 일반적 범주를 정해 놓고 관찰을 해 나가면서 대상 행동을 구체화
3단계	관찰대상 집단참여	▪관찰자가 관찰대상 집단이나 상황에 들어가고자 할 때 집단 구성원의 협조가 필요할 수 있음
4단계	관찰과 기록	▪주요방법: 관찰노트, 녹음 내용 전사 ▪관찰노트는 관찰한 것에 대하여 연구목적과 관련 있는 정보를 기록하고자 할 때 사용 ▪관찰자는 관찰하는 내내 짧은 관찰노트를 많이 작성하고 가능한 많은 정보를 기록
5단계	자료분석과 보고	▪질적 자료는 특성상 수량적 분석대상이 아니며 분량이 방대하기 때문에 어떤 식으로든 축소되어야 함 ▪전형적인 분석 방법: 범주화, 분류

출처: 이영애, 유준호(2019).

[그림 1-3] 참여자로서 자연관찰법을 사용하는 과정 5단계(이순형 외, 2014)

(2) 통제적 관찰

통제적 관찰은 관찰된 행동이나 시간을 미리 정해 놓고 특정한 영역의 행동에 대해서만 관찰하는 방법으로, 자연적 관찰보다 구체적인 행동이나 반응을 관찰하기에 적합하다. 이 방법은 관찰자가 의도적으로 관찰장면과 관찰대상에 대한 통제를 가하는 것으로 어머니와의 분리 경험에 대해 등원 시 아동이 보이는 애착 유형을 관찰하는 것이 하나의 예가 될 수 있다.

〈표 1-7〉 **자연적 관찰과 통제적 관찰**

방법	강점	제한점
자연적 관찰	참여자의 일상적인 행동을 반영한다.	참여자를 관찰하는 조건을 통제할 수 없다.
통제적 관찰	각 참여자의 관심 행동 표출에 동일한 기회가 부여되고 일상생활에서 보기 힘든 행동의 연구가 가능하다.	일상생활에서 나타나는 참여자 행동에 대한 전형적 관찰이 어렵다.

출처: 이영애, 유준호(2019).

2) 관찰 참여에 따른 분류

(1) 참여관찰

참여관찰은 관찰자가 관찰대상이나 관찰행동에 대해서 아무런 통제를 가하지 않고 함께 생활하면서 자연스러운 행동을 관찰하는 방법이다. 예를 들어 교실에서 교사가 관찰자이자 교사의 역할을 하게 되는 경우, 관찰자가 보조교사로 일하면서 아동을 관찰하는 경우, 인류학자가 특정 문화권에 들어가 함께 생활하면서 문화나 관습, 행동에 대해 관찰하는 것이 포함된다.

TIP 교실에서의 관찰 과정

1) 날짜, 시간, 시간 간격, 관찰장소, 관찰상황
2) 앉는 장소 선정
3) 신속한 기록 체계 개발
4) 종료 시간

(2) 비참여관찰

비참여관찰은 관찰자가 현장에는 있으나 그 장면에서 일어나는 활동에 전혀 개입하지 않고 단지 관찰만 하는 경우를 말한다. 대표적인 방법으로 일방경을 통하여 행동을 관찰하거나 아동의 일상적인 환경에 비디오카메라나 CCTV를 설치하여 관찰하는 것이다.

〈표 1-8〉 **참여관찰과 비참여관찰의 장점과 단점**

방법	장점	단점
참여관찰	▪ 관찰자의 존재로 인한 부자연스러운 행동을 최소화시킬 수 있다. ▪ 자연스러운 상황에서 심층적이고 포괄적인 자료를 수집할 수 있다. ▪ 평상시 관찰 불가능한 특수 행동에 대한 관찰자료를 수집할 수 있다.	▪ 관찰장면에 함께 하기 때문에 객관성을 잃기 쉽다. ▪ 집단 구성원 역할을 하면서 관찰해야 하므로 관찰활동이 제약을 받는다.
비참여관찰	▪ 관찰자가 관찰에 전념할 수 있고 관찰대상에게 영향을 미치지 않게 관찰이 이루어지기 때문에 객관성을 확보할 수 있다.	▪ 참여대상에 대한 충분한 이해가 선행되지 않은 상태에서 관찰이 이루어지기 쉽기 때문에 심층적인 자료수집이 어렵다. ▪ 관찰하고자 하는 행동이나 말이 관찰 지점에서 잘 보이지 않거나 들리지 않을 수 있다.

출처: 김남진 외(2014).

TIP 비참여관찰을 할 때 관찰자의 바른 태도

- 관찰로 인하여 교실에서 진행되고 있는 활동을 방해하지 않도록 조용히 움직인다.
- 만약 아동이 무엇을 하고 있는지 물어보면 간단하고 정직하게 대답을 한다. 일단 대답을 하였다면 더 이상 대화가 진행되지 않도록 자리를 피한다.
- 아동의 행동이나 활동에 감정적인 반응을 보이지 않도록 한다. 웃거나 놀라는 등의 감정적인 반응은 아동의 주의를 끌게 되므로 유의한다.

3) 구조에 따른 분류

(1) 구조적 관찰

구조적 관찰은 객관적이고 체계적인 형식을 갖추어 계획된 과정대로 관찰·측정하여 기록하고 분석하는 것으로 관찰기록의 자료를 수량화할 수 있는 특징이 있다.

(2) 비구조적 관찰

비구조적 관찰은 특별한 표적행동이나 행동 범주 없이 현재 아동이 행하는 행동을 그대로 묘사하며 서술하는 방법이다.

〈표 1-9〉 **구조적 관찰과 비구조적 관찰의 장단점**

방법	특징	종류
구조적 관찰	▪ 관찰기록 자료 수량화 가능	▪ 행동특성 관찰기록법 ▪ 시간중심 관찰기록법 ▪ 행동목록 관찰기록법 ▪ 행동평정척도 관찰기록법 등
비구조적 관찰	▪ 특별 표적행동, 행동범주 없음	▪ 행동묘사 관찰(일화 관찰)기록법

※ 영유아의 행동관찰 평가는 비구조적 관찰과 구조적 관찰을 병행하는 것이 좋음

6 관찰의 오류

아동을 관찰하는 동안 오류를 범할 수 있다. 그러나 관찰이 아동의 행동을 이해하기 위한 객관적이고 타당한 연구방법이 되기 위해서는 관찰의 기록, 해석의 고정에서 발생할 수 있는 문제들을 숙지하고 결론에 대한 타당성을 위협하는 관찰의 오류를 최소화하는 것이 중요하다. 관찰과정에서 빈번히 나타나는 관찰의 오류는 관찰자, 관찰대상, 관찰도구이다.

1) 관찰자 오류

관찰은 관찰자의 역량과 훈련 정도와 관련되며 대부분의 관찰자료는 관찰자 자신의 지각을 통하여 관찰되고 기록되고 분석되므로 관찰자에 의해 오류가 발생할 수 있다. 이를 구체적으로 살펴보면 다음과 같다.

첫째, 관찰자가 지나치게 관대하거나 엄격하여 관찰에 영향을 미치는 경우이다. 이는 관찰자 개인의 특성 문제로 지나치게 관대하거나 엄격한 경우 아동의 특정 행동을 기록하지 않을 수 있다. 또한, 관찰자의 질병, 피곤함 등이나 일시적인 건강 변화는 관찰의 민감성, 정확성을 저해한다. 특히, 아동 행동연구에서 관찰자 민감성은 개인의 기본적 특성에 많이 의존되는 것이지만 훈련을 통해서 개선될 수 있다.

둘째, 발달 지식은 사전 경험 정도에 대한 것으로 지식이 많을수록 발달의 중요한 이정표가 되는 행동이나 발달상의 지체를 보이는 행동을 쉽게 인식할 수 있다. 이는 발달에 대한 지식이나 경험 정도에 따라 같은 행동이라도 그 중요도에 있어서 전혀 다르게 인식하여 관찰이나 해석하는 등 상이한 관찰결과를 나타낼 수 있다.

셋째, 참여대상에 있어 과거에 가졌던 경험이 관찰결과에 영향을 줄 수 있다. 이는 참여대상에 대한 예비 지식이나 관찰자의 개인적 감정으로 인하여 관찰대상의 행동을 과대 또는 과소평가하게 만드는 경향이다. 예컨대, 관찰자가 관찰대상에게 좋은 인상을 가지고 있다면 대부분 항목에 긍정적 평가를 하고 그 반대일 경우에는 부정적인 평가를 할 가능성이 크다. 이를 후광효과(holo effect)라 한다.

TIP 개인의 편견과 기대의 오류를 감소시키는 방법

- 관찰자를 훈련시키는 동안 관찰자가 가질 수 있는 가능한 편견을 미리 제거하기 위해 개인이 가지고 있는 편견에 대해 면밀히 검토한다.
- 편견을 가진 관찰자를 제외시킨다.
- 관찰될 상황에 두 사람 이상의 관찰자를 참여시킨다.

(1) 연구 가설에 대한 사전 인식

관찰연구에서 연구의 목적이나 연구가설에 대해 이미 알고 있는 관찰자는 일반적으로 연구가설을 지지하는 방향으로 관찰을 기록하는 경향이 있다. 예를 들어, 아동의 친사회성과 리더십 관계 연구에서 놀이상황에서 친사회성이 높은 아동이 높은 리더십을 보이는 것으로 기록할 수 있다. 개선방법으로 관찰자에게 연구의 목적을 알리지 않으며, 연구자가 관찰을 하지 않고 연구변인별로 관찰자를 따로 선정한다.

(2) 관찰자 표류

관찰자가 훈련을 통해 익혔던 관찰 정확성이 시간이 경과되면서 본래의 정의대로 관찰·기록되지 않고 관찰자 나름의 재정의가 된 것을 의미한다. 이는 훈련을 통해 관찰자 간 일치도가 일정 수준에 도달하게 되면 곧바로 관찰을 수행하는 것이 바람직하며, 관찰이 일주일 이상 지속된다면 재훈련 시간을 마련해야 한다. 아울러 관찰자들 모르게 연구자가 정기적으로 신뢰도를 점검하는 것이 필요하다.

(3) 불충분한 훈련

관찰도구에 대한 비숙련성이다. 이는 관찰도구에 대한 훈련이 충분하지 않으면 기록하는 데 많은 시간과 노력을 기울이게 되어 관찰 자체가 소홀히 될 수 있다. 또한 관찰 매체 활용 시 사용법을 미리 숙지함으로써 기기의 작동 미숙으로 인해 중요한 관찰장면을 놓치게 될 상황을 줄일 수 있다. 따라서 실제 연습, 피드백, 토의를 위해 충분한 사전 모임을 가지며, 관찰체계에 따른 사용 규칙과 그 절차를 정확히 익히는 등 실제 관찰에 들어가기 전에 충분한 연습과정이 필요하다.

(4) 기록의 오류

관찰자가 지닌 개인적인 기대나 편견, 불충분한 훈련 등의 이유로 기록상에 생략오류, 첨가오류, 전환오류가 있을 수 있다.

〈표 1-10〉 **기록의 오류**

구분	내용
생략 오류	아동 행동 이해에 필요하거나 도움 되는 정보를 빠뜨릴 때 발생한다. 발생 원인은 관찰 시 마음이 심란하거나 불충분한 관찰일지 기록에 기인한다.
첨가 오류	실제로 본 것 이상의 정보를 담을 때 발생한다. 즉, 실제 발생하지 않았는 데 상호작용이 일어난 것처럼 행동이나 언어를 기록하는 것을 포함한다. 이러한 원인으로는 불충분한 주의집중, 가상의 기억에 의존하기 등을 들 수 있다.
전환 오류	일어난 행동의 순서를 부적절한 순서로 계열화시키는 것이다. 이런 실수를 하지 않기 위해서는 발생한 행동의 시작과 끝을 기록하거나 관찰행동에 대한 관찰 시작 시간과 마침 시간을 기록하는 것이 필요하다.

출처: 김지은(2008).

2) 관찰대상의 오류

피관찰자와 관련된 오류로 관찰대상이 자신이 관찰 당하고 있다는 사실을 인식하게 되면 관찰을 의식하기 때문에 행동을 변화시킨다. 이와 같은 행동 변화를 일반적으로 반응성이라고 하며, 피관찰자의 반응성은 평소 행동을 관찰할 수 없고 대표적 관찰자료를 얻을 수 없으므로 오류를 유발한다. 예를 들어 교사가 좋은 인상을 주기 위해 칭찬을 많이 하고 처벌을 덜할 수 있다. 개선 방안으로 관찰자가 관찰을 하기 전에 첫 5~10분 동안 관찰을 기록하지 말고 관찰장소를 여러 번 방문하여 관찰대상이 관찰자의 존재를 덜 의식하도록 한다. 또 다른 오류로 관찰대상이 관찰의 의도를 알게 되면 관찰자의 목적에 맞는 바람직한 행동을 하게 된다는 것이다. 예를 들어, 관찰목적이 교사와 학생 간의 상호작용의 시간과 빈도를 기록한다면, 그리고 둘 간의 상호작용이 바람직한 행동이라고 믿는다면, 교사는 그 빈도를 증가시킬 것이다.

TIP 피관찰자와 관련된 오류를 최소화하는 방안

- 아동이 관찰자 존재를 덜 의식하도록 충분한 시간을 갖고 익숙해지도록 한다.
- 관찰자가 관찰대상의 눈에 띄지 않는 방법을 택한다. 즉, 일방경이 설치된 관찰실을 이용하거나 숨은 카메라 등을 장치해 놓고 모니터를 통해 관찰·기록한다.
- 갑자기 낯선 사람이 나타나서 아동을 관찰한다면 아동은 하던 행동을 멈추고 관찰자를 탐색할 수 있으므로 아동에게 친근한 교사나 보조교사 등을 활용하여 관찰한다.

3) 관찰도구의 오류

관찰도구의 오류는 첫째, 관찰도구의 적합성으로 그 도구가 관찰목적 및 연구문제에 적합한지를 검토해 보아야 한다. 둘째, 관찰 절차의 복잡성으로 관찰 절차가 복잡하거나 부호화하는 데 기억력을 요하는 등 관찰자가 많은 결정을 내려야 하는 경우에 오류의 요인은 많아지게 된다. 따라서 오류의 요인을 감소시키기 위하여 명백하고 상세한 관찰 질문과 단순하고 중복이 없는 부호화가 필수적이다.

4) 관찰오류의 최소화

(1) 객관적인 관찰을 위한 전략

① 관찰대상이 실제로 행동한 것만 기록해야 한다.
② 참여대상의 말을 사실 그대로 직접화법으로 기록해야 한다.
③ 관찰대상의 행동을 구체적으로 기록해야 한다.
④ 행동의 특성(행동의 질)을 설명해야 한다.

(2) 관찰자에 대한 피관찰자의 인식

관찰자가 관찰상황에 있다는 것 자체가 어떤 영향을 미치게 되므로 이러한 오류를 최소화하기 위해서는 관찰대상이 관찰자의 존재를 덜 인식하도록 하며 일방경이나 CCTV를 사용하여 영유아의 눈에 띄지 않도록 하는 방법을 사용할 수 있다.

(3) 관찰자의 기대

관찰자가 관찰상황 속에서 일어나는 행동을 사실적으로 기록하는 것이 아니라 일어나기를 기대하는 방향으로 기록함으로써 오류를 범하는 것이다.

(4) 과대한 일반화

관찰자의 개인적인 경험은 어떤 현상을 당연한 것으로 간주하는 경향이 있으므로 이와 같은 경향은 어떤 행동의 중요성이나 특성을 상세히 변별하기 어렵게 할 수 있다.

(5) 후광효과

관찰유아의 사전정보, 호감, 인상이 평정에 영향을 주어 관찰유아를 과대 혹은 과소평가할 수 있다.

7 신뢰도와 타당도

지금까지 학습자의 인지적, 정의적, 심동적 능력을 측정하기 위하여 많은 검사들이 개발되었다. 교사는 이러한 검사를 사용할 수도 있고, 직접 검사를 개발하여 학습자를 평가할 수도 있다. 어느 경우이든 교사는 검사의 신뢰도(reliability)와 타당도(validity)를 반드시 확인하여 사용해야 한다. 그리고 상황에 따라 객관도(objectivity)도 고려해야 할 필요도 있다. 검사도구의 이러한 조건은 평가를 실시할 때 타당하고 객관적이며 신뢰로운 정보를 제공해 준다.

1) 신뢰도

신뢰도는 관찰연구의 결과를 평가할 때 가장 중요한 문제로 관찰결과가 믿을 만한가 하는 것이다. 즉, 관찰대상을 여러 번 관찰했을 때 일관된 결과가 나오는 정도를 말한다(김지은, 2008).

관찰기록 결과의 신뢰도를 검증하는 방법으로는 관찰자 내 신뢰도와 관찰가 간 신뢰도가 있는 데 이 두 가지 중에서 통상 논의되는 것은 관찰자 간 신뢰도이다.

〈표 1-11〉 **관찰자 신뢰도**

<table>
<tr><th>방법</th><th>내용</th><th></th></tr>
<tr><td>관찰자 내 신뢰도</td><td>한 관찰자의 관찰기록에서의 일관성</td><td rowspan="2">관찰하고자 하는 특정한 행동에 대한 상세한 정의와 조직적인 기록체계 사용</td></tr>
<tr><td>관찰자 간 신뢰도</td><td>동일한 상황에서 둘 이상의 관찰자 간의 일관성</td></tr>
</table>

출처: 김지은(2014).

(1) 관찰자 내 신뢰도

한 관찰자가 같은 상황을 두 번 이상 관찰하여 자신의 관찰기록 간의 일관성을 알아보는 방법으로 관찰자 내 신뢰도를 측정하는 가장 바람직한 방법은 관찰장면을 비디오로 녹화한 후 반복 관찰하는 것이다. 관찰자 내 신뢰도는 하나의 측정을 반복하여 적용시킬 때 동일하거나 또는 유사한 값을 내느냐를 수치로 계산한 것이다.

(2) 관찰자 간 신뢰도

관찰자 간 신뢰도는 두 명 이상의 관찰자가 동일한 장면이나 상황을 독립적으로 관찰하고 기록하였을 때 관찰자들 간 관찰기록의 일관성을 의미한다. 관찰자 간 행동에 대한 동의가 일치할수록 관찰자 간의 신뢰도는 증가하며, 관찰자 간의 신뢰도가 낮은 경우는 관찰자들이 유사한 관찰체계를 사용하고 있지 않다는 것을 의미한다. 관찰자 간 신뢰도를 추정하는 방법은 상관계수법, 일반화 가능도, 일치도 통계, Kappa 등이 있다. 그 중 가장 간단하게 사용할 수 있는 방법은 일치도 통계인데 이는 관찰대상의 행위를 분류하여 관찰자 간 분류의 유사성을 추정하고자 할 때 주로 사용된다. 일치도 통계에 의한 관찰자 간 신뢰도 추정법은 매우 간단하다는 장점이 있지만 우연에 의하여 동일하게 평정되는 확률을 포함하므로 신뢰도가 과대추정될 수 있다는 단점이 있다(성태제, 2015).

$$\text{관찰자 간 신뢰도} = \frac{\text{동의한 관찰 빈도}}{\text{관찰자들의 총 관찰 빈도수}}$$

TIP 관찰 신뢰도 높이는 방법

- 구체적인 행동을 사전에 정의하며, 개인적인 신념이나 기대로 인한 편견을 줄이고 연구 가설을 알리지 않는다.
- 명확하고 편리한 기록 양식을 위해 관찰 범주가 중복되지 않도록 하며, 복잡한 부호체계를 피한다.
- 훈련을 통해 관찰자 간 일치비율은 90% 이상이나 그 이상을 목표로 한다.
- 관찰자 표류 방지를 위해 체계적인 점검을 하며, 두 관찰자가 관찰한 전체 기록의 10~20% 정도를 점검한다.

2) 타당도

관찰의 타당도는 측정하려는 속성을 실제로 얼마나 정확히 측정하느냐를 말하는 것으로 사회과학에서는 연구자가 측정하고자 하는 것이 조작적 정의에 따라 달라지므로 타당성에 확신이 없을 수 있다. 원래 관찰하려고 하는 것은 얼마나 정확하게 관찰했느냐가 문제가 된다. 관찰의 타당도는 기록한 내용이 실제로 발생한 행동을 얼마나 잘 대표하느냐에 달려 있다.

타당도의 유형에는 공인타당도, 내용타당도, 예언타당도, 구인타당도가 있다. 공인타당도는 관찰된 행동이 다른 어떤 측정에서의 점수나 검사결과 혹은 외적인 근거와 관련이 있는지에 의해서 평가될 수 있으며, 내용타당도는 관심의 대상이 되는 행동을 적절하게 표집하고 대표하는 정도를 말한다. 예언타당도는 미래의 사건을 예측할 수 있는가를 보여 주는 척도의 능력이며, 구인타당도는 관찰된 목표행동이 갖는 이론적인 개념을 측정하는 정도이다. 추론과 해석을 하고 관찰자료를 근거로 일반화를 할 때 이 중 하나를 고려해야 한다.

〈표 1-12〉 **타당도 유형**

유형	내용	예시
공인 타당도	▪ 관찰한 행동은 외적인 준거(검사결과, 학업성적기록, 부모 보고서 등)와 상관이 있는가?	▪ 수학 능력의 측정검사와 학교의 수학 성적이 상관관계가 높으면 공인타당도가 높다고 봄
내용 타당도	▪ 관찰 절차를 위한 가장 기본적인 타당도 형태 ▪ 타당성을 관찰자 자신이 검토하거나 전문가 집단에게 의뢰하는 등의 주관적 판단에 의존하므로 타당도 계수를 산출하지 않음	▪ 공격성은 밀치기, 때리기, 꼬집기, 욕하기가 포함
예언 타당도	▪ 관찰의 결과가 미래의 학업성적과 연관되어 예측 가능한지를 살펴보는 타당도	▪ 취학 전 학교 준비도가 초등학교 학업 성취를 예언할 수 있는가? ▪ 유아교육기관에서의 사회적 기술이 초등학교 입학 후 학교적응을 예측할 수 있는가?
구인 타당도	▪ 실제로 관찰하려는 목표행동이 관찰자가 특별히 관심을 갖는 심리학적 개념이나 이론적 구성요인을 얼마나 잘 나타내는가 하는 것	▪ 지능검사는 어휘력, 추리력, 공간력, 지각력, 기억력, 언어유창성이 구인 ▪ 각 구인의 점수와 지능검사의 총점 간의 상관계수가 낮으면 기억력은 지능을 설명하는 구인이 되지 못함

출처: 김지은(2008).

TIP 관찰연구결과 평가 시 고려 사항

- 관찰된 행동에 추론이 많이 들어가는지 또는 적게 들어가는지?
- 관찰자들이 훈련을 받았는가?
- 관찰자 간 신뢰도는 어느 정도인가?
- 관찰 기간은 어느 정도였는가?
- 관찰자가 얼마나 눈에 띄었는가?

출처: 전정민 외(2020).

TIP '관찰'이 창의력을 높인다.

인지니어스의 저자이자 스탠퍼드 대학교의 교수인 티나 실리그는 스탠퍼드 대학교의 인재양성소 '디 스쿨'이 창의력을 키우기 위해 실시하는 한 가지 활동에서 관찰이 창의력을 높인다고 소개했다. 우리를 둘러싼 세상에 실제로 존재하는 많은 아이디어와 정보가 존재한다. 하지만 물고기가 물을 인지하지 못하듯 우리도 주위 환경 속에서 우리 예상 너머의 정보를 인지하고 뽑아내는 데 서투르다. 그러나 관찰을 집중적으로 잘하면 창의력이 높아진다고 하면서 관찰을 연습할 수 있는 4가지 테크닉을 소개했다.

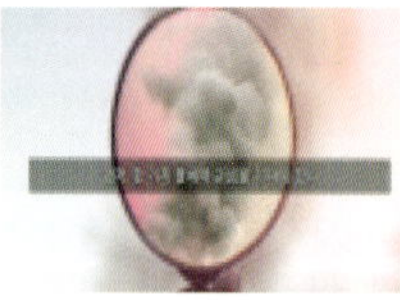	관심 없는 관찰은 관찰 자체를 지루하게 만들며 세심한 관찰의 시작은 물체에 대한 열렬한 관심으로 시작된다. 이러한 관찰대상은 자신의 주위에 있는 물건, 자신의 관심 분야에 관련 있는 대상, 그리고 자신이 자주 들르는 장소를 정하는 것이 좋다.
	질문리스트를 미리 만들어 놓음으로써 아무런 기준 없이 너무나 많은 정보를 얻는 것을 방지하고 획득한 정보를 깔끔하게 정리할 수 있다.
	관찰활동을 하는 것은 좋지만 관찰활동만으로는 창의력을 높이기 쉽지 않다. 이는 단순히 자세한 정보를 얻은 것일 뿐 우리가 이를 응용해서 창의력을 사용한 것이 아니기 때문이다. 그러므로 자신의 관찰내용을 효과적으로 기록할 수 있는 여러 가지 테크닉을 익혀 보고 들은 것을 자신만의 방식으로 표현해야 한다.
	자신의 체크리스트를 계속 갱신하거나 다른 사람들은 같은 대상을 어떻게 관찰하는지를 참고한다.

출처: https://www.youtube.com/watch?v=Am1i8c1bZto(동영상)

CHAPTER

02 행동연구의 이해

아동 행동연구의 이해를 위하여 행동연구의 개념, 아동 행동연구의 역사, 행동연구의 윤리 문제와 제한점에 관해서 알아본다.

1 행동연구의 개념

행동(behaviour)연구는 인간의 행동이나 관련 현상을 관찰한 뒤 분석하고 평가하여 보다 나은 대안을 찾아가는 활동이다. 인간의 외현적 행동은 직접 관찰을 통하여 판단이 가능하지만 그 행동의 원인을 직접 관찰하기는 불가능하므로 설명을 하기는 어렵다. 이는 모든 행동에는 원인이 있으나 그 원인은 외부로 분명히 드러나는 것과 드러나지 않는 것이 있는 데, 드러나는 경우는 해결방안을 찾을 수 있지만, 외부로 드러나지 않을 경우는 그 원인을 알 수 없으므로 심각한 문제를 야기할 수 있는 것으로 인간의 행동을 정확하게 이해하려면 행동 유발 동기와 욕구 파악이 우선되어야 한다.

아동 행동연구는 아동관찰을 통해 행동을 예측할 수 있고, 행동의 원인을 분석하여 원인 규명을 위한 관계에 대하여 구체적이고 과학적인 연구를 진행하는 것이다. 즉, 아동 행동연구는 복합적이고 다양한 원인을 분석하고 이를 토대로 문제해결 방안을 제시하는 것으로 첫째, 관찰을 토대로 아동을 이해하고, 관련된 정보 및 지식을 얻는다. 둘째, 관찰과 관련된 자료를 토대로 조직화하고, 체계적으로 분석한다. 셋째, 분석한 행동의 원인에 대하여 인과관계를 설명한다. 넷째, 아동의 문제행동에 대하여 해결 방안을 찾을 수 있다.

연구(research)는 인간과 환경을 둘러싼 다양한 현상에 대하여 이해하는 방식으로 과학적 방법에 의해 이루어지며, 증거가 없는 상식을 체계적, 구체적, 논리적인 방법으로 증거를 확인하여 이론을 정립해 주는 작업이다. 연구의 궁극적인 목적은 연구문제에 대한 적절한 해답을 얻고자 하는 것이다.

〈표 2-1〉 **과학적 행동연구의 방법**

행동 예측	아동의 어떤 규칙적인 행동 패턴을 관찰하게 되면 예측하는 것이 가능해지고, 예측을 통하여 문제 상황과 행동을 줄일 수 있다.
행동의 원인 규명	행동 출현은 예측은 가능하지만 관련된 원인을 규명하기는 어려움이 있다. (예, 아동이 기관에서 또래를 괴롭히고 공격적 행동을 한다고 하면 가정에서도 공격성이 높은 매체를 지속적으로 보았을 가능성이 높으므로 그 매체를 제거하거나 중단시키는 것이 행동의 원인을 규명하는 것이다.)
행동 설명	행동의 원인 규명을 토대로 왜 아동이 가정에서 공격성이 높은 매체를 자주 접하게 되었는지에 대한 관계를 설명할 수 있다. 이는 특정 행동을 설명할 수도 있지만 후속 연구를 토대로 요인들을 분석할 수 있는 중요한 자료가 될 수 있다.

출처: 윤매자 외(2021).

인간 행동연구에서 직면하는 제약 중 하나는 개인의 행동은 동일한 자극에 대하여 행동특성이 항상 일관성을 유지하지 않으므로 동일하게 반응하지 않을 가능성이 항상 내포되어 있는 것과 개인차이다. 이는 개인마다 성장배경, 지능, 적성, 동기, 정서, 신체적 조건, 교육정도, 종교 등이 동일하지 않기 때문이다. 따라서 개인차가 다양할수록 연구 수행에 불필요한 변인 통제가 어렵다. 즉, 인간 대상 연구는 기술적 제약과 사회적 제약을 감안한 범위 내에서 수행되어야 한다(조윤경, 2010).

무엇을 연구한다는 말은 어떤 사물을 인식하거나 해명하기 위하여 과학적으로 분석하는 일이다. 과학적 연구를 하는 방식에는 연역적 방법이나 귀납적 방법이 동원된다. 연역적 방법(deductive method)은 기존의 이론으로부터 특정한 가설을 도출해 이끌어 내는 방식, 즉 보편 명제로부터 특수 명제를 끌어내는 방법이다. 반대로 귀납적 방법(inductive method)은 특정 현상을 이해하기 위하여 개개의 구체적인 사실로부터 일반적인 명제나 법칙을 이끌어 내는 일, 즉 특수한 사실로 미루어 일반적인 원리를 알아내는 방법이다. 특히 아동에 대한 적합한 개념과 성인과는 차별화된 접근방법을 갖추어져야 하는 것이다. 이를 살펴보면 [그림 2-1]과 [그림 2-2]와 같다.

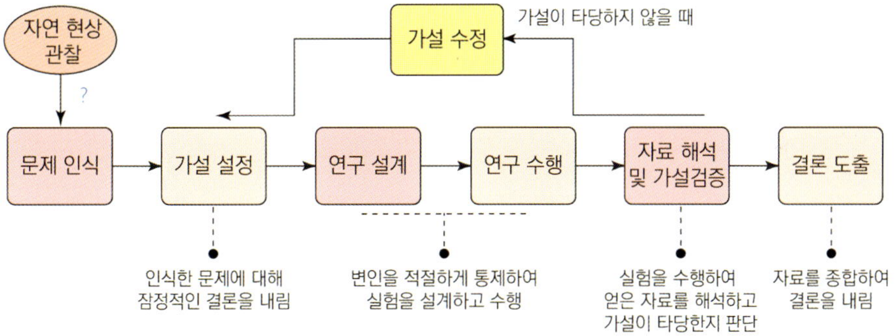

[그림 2-1] 연역적 탐구방법

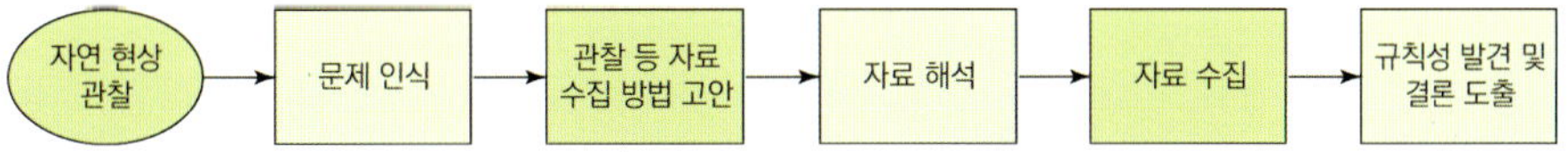

[그림 2-2] 귀납적 탐구방법

문학작품을 통해 엿보는 행동연구 1

굿티처 배드티처

고영희, 김명철 외 저 / 태영출판사

굿티처와 배드티처를 가르는 하나의 기준은 교사의 학생관이다.

이 책에서 '있는 그대로 존중해 주기'는 너무 어렵다면서 아동의 행동을 교사가 성급하게 결론 내리면 안 되는 것을 알리고 있다.

◈ 상황에 대한 사례

송나라 배추 농사꾼의 아들이 아버지가 여행을 간 사이 배추를 돌보아 달라는 부탁을 받는다. 아들은 아버지 말씀대로 배추를 정성껏 보살핀다. 그런데 여행을 다녀온 아버지는 깜짝 놀란다. 배추가 모두 시들어 버렸기 때문이다. 당황한 아버지는 아들에게 배추를 어떻게 했느냐고 묻는다. 아들은 태연히 배추가 더 자라게 하기 위해서 매일 조금씩 배추를 뽑아 올렸다고 한다.

◈ 관찰을 통한 행동연구

교사나 부모 등 어른들은 아이들의 이런 행동을 어리석다고 말한다.

그러나 아이들은 배추 농사꾼의 아들처럼 저마다 성장방식을 가지고 자란다는 것을 잊지 말고 우리 어른들은 지나친 개입과 간섭을 줄이고 기다려 주어야 아이들이 행복하게 긍정적으로 자랄 수 있습니다.

문학작품을 통해 엿보는 행동연구 2

특별하지 않은 아이들의 특별한 이야기

(Chicken Soup for the Soul Children with Special Needs)

잭 캔필드 | 마크빅터 한센 지음
이인경 | 서혜전 옮김, 이너북스

이 책의 원제는 Chicken Soup for the Soul: Children with Special Needs로 '영혼을 위한 닭고기 수프'를 맛보는 「특별하지 않은 아이들의 특별한 이야기」이다.
역자는 평범한 아이들도 특별한 아이가 아니라는 것이다.

◈ 행동연구

※ 치과에서

치과의사: "대체 왜 앞도 못 보는 아이가 스케이트를 타게 내버려 두는 건가요?"
아버지 : "앞을 보는 아이들도 기둥을 들이받고 다치지 않나요?"
치과의사: (어이없다는 표정을 짓고 잠시 자리를 비운다)
나 : (아버지께) "아빠, 어제 내가 나무에 올라 탄 건 말하지 마세요."
아버지 : "안 하마. 그건 우리 둘만의 비밀로 하자꾸나."

※ 돌아오는 차 안에서

나 : (아빠에게) "아빠, 왜 사람들은 내가 아무것도 못할 거라 생각하는 거죠?"
아버지: "그건 그 사람들이 자기네 스스로가 앞을 보지 못한다면 어떻게 할지 전혀 모르기 때문에 그렇단다."

두 사례를 통해서 '아이들을 믿는가?' 또는 '아이들을 어떻게 믿어 줘야 하는가?'의 질문 방식의 문제를 생각해 볼 수 있다. 마찬가지로 '교육은 효과가 있는가?'라는 질문은 교육이 효과가 있으려면 근본적인 전제가 무엇이 되어야 하는가를 되짚어 볼 수 있는 것이다.

◈ 관찰을 통한 행동연구

'치과에서' 상황을 통해서 우리는 장애를 지녔거나 지니지 않았거나에 따라서 아동을 바라보지 않고 모두가 **똑같은 시선**으로 바라보아야 한다.

'돌아오는 차 안에서' 상황을 통해서 우리는 **있는 그대로** 바라봐 주는 것만으로 아동의 행동은 변화한다.

=>> 장애가 있든 없든 주변에서 못할 것이라는 선입견을 가지기보다 할 수 있도록 격려해 주고 포기하지 않도록 관심을 더해 주며, 있는 그대로 봐 주면서 아낌없이 격려와 지지를 보내주면 성공적으로 살아가도록 할 수 있다.

2 아동 행동연구의 역사

아동 행동이란 대부분 광범위한 사회문화적 맥락에 의해 영향을 받고 나아가 다른 주변 사람들과의 밀접한 상호관계와 개인적인 특성에 의하여 구체화되는 복잡한 과정이다. 즉, 아동 행동에 대한 정확한 연구는 이러한 모든 요인들이 개인적인 요인과 어떻게 상호작용하는지를 파악하는 것이다.

20세기 들어 아동연구는 성숙기를 맞게 되었는 데 초기에는 연령단계에 따른 신체적, 심리적 행동특성을 밝히고 변화를 기술하는 데 역점을 두었으나, 이후에는 단순히 어떤 현상을 발견하고 기술하는 데 그치지 않고 행동의 특징을 설명하고 이론을 구성함으로써 인간발달의 기저에 있는 과정과 기제에 더 흥미를 갖게 되었다(이순형, 김정민, 2008).

1) 서양

(1) 고대 그리스(B.C. ~4C)

이 시기에는 아동에 대한 관심이 없었으며 특별한 존재로 인식하지 않고 경제적 가치로 보았다. 플라톤(Platon), 아리스토텔레스(Aristoteles), 키케로(Cicero), 퀸틸리아누스(Quintilianus) 등의 견해는 오늘날까지도 아동에 대한 가치를 다시 생각하게 하였다.

① 플라톤(Platon, B.C. 472~347)

인간의 성격 형성에 있어 초기 경험이 중요하다고 강조하였으며 여러 가지 경험에 의해 인간의 성격이 수정될 수 있다는 점을 인정하였다. 3세까지 공포나 슬픔에 대한 감정을 경험하게 해서는 안 되며, 이 시기는 습관에 의하여 성격이 뿌리를 내리는 시기로 보았다. 또한 음악, 스포츠 등 활동적인 교육에 초점을 맞추어 또래들과 어울림으로써 사회성이 발달한다고 보면서 그의 저서 『국가』에서 교육철학의 개념을 발전시켰으며 아동의 개인차에 대한 중요성을 인정하고, 개별 아동의 적성에 맞는 훈련을 해야 하며, 각자 적성에 알맞은 일에 종사할 것을 권장하였다.

② 아리스토텔레스(Aristoteles, B.C. 384~322)

인간의 발달단계를 3단계로 나누어 유년기(출생~7세), 소년기(7세~사춘기), 청년기(사춘기~21세)로 지칭하였다. 유년기는 동물과 유사한 발달단계를 가지는 데 이는 유아와 동물은 둘 다 쾌락을 추구한다고 보았기 때문이다.

③ 키케로(Marcus Cicero, B.C. 106~A.D. 43)

아동관찰을 통해 아동이 처한 환경과 교수관계를 중시하였으며 아동이 쓰는 언어에 관심을 가졌다. 뿐만 아니라 아동이 정서적으로 느끼는 감정 중 모욕 및 분노에 대한 부정적인 피드백은 피해야 한다고 하였다.

④ 퀸틸리아누스(Marcus Fabius Quintilian, A.D. 35~95)

아동의 선천적인 능력을 발전시키도록 교육해야 하는 조기교육을 강조하였으며, 아동의 능력에 맞게 개인차를 고려하고, 체벌은 금지하는 등 학교 교육과 가정에서 부모의 역할을 매우 중시하고 있다.

(2) 중세(4C~15C)

중세 암흑기에는 아동이 성인의 축소판으로 세상에 온다고 믿음으로써

'작은 성인'으로 취급하여 강한 애착을 보이지 않았다. 이는 아동을 분리된 발달단계로 보지 않고 작은 성인으로 취급한 것이다. 현대 과학의 출현과 의학 분야의 발전으로 아동에 대한 태도에 커다란 변화가 일어났는데 아동 고유의 선천적 특성을 강조하였고, 부모들에게 아동을 어른과 달리 취급하도록 권고하였으며, 아동을 가르치기 위한 학교와 같은 교육기관의 필요성을 강조하였다. 중세기는 로크(Locke)를 대표 학자로 들 수 있는 데, 그는 인간이 태어날 때 마음이 '백지상태(tabula rasa)'로 경험을 통하여 비로소 형성되기 시작한다고 주장하였다. 따라서 부모의 모델링이 아동에게 많은 영향을 주며, 부모의 따뜻하고 일관적인 가르침이 아동의 성숙한 행동을 유발한다.

(3) 르네상스(15C~17C)

이 시기는 인간의 선천적인 능력을 최대로 발휘하는 인간 중심의 문화를 이루고자 하였다. 에라스무스(Desiderius Erasmus, 1466~1536)는 통찰에서 개인의 성장과정에 작용하는 요인인 천성, 훈련, 연습의 요소를 학습한다고 보았고 루터(Martin Luther, 1483~1546)는 개인과 사회의 선(善)을 위해 어린 연령과 젊은 영성의 교육을 강조하였다(곽노의, 2018).

(4) 근대(18C~19C)

근현대기는 인간의 본질을 '감정'으로 보았는 데 어른들의 교육에 의해서 채워지는 백지가 아님을 주장하면서 발달단계에 맞는 자연중심의 교육을 강조하였다. 근대기는 루소(Rousseau), 다윈(Darwin), 스탠리 홀(Stanley Hall)이 대표적이다. 19세기 말부터는 아동발달을 연구함에 있어 철학적 접근을 넘어 체계적 관찰과 실험에 근거한 접근방법을 사용하기 시작했다. 19세기 말에서 20세기 초에 많은 과학자들은 자신의 자녀 또는 친척 아이를 대상으로 그들의 행동적 특성과 발달적 변화를 매일 일기식으로 기록하는 영아전기(baby biographies)를 작성하였다.

① 루소(1712~1778)

루소는 그의 저서 『에밀』에서 아동은 자신의 발달 속도에 맞춰 스스로 경험하는 것이 최상의 학습 방법이라고 제시하였다.

② 다윈(Erasmus Darwin, 1809~1882)

다윈은 자신의 아들(도디)을 관찰해 초기의 성장과정을 유아전기로 기록했으며, Preyer도 관찰을 통해 유아의 행동을 기록으로 남겼다. 그는 관찰 시 기준을 설정하여 가능한 한 관찰 즉시 기록하고 규칙적 간격을 유지해 관찰하였으며, 자신이 기록한 것을 다른 관찰자의 기록과 비교하며 정확성을 확인하였다. 이러한 관찰 방식과 체계적인 기록의 시도는 이후 과학적인 유아발달 연구에 있어 중요한 토대가 되었다(문혁준 외, 2014a). 그의 저서 『종의 기원』을 통해 생물학적 진화론을 주장하였으며, 여기서 진화론은 성장과 발달을 하는 과정에서 적응적인 유기체는 생존하고, 환경에 적응이 어려운 종들은 멸종하게 된다고 보았다.

③ 스탠리 홀(Granville Stanley Hall, 1844~1924)

스탠리 홀은 심리실험실을 마련하여 아동 심리와 청년 심리를 체계적으로 연구하여 발달심리학 분야의 토대를 구축하였으며, 객관적이고 과학적으로 연구할 수 있는 기반의 '질문지법(questionnaire)'의 새로운 연구방법을 고안하였다.

홀은 다윈의 영향을 받아서 아동발달의 모든 측면을 기술하기 위해 노력하였는 데 이는 체계적인 아동 행동연구의 시작한 것으로 볼 수 있다. 유아전기 방식의 한계를 인식하고, 보다 많은 수의 아동들을 대상으로 객관적인 자료를 수집하는 규범적 접근으로 이어졌다. 규범적 조사에서는 다수의 아동을 대상으로 행동을 측정한 다음 연령과 연관된 평균을 계산하고 이 평균치를 전형적 아동의 발달을 나타내는 것으로 간주하였다. 또한 홀(Hall)은 질문지법을 통하여 아동 및 청소년의 행동, 태도, 흥미 등을 조사했으며, 아동연구를 위한 연구소를 설립하고 처음으로 과학적인 학술지를 만들어 연구자들이 아동발달 연구에 대한 결과를 출판하도록 했다.

(4) 현대(20세기 이후~)

20세기는 아동연구의 성숙기로 볼 수 있다. 초기에는 연령단계에 따른 신체적, 심리적 행동특성을 밝히고 변화를 기술하는 데 역점을 두었으나 이후에는 단순히 어떤 현상을 발견하고 기술하는 데 그치지 않고 행동의 특징을 설명하고 이론을 구성함으로써 인간발달의 기저에 있는 과정과 기제에 더 흥미를 갖게 되었다(이순형 외, 2014). 20세기 초기 연구들은 주로 이론적인 추구에 치우쳐 경험적 자료가 부족할 뿐만 아니라 자료가 있더라도 단순히 아동의 발달을 기술하는 데 그치는 정도였으나 비네가 아동에 관한 경험적 자료의 질적 수준을 높이는 데 가장 큰 공헌을 하였다. 중반에는 프로이트에 의해 아동 초기 경험이 성격 전반에 미치는 영향에 대한 연구가 이루어졌다(이은해 외, 2006).

① 비네(Alfred Binet, 1857~1911)

비네는 1900년대 초 그의 동료 사이몬(Simon)과 함께 지능검사를 개발하고 이를 아동들에게 사용함으로써 지능을 측정하는 데 결정적인 역할을 하였다. 비네검사는 학교에서의 성취도를 예측할 수 있었으며, 유전적 및 환경적인 특성(성, 인종, 출생순위, 가정 배경)을 다양하게 비교하는 데 활동되었다. 또한 인간의 주의력과 기억을 평가하기 위해 여러 과제를 고안했으며 지능을 새롭게 정의하고 검사 문항을 만들어 아동들의 지적능력에 대한 규범적 기준을 만들었는 데 이러한 작업들을 바탕으로 현재 지능검사의 시초가 된 검사들을 개발하였다.

② 게젤(Arnold Lucius Gesell 1880~1961)

게젤은 스탠리 홀의 제자로 최초로 영화 카메라를 써서 정상적인 유아와 어린이들의 육체 및 정신의 발달을 연구하였으며(다음백과), 실험실 상황에서 아동 행동에 관한 관찰연구를 수행하였다. 이는 외부의 방해를 받지 않고 아동의 행동을 체계적으로 관찰할 수 있는 관찰돔(observation dome)을 만들어 사용했다. 그는 아동의 연령에 따라 나타나는 행동을 관찰하고 기록하였는 데 이는 아동을 체계적으로 관찰해 기록한 다윈의 영향을 받은 것이었다. 또한 수집한 아동의 행동에 관한 규범적 정보를 토대로 영아 발달표를 제작하였으며, 아동발달 관련 지식을 체계화하였다.

③ 프로이트(Sigmund Freud, 1856~1939)

정신분석적 관점에 입각한 성격발달이론에 관심을 가졌으며 아동의 심리적 문제를 이해하고, 어린 시절의 경험에 관심을 가지게 되었으며, 정신분석이론을 비롯하여 왓슨(Watson, 1878~1958)과 스키너(Skinner, 1904~1990)의 학습이론, 피아제(Piaget, 1896~1980)의 인지발달이론, 반두라(Bandura, 1925~)의 사회학습이론 등 아동에 관한 객관적인 관찰과 실험으로 체계적인 연구를 진행하였다.

④ 왓슨(John Broadus Watson, 1878~1958)

유기체의 발달은 개체의 내적인 힘이 아닌 외적인 힘, 즉 다양한 환경에서 일어나므로 아동은 환경에 비해 상대적으로 수동적인 위치를 차지하기 때문에 학습에 의해 어떤 유형의 전문가라도 만들어 낼 수 있다고 믿었다.

⑤ 스키너(Burrhus Skinner, 1904~1990)

스키너는 행동주의 원리에 관심을 가지고 인간의 행동을 조작, 통제, 예측하는 행동공학(technology of behavior, behavioral engineering)을 창안하려고 하였으며, 육아에도 학습이론을 적용하여 육아에 대한 부담을 덜고, 자녀의 안전과 건강을 위한 노력을 하였다.

⑥ 피아제(Jean Piaget, 1896~1980)

피아제(Piaget, 1896~1980)는 아동의 인지발달이론을 구축하였다(문혁준 외, 2014b). 특히 관찰과 개별화된 면접을 병행하는 방법을 통해 어떤 과제에 대한 수행 여부만이 아니라 과제를 수행할 때 아동의 사고내용을 면접조사하는 임상적 방법에 대한 관심이 대두되었다.

또한 자신의 자녀들을 키우면서 인지의 변화와 성장, 발달을 확신하게 되었고 아이들이 주변 환경에 반응하고 문제를 해결해 나가는 모습을 자세히 관찰하였으며, 인간은 동화와 조절을 통해 적응해 나가는 데 동화는 외부환경 자극의 정보를 받아들일 때 이를 기존의 틀에 끌어들여서 해석하는 것을 말하고, 기존의 체계에 새로운 환경의 자극을 받아들일 수 없을 때 기존의 체계를 변형시키는 과정을 조절이라고 하였다.

⑦ 반두라(Albert Bandura, 1925~)

반두라는 학습은 순전히 자극과 반응의 행동만이 아니라 사회적 맥락에서 일어나는 인지 과정이라고 하였으며, 행동을 관찰하고 행동의 결과를 관찰함으로써 발생할 수 있다는 대리강화(vicarious reinforcement), 관찰에서 정보추출 및 행동수행에 대한 결정이 되는 관찰학습 또는 모델링(observational learning modeling)이 포함된다고 보았다. 아동을 대상으로 실험을 하였으며, 효과적인 관찰학습을 위해서는 주의집중, 파지, 운동재생, 동기화 등 네 단계를 거쳐야 한다고 보았다.

〈표 2-2〉 반두라의 관찰학습의 과정

구성요소	내 용
주의집중	▪ 모델의 행동을 눈여겨보거나 관심을 가지는 등 모델에게 주의를 기울임 ▪ 관찰자의 주의 지속, 매력, 자신과 차이, 행동, 인지능력에 따라 아동이 달라짐 (ex, 또래집단에서 자신이 선망하거나 인기 있는 친구의 행동관찰)
기억과정 (파지)	▪ 부호화 연습 → 내면화 → 기억에 의해 재생 → 지연모방(표상) ▪ 관찰된 행동 이후 흉내 내기 위해 행동 정보를 기억에 저장하는 것
운동재생	▪ 신체적 수행 능력 필요 ▪ 운동기술을 이전 관찰했던 것과 차이 나는 부분을 연습, 교정, 시범하는 것
동기화 (강화)	▪ 직접강화, 대리강화 → 동기유발 ▪ 아동이 관찰된 행동을 흉내 내려고 하는 동기유발 ▪ 행동에 따른 관찰에서 보상이 관찰되면 행동을 모방하려는 동기가 더 많이 유발되지만 처벌을 관찰하면 그 행동을 모방하고 싶은 동기가 사라지게 됨

출처: 임미선, 박성희(2020).

2) 우리나라 행동연구의 역사

① 우리나라 전통사회

아동은 태내에서 잉태되는 순간부터 인격체로 존중받았으며 태교의 중요성을 강조하였다.

② 유교사회

가정교육이 중요시되었고 부모들의 자녀교육에 대한 책임을 강조하였다. 유교적 학문관에서 아동에 대한 연구는 유교의 경전을 읽고 여기서 얻은 지식을 실제 생활에 실천하는 것을 중시하는 데 목표를 두고, 연령에 따른 기대 행동에 미치지 못할 경우 이에 따른 아동에 대한 엄격한 훈육을 강조하였다.

③ 소파 방정환(方定煥, 1899~1931)

아동중심, 아동존중 사상을 통하여 아동에게 '어린이'라는 새로운 호칭을 사용하였으며, 아동을 선한 존재로 보고 아동의 본래 마음이 평화롭고 자유로운 마음과 같다고 묘사하였다.

④ 대한가정학회(1963년)

사단법인으로 인가를 받고, '대한가정학회지'가 창간되면서 아동학 분야의 연구가 진행되었다.

3 행동연구의 윤리 문제와 제한점

연구는 인간을 대상으로 이루어지기 때문에 대상자에게 부정적인 영향을 미칠 수 있다. 그러므로 연구자는 연구에 따른 윤리적 문제를 고려하여 참여대상자들을 보호할 수 있어야 한다. 특히 발달 연구는 아동이 대상인 경우가 많아서 연구 윤리가 더욱 강조된다. 연구자는 연구대상의 심리 상태와 생활의 불편함을 최소한으로 줄일 수 있도록 기준을 세워 놓아야 하며, 아동의 건강, 안녕, 존엄성, 자존심을 손상시키지 않는 연구가 되어야 한다. 아동들은 성장 과정에 있으므로 자그마한 통제나 좌절, 긴장에도 마음에 손상을 입을 수 있으며, 정상적인 성장이 저해될 수도 있다.

즉, 아동을 대상으로 연구를 하는 경우에는 성인에 비해 의사결정능력이나 문제해결능력이 부족하므로 신중하게 윤리적 문제들을 고려해야 한다. 조복희(2010)는 사전동의, 사생활 보호, 피해에 대한 대비, 비밀 보장, 처치의 형평성을 고려해야 할 윤리적 문제라고 하였다.

① 보호자의 사전 동의: 연구참여를 위한 사전 동의를 받아야 한다. 연구자는 아동을 연구에 참여시키기 위해서는 사전에 보호자나 아동으로부터 허락을 받아야 한다. 사전 동의를 받고 연구에 참여시켰다 하더라도 연구 진행 도중에 아동이 연구에 참여하기 싫어한다면 언제라도 연구에서 제외시켜야 한다.

② 사생활 보호: 개인의 사생활이 보호되어야 하며, 연구가 완료된 이후에도 연구목적 이외의 용도로 사용되어서는 안 되며, 연구 도중 심각한 사실을 발견하면 부모에게 즉시 알리고 전문가와 상의한다.

③ 피해에 대한 대비: 연령이 어린 아동일수록 실험상황이나 검사상황에서 긴장이나 좌절로 인한 심신의 상해를 입을 수 있으므로 대상 아동의 신체적·정신적 피해가 발생하지 않도록 각별히 유의해야 한다.

④ 비밀 보장: 연구에 사용되는 모든 자료나 사실들에 대해서는 비밀이 보장되어야 한다.

⑤ 처치의 형평성: 연구처치의 결과가 좋은 영향을 미치는 것이라면 처치를 받지 못한 유아에게도 그 처치를 제공하는 것이 윤리적으로 바람직하다.

연구대상의 권리를 최대한 보장하는 범위 내에서 연구계획이 수립되어야 한다.

미국 '아동발달연구회(Society for Research in Child Development; SRCD)'에서 제시한 아동연구를 위한 22가지 윤리 지침 중에서 중요한 것을 발췌하여 제시하면 다음과 같다(신영희 외, 2016).

① 연령이 낮은 아동일지라도 자신의 행동에 관한 권리는 연구자의 권리보다 우선적이다. 연구자는 아동의 권리를 존중하는 입장에서 연구절차를 평가해야 하며, 연구를 진행시키기 전에 동료 전문가들로 구성된 심사위원회의 동의를 얻어야 한다. 또한 아동을 연구의 대상으로 하는 상황에서 반드시 소속기관의 동료 전문가들에 의해 심사위원회가 조직되어야 한다.

② 연구자는 연구 수행 도중 생기는 모든 윤리적 문제에 대한 최종적인 책임자이다. 따라서 연구자는 연구에 참여하는 공동 연구자, 연구보조자, 학생 및 연구를 위한 고용인 등 모든 사람의 윤리적 문제에 관해 자문을 구해야 한다.

③ 연구자는 아동이 연구에 참여함으로써 받을 수 있는 모든 측면의 영향에 대해 사전에 알려 주어야 하며, 아동의 질문에 대해서는 그의 이해 수준에 적합한 답변을 해 주어야 한다.

④ 연구자는 연구의 참여 여부를 아동이 스스로 선택할 수 있도록 보장해 줄 뿐만 아니라 언제든지 참여를 거부할 수 있도록 보장해 주어야 연구자의 의무도 커진다.

⑤ 연구가 시작되기 전에 연구자와 연구대상은 각자의 책임 한계에 대해 서로 분명히 동의해야 하며, 이때 동의된 모든 사항과 약속은 반드시 지켜져야 한다.

⑥ 연구자가 어떤 기관의 자료를 사용해야 할 경우, 해당 기관장의 허

가를 받아야 하며, 얻어진 자료는 익명으로 보유하고, 허락받은 것 외의 다른 정보를 사용해서는 안 된다. 또한 연구자는 자료 입수 과정에서 해당 기관장의 자료에 대한 권한과 책임의 한계를 인정해 주어야 한다.

⑦ 연구자의 연구 과정이나 결과에 대한 언급은 부모나 아동에게 어떤 부담을 줄 수 있으므로 연구자는 결과를 보고하고 결론을 내리고 제언을 할 때 특히 세심한 주의를 기울여야 한다.

⑧ 연구자는 자신의 연구가 사회적, 정치적, 인간적 측면에서 갖는 의미를 고려해야 하며, 연구결과를 보고할 때 특히 이 점에 유의하여야 한다. 그러나 이러한 점 때문에 과학적 기준에 어긋난 보고를 하거나 연구 분야를 제한하는 일은 없어야 한다.

⑨ 아동에 관련된 내용을 강의하는 교수는 수강 학생들에게 이 윤리 강령을 알려주고 연구대상의 권리를 존중하는 태도를 갖도록 지도해야 한다. 그렇게 함으로써 학생들에게 훈련 과정에서부터 연구대상의 권리가 연구결과나 실험설계만큼 중요하다는 것을 인식시킬 수 있을 것이다.

2020년 개정된 서울대학교 연구윤리지침 제5장 인간대상 연구의 윤리 제20조 원칙은 다음과 같다.

① 인간을 대상으로 하는 연구(임상시험, 의생명과학, 행동과학 등을 포함한다)의 연구자는 연구대상자의 인권과 건강 및 복지를 최대한 존중하여야 한다.

② 연구대상자에게 연구의 목적 및 절차, 예상되는 위험 등에 대하여 충분히 설명한 후 연구대상자의 자발적인 동의를 얻어야 한다. 다만, 서울대학교 생명윤리심의위원회 등 공인된 기구의 사전 허가를 받은 경우에는 예외로 할 수 있다.

③ 연구대상자에게 미치는 위험을 최소화하여야 하고, 연구대상자의 건강과 복지를 중대하게 침해하는 연구를 수행해서는 아니 된다.

④ 취약한 계층에 속하는 연구대상자는 동의과정이나 위험 등과 관련하여 특별히 배려하여야 한다.

⑤ 연구대상자의 사생활의 비밀을 보장하고 개인정보를 보호하여야 한다.

CHAPTER

03 아동발달과 행동관찰

발달은 개인차가 존재하나 과업을 달성해야 하는 적절한 시기가 있다. 아동이 발달단계마다 수행해야 하는 과업을 잘 달성하는지에 대하여 관찰하며 또래보다 사회성이 더 필요하거나 말이 느린 아이, ADHD 아이, 문제행동을 하는 아이 등 아동의 발달과정을 잘 관찰하고 도움을 줄 수 있도록 하기 위하여 발달과 행동관찰에 대하여 제시하였다.

1 아동발달과 행동관찰의 이해

아동기는 신체발달, 인지 및 언어발달, 사회 및 정서 발달의 속도가 빠르고 개인차가 크다. 새로운 행동들의 습득을 위한 두 가지 중요한 과정이 발달과 힉습이다(양영애 외, 2010).

발달은 수정부터 죽음에 이르기까지 전 생애에 걸쳐 질적·양적으로 일어나는 체계적인 변화 양상으로 유전적·환경적 요인에 의해 이루어진다. 이는 신체적인 양적 변화와 인지적·심리적·질적 변화를 모두 포함하는 성장(growth)과 성숙(maturation)이 그 대표이다. 성장은 키, 체중, 신체적 특징 등의 양적 변화이고, 성숙은 조직적이고 체계적인 변화 등 질적 변화이다. 이는 각 단계마다 중요한 과업이 있는 데 적절한 시기에 이루지 못하면 보완이 어렵다. 또한 인간발달 과정에서 학습도 중요한 과정이다.

학습(learning)은 환경과의 상호작용을 통해 새로운 행동을 획득하는 것으로 환경적 노출, 연습과 피드백의 영향을 받는다. 이 과정에서 나타나는 행동관찰의 목적은 발달의 특성을 기술하고 기술된 현상들을 자세히 설명하며, 앞으로의 발달을 예측하고, 발달 지식을 바탕으로 아동의 발달을 통제 및 적용하기 위함이다. 이러한 목적을 가진 아동발달 연구는 문제 제기와 가설 설정의 단계, 중요 변인의 발견과 연구방법의 결정 단계, 가설의 검증 단계, 가설의 채택 또는 기각 단계들을 거쳐 이루어진다.

아동발달과 행동관찰은 아동기 발달 특성을 이해하고 각 시기에 필요로 하는 바람직한 양육을 제공할 경우 까다로운 기질로 태어난 아이라도 소통적이고 유능한 사회관계 능력을 터득할 수 있다. 이런 측면에서 발달에 적합한 양육은 큰 틀에서 아동기 문제행동 예방이나 최소화에 중요한 밑거름이 될 수 있다. 그러므로 교사나 양육자가 아동의 발달수준을 잘 파악하는 것이 중요하며 이를 위해서 관찰이 우선되어야 한다. 아동발달을 관찰함으로써 개별 아동의 성장을 알고 발달의 특정 영역이 지연된 아동들에게 도움을 줄 수 있는 것으로 아동의 능력을 평가할 수 있고, 현재 체력과 발달이 필요한 체력을 결정할 수 있으며, 관찰된 행동 및 발달 특성을 기초로 개별 지도계획 수립, 특정 영역의 발달상황에 대하여 세부적으로 파악할 수 있으며 특정 문제를 파악하고 해결할 수 있다(Beaty, 2006).

아동기는 출생에서 만 2세까지를 영아기, 만 3세에서 만 5세까지를 유아기, 우리나라의 초등학교 시기를 아동기로 나누어 인간발달에 의해 습득되는 일차적 기술과 학습에 의해 얻어지는 기술의 과정에서 일어나는 행동을 정신분석이론, 인지발달이론, 성숙이론, 학습이론, 인본주의 이론을 바탕으로 알 수 있다.

2 정신분석이론에 따른 발달과 행동관찰

1) 프로이트의 심리성적 이론과 행동관찰

> 인생에 대한 중요한 결정에 있어서 우리는 본성의 깊은 내적 요구에 의해 지배되어야 한다.
>
> - S. Freud -

'정신분석학의 아버지'라고도 불리는 프로이트(S. Freud)는 아동이 초기에 경험하는 것이 전반적인 성격에 미치는 영향과 더불어 정체성과 자아개념의 발달에 대해 연구를 통한 심리성적 이론에서 정신에너지를 본능(id), 자아(ego), 초자아(superego)의 세 가지 성격으로 분배되는 데, 발달이 진행되는 동안 어떤 욕구가 존재하느냐에 따라 끊임없이 유동한다고 보았다. 그리고 억압, 퇴행, 투사, 승화, 반작용 형성, 합리화의 방어기제 및 심리성적 단계를 구강기, 항문기, 남근기, 잠복기, 성기기로 구분하여 제시하였다.

정신분석이론에 따르면 인간의 성격은 생애 초기의 부모 양육방식에 의해 결정된다고 하였으며 인간이 가지는 성적 본능, 공격적 본능을 타고난 것으로 보았다. 특히 성격은 성적 에너지(리비도)가 신체 부위에서 충족됨에 따라 성격이 형성되는 것이 결정된다고 보았다. 또한 정신분석이론은 정신이 모든 인간 행동의 기초가 된다는 가정 하에 인간 내부의 충동적인 힘이나 인간 행동에 영향을 주는 경험들을 밝히고자 하는 이론으로 아동발달은 무의식적인 것이며, 우리의 행동은 단지 표면상 나타나는 특성일 뿐이다.

따라서 아동은 부모와의 초기 경험이 발달에 지대한 영향을 미치는 것으로 아동발달을 제대로 이해하기 위해서는 행동의 상징적인 의미를 분석해야 하고, 마음속에서 무슨 일이 일어나는지 이해해야 한다.

(1) 성격의 구성요소

프로이트는 원초아(id), 자아(ego), 초자아(superego)를 성격 구성요소로 보았다.

원초아(id)는 성격의 원초적인 부분으로 공격, 충동, 성적 등의 본능적인 요소로 일차적인 정신 과정을 다루며 기본적인 본능으로 구성되어 있어서 즉각 생물학적 욕구를 충족시키고자 한다. 방금 태어난 신생아기에는 원초아만이 존재한다.

자아(ego)는 원초아와 초자아의 중재자 역할로 욕구 균형유지와 현실 원리를 추구하며, 욕구 충족 조절을 위해서 인지능력, 지각, 기억의 기술을 발달시킨다.

초자아(superego)는 잘못을 하거나 규범을 어겼을 시 느끼는 죄책감, 옳은 행동으로부터 느끼는 자부심 등의 자아 이상으로 구성된다.

(2) 심리성적 발달단계

성격의 구조는 각기 다른 기능을 담당하고 성적 에너지는 발달단계에 따라 의미 있는 역할을 하며 연속적 체계를 갖춘 심리성적 발달로 보고 5단계로 구분하였다.

〈표 3-1〉 프로이트의 심리성적 성격발달이론

단계	시기	내　　용	행동
구강기	0~1세	▪ 리비도가 구강(입, 혀)에 집중(수유, 이유 방식이 성격과 관련)	사물을 입에 넣는 행동이나 손가락을 빠는 것이 그 예이며, 이 시기 적절하지 않은 욕구 충족이나 주 양육자와 불안정 애착이 형성되면 고착(욕구 만족을 위해 집착하는 것)이 구강에 생겨 과식이나 손톱 깨물기 등의 현상이 일어날 수 있음
항문기	2~3세	▪ 리비도가 항문에 집중(배변훈련 중요)	괄약근에 힘이 생기며 생리적인 배변훈련이 가능하여 대소변을 보유하거나 항문을 통한 배출로 만족을 얻는 것으로 이 시기 대소변훈련이 지나치게 청결한 성격, 지저분한 성격으로 발전시킬 수 있음
남근기	3~6세	▪ 리비도가 성기에 집중	성기를 만지거나 출산에 대해 관심을 가지며 남녀 성별 구분이 부모로부터 이루어진다. 부모와 자신을 동일시하고 적절한 역할습득과 자아상을 발달시킨다. 이 과정에서 남아는 아빠를 경쟁의 대상으로 보는 오이디푸스 콤플렉스, 여아는 엄마를 따라 하거나 질투하는 일렉트라 콤플렉스가 나타나기도 함
잠재기	7~11세	▪ 리비도 억압, 사회적·지적 기술 발달 ▪ 이전 충동 잠재	리비도 대상이 부모가 아닌 동성친구로 향하며 지적활동에 관심과 호기심이 왕성해지며, 동일시의 대상인 친구와 우정을 쌓으며 성적인 호기심은 줄어듦
생식기	11세~	▪ 성적 관심 재출현 ▪ 리비도 대상-동성친구에서 이성친구로 향함	성 에너지가 무의식에서 의식세계로 나오며 2차 성징 발현과 이타적인 사람으로 성숙하는 과정을 거친다. 이 시기 긍정적 경험은 사회관계를 원만히 유지하고 강한 책임감을 가진 사람으로의 성장을 도움

'가위바위보'와 성격

가위 · 바위 · 보 게임

1) 가위 - 초자아
2) 비위 - 원초아
3) 보 - 자아

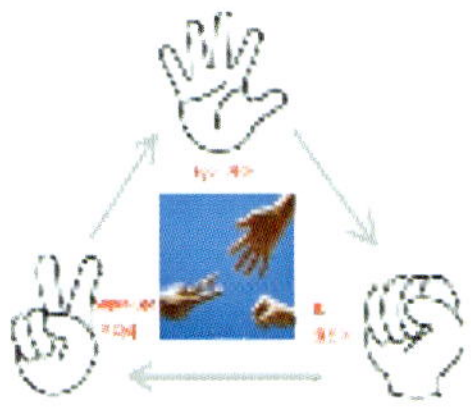

가위바위보게임은 서로가 서로에게 약점과 강점이 되는 균형게임이다.
힘의 균형처럼 세 가지가 적절한 견제 및 성장을 해야 성숙된 인격이 된다.
즉, 무조건 욕구를 억제하는 것보다 적절한 해결, 해소, 지연, 타당성, 성취 등으로 유도하면 자아존중감이 높은 발달이 이루어진다.

생활 속에 나타나는 성격

"가족 간의 심리적 거리는 적절하게 유지하는 것이 좋다. 너무 멀고 무관심하면 소원한 느낌이 들고 남남과 다를 바 없어진다. 〈세일즈맨의 죽음〉에서 앨버트 앨리스의 경우 이혼 전 부모의 부부 관계는 물론 부모와 자녀의 관계도 거리가 멀게 느껴진다. 반면 지나친 기대와 간섭은 심리적 거리가 너무 가깝다는 것을 의미한다."

고전이나 영화에 등장하는 주인공의 성격에서 보면 외향적인 사람은 세상을 객관적 관점에서 바라보고, 내향적인 사람은 주관적 관점에서 바라본다. 또한 외향적인 사람은 외부 대상에 관심이 많고, 쉽게 다가가서 관계를 맺으며 자발적으로 외부세계에 순응해 나간다. 세상에 나서길 두려워하지 않는다. 내향적인 사람은 외부세계로부터 자신의 내면세계를 지키고, 내적 세계의 우월성을 은근히 내세우려는 경향이 있다.

-'성격과 삶' 중에서-

2) 에릭슨(Erikson)의 성격발달이론과 행동관찰

> 자아정체감은 계속성과 동일성을 갖는 존재로서의 자아를 경험하고 그에 따라 행동하는 능력을 제공한다.
>
> – Erik Erikson –

에릭슨은 인간의 발달에서 전 생애에 걸친 변화를 강조하였으며 인간의 행동을 사회문화적 요인과 개인의 심리적 요인의 상호작용에 의해 형성된다고 하였다. 특히 에릭슨은 내재된 '기초안(ground plan)'에 의해 발달이 이루어진다고 보았으며 주요 개념은 인간을 능동적인 존재로 보고 자아정체감의 확립과 자아의 자율적인 기능을 강조하였다. 확고한 자아정체감을 확립하기 위해서는 일생을 통하여 여덟 가지의 위기(또는 갈등 상황)를 성공적으로 해결해야 한다고 하였다. 이는 매 단계마다 갈등상황(또는 위기)은 '신뢰감 대 불신감'이나 '통합감 대 절망감'에서처럼 긍정적인 결과와 부정적인 결과의 갈등은 양극의 결과를 초래할 수 있다. 에릭슨의 아동기는 4개의 단계로 <표 3-2>와 같다.

〈표 3-2〉 에릭슨의 성격발달 단계

단계	발달 과업과 위기	내 용	행 동
유아기 (출생~1세)	신뢰감 대 불신감	▪양육자와 신뢰관계를 형성하지 않으면 불신감 형성	▪신뢰가 형성되면 어머니와 떨어져 있어도 불안이나 분노를 표현하지 않고 자신의 욕구가 즉시 만족되지 않아도 보채지 않고 기다릴 수 있음 ▪신뢰가 없으면 어머니와 떨어지지 않으려 하고 억지로 떨어지게 되면 어머니가 자신을 버릴 것이라는 공포를 느끼게 됨
초기 아동기 (1~3세)	자율성 대 수치심	▪걷기, 잡기, 괄약근 통제를 포함하는 신체 기술발달에 에너지 집중 ▪통제를 제대로 못하면 수치심과 회의감이 나타남	▪타인에 대한 호의(good will)와 고집스러움(willfulness)의 비율이 결정됨 ▪외부의 통제를 강하게 거부하면서 "아니야" 혹은 "내 것이야", "내가 할 거야" 등 무엇이든 스스로 하려고 하고 무엇이든 자신이 소유하려고 함

단계	발달 과업과 위기	내 용	행 동
학령전기 (3~6세)	주도성 대 죄책감	▪ 모방을 통한 목적의식 생성 ▪ 보다 단호해지려는 노력과 주도권을 잡으려고 애씀(이 과정에서 다른 사람에게 상처를 주면 죄책감 느낌)	▪ 계획을 세우고 목표를 설정하며 이를 달성하고자 노력하는 주도성(initiative)을 보임 ▪ 벽돌을 목표한 만큼 높이 쌓으려 하고, 더 멀리, 더 빨리 뛰려는 노력을 하므로 스스로 추구하는 활동이 격려 받을수록 주도성 강화 ▪ 이러한 활동이 매우 공격적이므로 때로는 강력한 제재를 받게 됨 ▪ 이 시기 아동들은 성적 호기심을 보이게 됨(예를 들어 남아의 경우 소변줄기가 멀리 가는 것을 자랑스럽게 생각함)
학령기 (7~12세)	근면성 대 열등감	▪ 집단 구성원들과의 관계로 자기통제와 자아 발달 ▪ 새롭고 복잡한 기술을 습득해야 함(그렇지 않으면 열등감을 느끼게 됨)	▪ 기초적인 인지적 기술과 사회적 기술을 습득하게 됨 ▪ 가족의 범주를 벗어나 더 넓은 사회에서 통용되고 유용한 기술들을 열심히 배우고자 하며 이를 숙달하고자 함 ▪ 또래들과 협동하여 규칙에 순응('차례 지키기' 따위)함

3 인지발달이론에 따른 발달과 행동관찰

> "행동은 사고의 토대이다.
>
> – Jean Piaget –"

인지발달이론에서 아동발달은 아동이 환경적 요인들을 어떻게 받아들이고 해석하느냐 하는 주관적인 경험에 의해 결정된다고 보는 것으로 환경에 대한 아동의 능동성을 강조하는 '열린 교실'의 많은 개념들이 인지발달이론의 전통에 근거한다. 또한 아동의 충동적인 정신과정에 주목함으로써 발달심리학에 혁명적인 변화를 가져왔으며(정옥분, 2020) 의식적 사고를 강조하는 것으로 정신구조가 매우 중요한 의미를 가지며, 발달과정에서 아동의 능동적 역할을 중시한다.

1) 피아제(Piaget)의 인지발달이론과 행동관찰

(1) 피아제 이론의 주요개념

피아제는 발달을 지적능력과 물리적 · 사회적 환경의 지속적인 상호작용을 통해 변화가 이루어진다고 보았으며, 환경에 대한 순응이 동화와 조절 과정을 거쳐 도식을 형성한다고 주장하였다.

〈표 3-3〉 피아제의 성격발달 단계

개념	내 용
도식 (Schema)	▪ 사물이나 사건에 대한 전체적인 윤곽 ▪ 빨기나 잡기와 같은 최초의 도식들은 본질적으로 반사 [예: 빨간색이고 동그란 모양은 사과이다.]
적응 (Adaptation)	▪ 환경과의 직접적인 상호작용을 통해 도식이 변화하는 과정 ▪ 동식물의 세계는 적응의 예들로 가득 차 있음
동화 (Assimilation)	▪ 새로운 환경자극 반응에 기존 도식을 사용해 이해하는 것 ▪ 내적 욕구 만족을 위해 환경이 변화하는 것(무엇이든 입으로 가져가는 것) [예: 빨간색이고 동그란 모양인데 왜 토마토라고 하지?]
조절 (Accommodation)	▪ 기존 도식으로 새로운 사물 이해가 어려울 때 기존 도식을 변경하는 것 ▪ 조절할 때 도식의 형태에 질적 변화가 일어남 [예: 빨간색이고 동그란 모양이지만 이건 사과, 이건 토마토구나!]
평형 (Equilibration)	▪ 동화와 조절 균형을 의미하는 것으로 기존 체계를 변경하는 과정 [예: '빨간색이고 동그란 모양은 사과'라는 도식에서 '빨간색이고 동그란 모양은 토마토도 있다'라는 새로운 정보를 인지하면서 평형의 상태가 됨]

(2) 피아제의 인지발달 단계

피아제는 인지발달을 단계마다의 특성을 4단계로 제시하였으며, 질적으로 서로 다른 이 단계들은 정해진 순서대로 진행되고 높아질수록 복잡성이 증가한다고 하였다.

〈표 3-4〉 피아제의 인지발달 단계

단계	하위단계	
감각운동기(출생~2세) Sensorimotor Stage	■ 반사운동기(출생~1개월) ■ 일차순환반응기(1~4개월) ■ 이차순환반응기(4~8개월) ■ 이차순환반응의 협응기(8~12개월) ■ 삼차순환반응기(12~18개월) ■ 정신적 표상(18~24개월)	
	태어날 때부터 가지는 반사기능인 물건 잡기, 빨기 등의 신체적 활동으로 복잡하고 협응된 행동이 발달한다. 이 시기 대상영속성 획득과 모방이 발달한다.	
전조작기(2~7세) Preoperational Stage	■ 전개념적 사고기 - 상징적 사고 - 자기중심적 사고 - 물활론적 사고 - 인공론적 사고 - 전환적 추론	■ 직관적 사고기 - 보존개념 - 유목 포함 - 서열화
	언어능력이 급속하게 발달하고 자기중심적인 사고를 한다.	
구체적 조작기(7~12세) Concrete Operational Stage	■ 보존개념 ■ 유목화	■ 조망수용 ■ 서열화
	타인에게 관심을 갖는 탈중심화가 이루어지고 가역적 사고, 보존개념이 형성된다.	
형식적 조작기(12~) Formal Operational Stage	■ 추상적 사고 ■ 체계적 · 조합적 사고	■ 가설적 · 연역적 사고 ■ 이상주의적 사고
	인지구조의 성숙으로 논리적이고 추상적인 사고가 가능하다. 가설을 설정하여 문제해결에 접근하는 성인과 형태가 같은 사고가 가능하다.	

〈표 3-5〉 피아제의 이론과 발달

요소	내용
아동에 대한 관점	스스로 세계에 대한 이해를 발달시키는 개별적 존재
발달의 주요 동인	개인 내부에 존재하므로 학습자가 발달에서 주체적인 역할 수행
언어와 사고의 관계	언어는 사고의 도구
혼잣말의 발달적 중요성	다른 사람의 관점 수용이나 상호 의사교환 참여 어려움을 의미
아동-성인의 관계	아동은 성인보다 또래 아동과의 상호작용을 통해 더 발달함

자기중심적 사고

피아제와 인헬더(Piaget & Inhelder, 1956)의 세 산 모형 실험(three mountains experiment)은 아동기 자기중심적 사고를 보여주는 실험으로 색깔, 크기, 모양이 각기 다른 세 개의 산 모형을 만들어 탁자 위에 올려놓고 한 산의 정상에는 작은 집이 있고, 또 다른 산의 정상에는 십자가가 꽂혀 있으며, 나머지 한 산의 정상은 흰 눈으로 덮여 있다.

1) 유아로 하여금 탁자 주위를 한 바퀴 돌아보게 한 다음 한 의자에 인형을 앉히고, 또 다른 의자에 유아를 앉게 한다.
2) 몇 개의 사진을 제시하고서 유아가 본 것을 나타내는 사진과 인형이 본 것을 나타내는 사진을 선택하게 한다.

이때 6~7세 이전의 유아는 자신이 본 것을 나타내는 사진은 잘 고르지만, 인형이 본 것을 나타내는 사진을 고르라고 했을 때에도 자신이 본 것과 똑같은 사진을 선택한다.

출처: http://blog.daum.net/jhwhee

이와 같이 피아제의 이론에서 행동관찰은 언어발달과 만지고, 듣고, 보고, 맛보고, 냄새 맡으며 경험했던 행동, 사물, 사건과 관련된 것이 가능하다. 이는 피아제의 이론은 아동이 주변의 물리적 상호작용을 하므로 인지발달이 이루어진다고 보았으며, 언어는 인지적 성숙의 결과로 획득되므로 인지발달이 언어발달을 결정짓게 되고, 아동들이 세상을 알게 되는 것은 환경에 대한 감각적 경험이나 행동과 연결되는 것으로 보고 있기 때문이다.

2) 비고츠키의 사회문화적 인지이론과 행동관찰

사회문화적 인지이론에서 발달은 사회적 상호작용 과정에서 타인을 모방하고 이를 내면화시키면서 고등 정신 능력을 향상시킴으로써 이루어지므로 아동이 성장하고 있는 문화적 배경을 고려하지 않고서는 아동발달을 제대로 이해할 수 없다고 보므로 사적 언어와 외부환경과의 상호작용(근접발달영역)을 중요하게 보았다.

발달에 대해서는 아동의 인지기능을 이해하기 위해서는 인지기능의 기원과 초기 형태에서 그 이후의 형태로의 전환을 연구해야 하며, 인지기능을 이해하기 위해서는 그것을 중재하는 도구가 필요한데 언어가 가장 중요한 도구이다. 또한 인지기능은 사회적 관계와 문화에 그 기초를 두고 있는 것으로 아동발달은 사회문화적 활동과 불가분의 관계에 있다고 주장한다. 또한 모든 아동이 똑같은 인지발달 단계를 거치지 않으며, 아동의 인지발달을 사회가 중재하는 과정으로 보고 아동발달의 결정요인으로서 문화를 강조하였다. 인간은 이 지구상에서 문화를 창조한 유일한 종(種)이며, 모든 아동은 문화의 맥락 속에서 성장하고 발달한다. 문화는 아동의 인지발달에 있어서 무엇을 사고하고 어떻게 사고할 것인가를 가르친다고 보았으며 아동의 지적능력을 근접발달영역(Zone of proximal development; ZPD)의 개념으로 설명하고 있다.

[그림 3-1] 비고츠키의 근접발달영역

〈표 3-6〉 비고츠키 이론의 주요 개념

요 소	내 용
아동에 대한 관점	타인과의 관계에서 영향을 받으며 성장하는 사회적 존재
발달의 주요 요인	사회, 문화, 역사적 환경과의 관계 속에서 능동적 역할 수행
언어와 사고의 관계	언어는 사고발달의 핵심역할 수행
혼잣말 발달	외재화된 사고이며 이는 자기 스스로 방향을 찾기 위한 자기와의 의사교환 행위임
아동-성인 관계	성인이나 유능한 동료와의 상호작용을 통해 발달이 촉진됨

따라서 비고츠키는 아동의 사회적 상호작용이론에서 행동관찰을 할 수 있는 것은 아동의 근접발달영역(Zone of Proximal Development, ZPD)을 파악하여 아동의 수행능력에 따라 도움을 조절해 나가는 비계설정(scaffolding)을 함으로써 발달(지식 구성)이 이루어지는 과정을 파악하는 것이다. 왜냐하면 비고츠키는 발달의 시작부터 유아를 사회적 존재로 보고 있기 때문이다.

4 학습이론에 따른 발달과 행동관찰

1) 파블로프의 고전적 조건형성(Classical Conditioning)이론과 행동관찰

고전적 조건형성이론은 중성적 자극이 반사적 반응을 일으키는 다른 자극과 체계적으로 연합되는 학습과정을 설명한 이론이다. 이는 개를 이용한 실험에서 얻어진 결론으로 개에게 음식물을 주지 않았는 데도 평소 음식물을 가져다주는 실험자의 발자국 소리나 먹이 그릇만 접해도 침을 흘리는 현상을 관찰하고 체계적으로 정리한 행동수정의 원리로서, 기본 개념은 두 가지인데 하나는 연합은 공간과 시간에서 연결된 사건들 사이의 학습된 관계성이고, 다른 하나는 고전적 조건형성 실험(개 침 분비 실험)이다. 개가 침을 흘리는 현상은 학습의 결과이고 이것은 다시 개인의 경험을 반영하는 것으로 파블로프는 기본적이고 중요한 학습형태가 어떻게 이루어지는가에 대한 방법론으로 보았다. 그에 따르면 학습은 환경에서의 자극과 그 자극에 대한 유기체의 반응 간의 관계에 의해 이루어지는데, 이들 관계는 강화와 소멸에 의해 강화되거나 약화된다. 또한 하나의 반응이 다른 자극에도 일반화되고 다시 다른 자극과 변별되는 방식은 어떤 방법으로 유기체가 환경과 복잡한 관계를 맺는지를 보여주는 것으로 강화와 소멸, 자발적 회복 그리고 자극 일반화와 자극 변별화이다.

〈표 3-7〉 고전적 조건형성의 주요개념

개　념	내　용
강화 (Reinforcement)	한 행동에 뒤따르는 자극 사건이 그 행동을 다시 일으킬 가능성(확률)을 증가시킴
소거 (Extinction)	조건형성이 한 번 이루어졌다고 해서 조건 자극이 계속해서 영원히 작용하지 않음
자발적 회복 (Spontaneous Recovery)	소멸 후 상당한 시간이 지난 다음 조건 자극을 다시 제시하면 조건 반응이 일시적으로 다시 나타나는 것
자극 일반화 (Stimulus Generalization)	원래의 자극과 유사한 조건 자극에 대하여 조건 반응하는 것
자극 변별화 (Stimulus Differentiation)	자극 일반화에 대한 보완적인 과정으로 어떤 자극이 다른 자극과 변별되는 경우

고전적 조건형성은 임상적인 장면에서 자신이 속한 환경이나 문화에서 정상적인 감정이나 태도를 학습하지 못한 사람에게 재학습시키는 방법으로 많이 사용되고 있으므로 이와 관련된 행동연구를 실시하고자 할 때 가능한 방법이다.

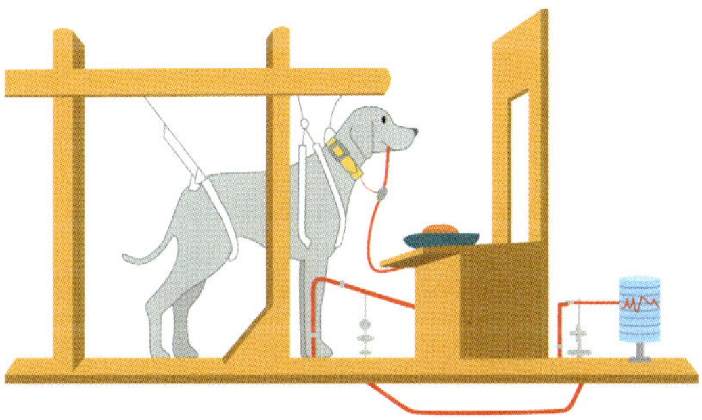

[그림 3-2] 파블로프의 고전적 조건형성 실험

고전적 조건형성(classical conditioning) 과정은 음식을 주러 오는 사람의 발자국 등 음식(무조건 자극, unconditioned stimulus)과 관련된 자극 확인 실험으로 개에게 먹이를 주기 전에 종을 울리고 주었더니 이후에는 종소리만 듣고도 침(조건반사, conditioned reflex)을 흘렸는 데 이를 학습과정으로 보았다. 이는 사전학습이나 경험 없이 학습되지 않은 반응을 자연적으로 일으키는 어떤 사건을 말한다.

고전적 조건형성 과정

1) 훈련 전
무조건 자극(음식) → 무조건 반응(타액분비) 하다가 중성적 자극(종소리) → 반응 없음

2) 훈련을 통해
중성적 자극(종소리) + 무조건 자극(음식) → 무조건 반응(타액분비)

3) 훈련 후
조건 자극(종소리) → 조건 반응(타액분비)

ex) 개에게 물려 놀란 경험이 있는 아동은 강아지만 봐도 공포반응을 보인다.

고전적 조건형성에서 발달은 학습의 결과이고 이는 다시 개인의 경험을 반영하는 것이다. 학습은 환경에서의 자극과 그 자극에 대한 유기체의 반응 간 관계에 의해 이루어지는 데 이 관계는 강화와 소거에 의해 강화되거나 약화된다. 또한 하나의 반응 등이 다른 자극에도 일반화되고, 다시 다른 자극과 변별되는 방식은 어떤 방법으로 유기체가 환경과 복잡한 관계를 맺는지 보여주는 것으로 임상 장면에서 자신이 속한 환경이나 문화에서 정상적인 감정이나 태도를 학습하지 못한 사람에게 재학습시키는 방법으로 많이 사용되고 있는 데 혐오치료법(Aversion Therapy), 충만노출(Flooding), 체계적 둔감법(Systematic Desensitization) 등이 적용될 수 있다.

2) 스키너의 조작적 조건형성이론과 행동관찰

스키너는 인간행동의 대부분을 조작적 행동(operant behaviors)이라고 본다. 조작적(operant)은 단순히 두 가지 조건을 연결시켜서 조건화된 자극이 조건화된 반응을 야기하는 것을 의미하였지만, '조작적 조건형성'은 어떤 행동을 어떤 것으로 부추기게 되면 그 행동을 더 하게 된다는 것이다. 반대로 어떤 행동을 어떤 것으로 억제하게 되면 그 행동을 덜하게 된다는 것이다. 여기서 '어떤 행동을 부추기게 하는 것'을 '강화물(Reinforcer)'이라 하고, '어떤 행동을 억제하게 하는 것'을 '벌(Punishment)'이라고 말한다. 이렇게 강화물과 벌을 사용하여 행동을 조작하는 것이기 때문에 '조작적 조건형성'이라고 하였다.

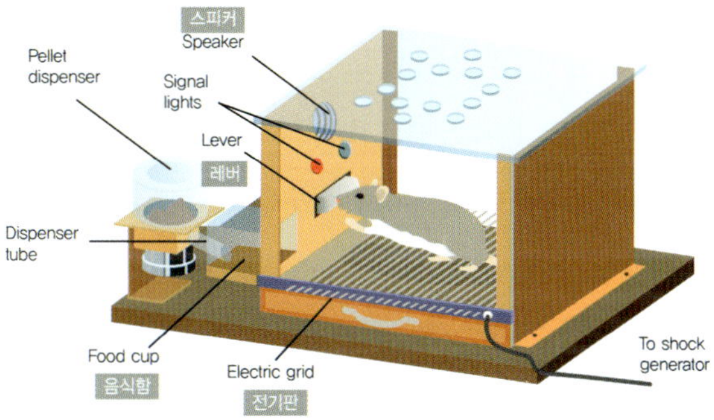

[그림 3-3] 스키너 박스

스키너는 습관은 조작적 학습경험의 결과라고 믿는다. 예를 들어 한 소년의 공격적인 행동은 친구들에게 공격적인 행동을 했을 때 친구들이 그의 힘에 굴복하면서 강화된다. 또 다른 소년의 경우, 그보다 더 힘이 센 친구가 역공을 하게 되면 더 이상 공격적인 행동을 하지 않게 된다. 위에서 예를 든 두 소년은 강화와 벌이라는 두 요인에 기초해서 전혀 다른 방향으로 공격적 성향이 발달하게 된다.

〈표 3-8〉 고전적 조건형성과 조작적 조건형성의 비교

	고전적 조건형성	조작적 조건형성
▪자극의 원인은 무엇인가?	▪알려져 있고 중요함	▪관련성이 없음
▪반응의 원인은 무엇인가?	▪반응은 자극에 의해 유도	▪반응은 유기체에 의해 방출
▪자극과 반응과의 관계	▪유도 자극은 반응에 선행	▪강화자극은 반응에 따름
▪각각의 예	▪눈 깜박이기, 소화	▪운전, 잔디 깎기, 사회화
▪사용되는 다른 용어	▪고전적 조건화 ▪S형태 학습 ▪연합적 이동 ▪조건화	▪도구적 조건화 ▪R형태 학습 ▪시행착오 학습 ▪문제해결

스키너에 의하면 아동발달에서 '공격적 단계'라는 것은 없으며, 인간에게 '공격적 본능'이라는 것도 없다. 대신 아동이 습득하게 되는 대부분의 습관(아동의 독특한 '성격'을 형성하게 되는)은 자신의 행동 결과에 의해 형성되는 것으로 보았다. 따라서 조작적 조건형성이론에서는 아동발달이 본능, 욕구 또는 생물학적 성숙과 같은 내적 요인보다 강화인 또는 처벌인이라는 외부 자극에 달려 있다고 본다. 즉, 고전적 조건형성에서는 자극이 반응을 유발하지만, 조작적 조건형성에서는 반응이 자극을 유도하는 것으로 보았다. 조작적 조건형성에서는 개로 하여금 행동목록에 들어 있지 않은 특정 행동(예; 신문 가지고 오기) 수행 훈련을 위해 강화(reinforcement)가 사용되는 데 이는 어떤 행동이 다시 발생할 가능성을 증가시키는 자극을 '강화인(reinforcer)'이라고 명명하며 긍정적일 수도 있고 부정적일 수도 있다고 보았다.

이러한 스키너의 이론을 바탕으로 한 언어발달에 대한 행동관찰 연구를 살펴보면 다음과 같다.

첫째, 언어를 화자와 청자의 상호작용에서 일어나는 관찰되고 생산된 말에 대한 것과 둘째, 언어발달도 다른 학습 원리처럼 자극, 모방, 강화가 중요한 요소로서 작용하는 것, 셋째, 성인의 모델을 모방하고 긍정적 강화로 동기유발되는 것, 넷째, 성인에 의해 언어의 의미가 보다 정교화되

고 확장되는 과정 등이 가능하다. 어떤 사람들은 자신에 대한 확신과 믿음이 부족한 경우 있으므로 징크스나 미신을 믿는 사람들은 주변에서 종종 볼 수 있다. 입시(입사) 시험장에서 또는 일터에서 자신만의 루틴을 만들거나 미신에 기대어 위안을 받고 있는 경우도 볼 수 있다.

생활 속의 조작적 조건화(강화)

일상생활에서 흔히 볼 수 있는 '강화'는 징크스(미신)를 갖고 있으며, 심리학적으로는 통제력 착각의 하나로 본다. 이는 특정한 행동이나 생각을 하지 않았는 데 좋은 결과를 가져왔거나 반대로 나쁜 결과를 가져온 경험에서 비롯된 것이다.

1. 징크스

징크스는 심리학적으로 '신념(superstitious belief)'이라고 하는 데, 학습이론의 조작적 조건화에서 **'실제 어떤 행동이 사실 결과에 영향을 미치지 않음에도 특정 행동이나 생각을 함으로써 결과에 영향을 미칠 수 있다는 신념'**을 의미한다.

징크스 사례

1) 메이저리그의 한 유명한 야구선수는 경기에 앞서 닭고기만을 먹고 또 다른 선수는 유니폼을 입을 때 정해진 순서대로 입고, '행운의 양말'을 신는다.
2) 우연히 흰색 수영모자를 쓰고 경기에서 우승을 함으로써 경기 때는 흰색 수모를 쓴다.
3) 시험에서 특정 브랜드 볼펜을 썼더니 시험을 더 잘 봤다.
4) 야구선수가 속옷을 갈아입으면 공이 잘 안 맞는다.
5) 경기가 잘 안 풀릴 때 수염을 기르면 경기가 잘 된다.
6) 비행기를 탈 때 특정 좌석을 고집한다.

이러한 미신적 행동을 일으키는 강화를 '우연적 강화'라고 하는 데 이는 불확실한 미래에 대하여 좋은 결과를 얻기 위해 심리적 불안을 조절하는 수단으로 마음을 다스리는 것이다.

이러한 징크스는 없어지지 않는 것으로 믿고 있는 데 그 이유는 '간헐적 강화'로 '소거'가 잘 안 된다고(미신적 행동은 항상 발생하지 않고 가끔 발생하기 때문에 없어지지 않는 것)하므로 '자신의 사소한 행동과 어떤 결과에 대해 인과로 연결 짓지 않는 것'이 징크스를 극복하는 방법이다.

출처: https://baleun-namja.tistory.com/17

2. 루틴

저명한 경제학자들은 자동운전, 원격진단, 동물의 종 식별과 같은 일들은 자동화될 수 없다고 예상했으나, 모두 자동화되었다. 이와 같이 오판한 이유는 '기계는 인간의 사고를 모방해야만 성장할 수 있다'는 지능에 관한 미신에 빠져 있었기 때문이다. 자동운전, 원격진단, 동물의 종 식별 등은 논루틴이 되었다. 또한 기계가 인간을 모방할 필요가 없다는 사실을 보여주는 사례는 2011년 퀴즈쇼에서 슈퍼컴퓨터 왓슨이 인간 우승자 2명을 상대로 승리한 것이다. 왓슨은 인간 경쟁자들의 문제푸는 방식을 모방하지 않았음에도 인간을 이겼다. 지능미신은 인간이 기계가 사람 뇌의 작업방식을 따라 해야 한다고 믿는 것이다.

'믿긴 싫지만 너무 궁금한 미신 이야기'에 대한 책이 이러한 사실들을 증명해 주는 것으로 볼 수 있다.

출처: https://blog.naver.com/majormap20/222227725763

3) 반두라의 사회학습이론과 행동관찰

반두라의 사회학습이론은 왓슨의 고전적 조건형성과 스키너의 조작적 조건형성을 모두 인정하였지만 두 가지 보완점을 제시하였다. 이는 사회적 행동과 환경뿐만 아니라 아동의 인지적 측면도 인간발달에서 중요한 영향을 미치는 요인으로 보았다. 아동 행동의 갑작스러운 변화는 고전적 조건형성이나 조작적 조건형성이 원인이 아닌 다른 사람의 행동관찰로 학습되어 나타난다(Bandura, 1977). 즉, 사회학습이론은 관찰학습(observational learning) 초점을 맞추는 데 이것을 모방(imitation) 또는 모델링(modeling)이라고 한다. 예를 들면 아동이 부모의 자녀양육 행동을 관찰하고 인형놀이를 할 때 그 행동을 모방한다.

반두라(1965)는 '보보인형' 실험에서 어른의 공격적인 행동을 아동들이 어느 정도로 모방하는지 알아보기 위해 3~6세 아동 각 36명을 실험실로 데리고 와서 어른이 성인 크기의 보보인형을 계속해서 공격적 행동을 하는 것을 보게 하였더니 아래 사진에서 보는 바와 같이 아동들의 모방행동은 놀라울 정도였다.

보보인형 실험

출처: http://youtu.be/m7snpTMu10O

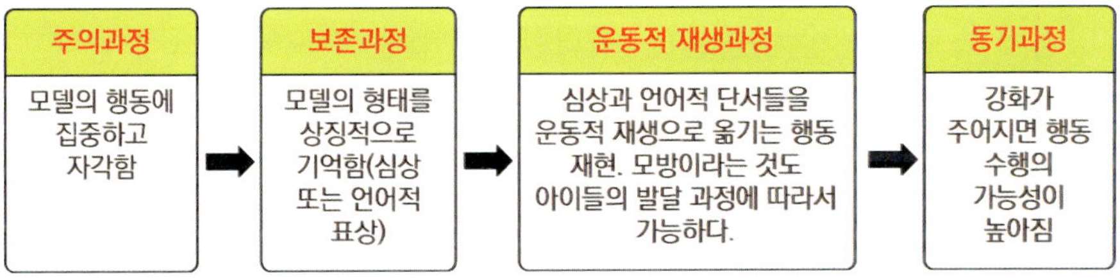

[그림 3-4] 관찰학습 과정

출처: https://blog.naver.com/crowdark7/104185197

반두라의 사회학습이론은 인간의 습관 대부분이 다른 사람을 관찰하고 모방함으로써 배우는 것으로 사회학습의 경험이 성격을 형성하는 것으로 보았다. 성격 형성에 있어 타자의 행동을 모방하는 것, 유전된 소질, 보상과 벌이 영향을 미치는 데 상징적 환경의 중요성의 예는 TV이다.

5 인본주의이론에 따른 발달과 행동관찰

1) 매슬로우(Maslow)의 욕구위계이론과 행동관찰

> "마음이 변하면 태도는 저절로 변하고 태도가 달라지면 습관도 따라서 달라진다. 또 습관이 바뀌면 성격이 바뀌고, 성격이 바뀌면 인생도 따라서 변화한다.
>
> - Abraham Maslow -"

인간 행동에 대한 매슬로우의 기본 가정은 인간 행동의 대부분은 자신의 삶을 의미 있고 가치 있는 것으로 만드는 개인적 목표를 달성하려는 욕구에서 비롯된다. 매슬로우는 이러한 욕구를 자아실현의 욕구라고 하였는 데 '개인의 선천적이고, 긍정적인 가능성을 개발하고 성취시키려는 경향'(Bruno, 1977)을 뜻한다. 이는 자아실현을 이룬 사람들은 그들의 문화로부터 독립성을 유지해 왔으므로 인습적이고 추상적이며 고정관념화된 지각 양식에 별로 구애받지 않는다. 이러한 욕구들은 강도와 중요성에 따라 위계적 관계로 배열되어 있는 데, 일단 하위욕구가 충족되면 유기체는 상위욕구를 추구하게 된다는 것이다.

매슬로우의 이론은 인간에게는 1단계 생리적 욕구, 2단계 안전에 대한 욕구, 3단계 애정과 소속의 욕구, 4단계 자아존중감의 욕구, 5단계 자아실현의 욕구 등 다섯 가지 욕구가 있다. 욕구는 아래(1단계)로부터 한 단계씩 발달되며, 계속적으로 인간은 자기 발전을 통하여 인격을 성장시키고, 자신의 잠재력을 극대화시키게 된다.

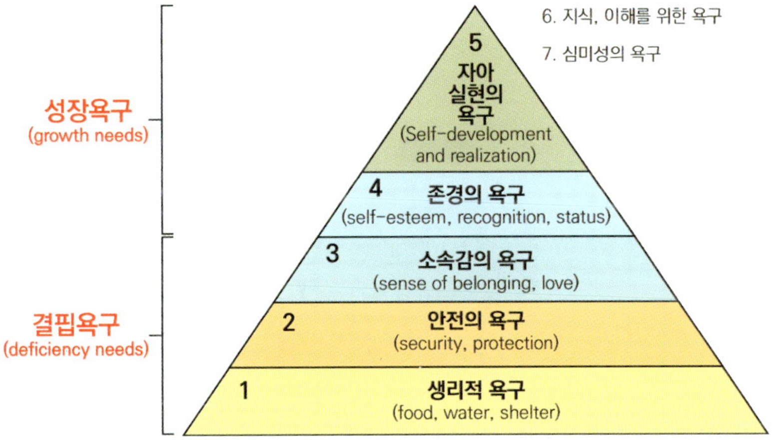

[그림 3-5] 매슬로우의 욕구 5단계

출처: https://cafe.daum.net/SHIN.ROH.DREAM/SQmx/76?q

〈표 3-9〉 매슬로우의 욕구단계이론

단계	욕구	이론	예시(광고)
1단계	생리적 욕구	가장 아래에 해당하며 인간에게 기본이 되는 의, 식, 주(음식, 물, 수면) 등 생물학적 생존을 위한 필수 충족 욕구.	▪ 숙면유도 침대광고 ▪ 갈증해소 음료
2단계	안전의 욕구	1단계 욕구가 충족되면 신체적, 감정적 위험으로부터 보호되고 안전해지기를 바라는 욕구.	▪ 보험회사 광고 ▪ 자동차 광고
3단계	사랑과 소속감의 욕구	2단계 욕구가 충족되면 사회단체에 소속되고 싶어 하거나 자신이 다른 집단에 의해서 받아들여지기를 원하고 친교를 나누고 싶어 하고, 이성 간의 교제나 결혼을 바라는 욕구.	▪ 코카콜라 광고 ▪ 붉은 악마 광고
4단계	존경의 욕구	3단계 욕구가 충족되면 내적으로 자기존중, 애정 욕구(내적 존경욕구)와 외적으로 타인으로부터 인정받으며 집단 내에서 어떤 지위를 확보하려는 욕구(외적 존경욕구)	'난 소중하니까'의 광고 문구가 들어간 샴푸, 화장품 광고
5단계	자아실현의 욕구	4단계 욕구가 충족되면 자신의 능력발휘, 지속적인 자기계발 등 자아실현의 욕구.	▪ 대한한공 넌 어디까지 가 봤니

〈표 3-10〉 그림책에 제시된 매슬로우의 욕구단계

단계	욕구	그림책	
1단계	식욕, 성욕 등 생존 본능 (탈출, 호기심, 학습욕구) 9) 방귀쟁이 며느리 10) 잠이 안 와!		
2단계	위험감소, 외부세계 설명 욕구(치안욕구) 7) 해님달님 8) 안 돼, 데이빗 ※ 안전에 대한 욕구 그림책은 안전 영역에 따라 구분.		
3단계	사랑, 애정 욕구 (사회적 소속감, 친교욕구) 5) 무지개 물고기 6) 사랑해 사랑해 사랑해		
4단계	자기발전, 성장, 정신적 가치 욕구(지위, 존경, 인정받고자 하는 욕구) 3) 내 귀는 짝짝이 4) 하늘을 나는 사자		

단계	욕구	그림책	
5단계	성장욕구, 자기완성 (체험, 끊임없는 자기능력발휘 욕구) 1) 이슬이의 첫 심부름 2) 100만 번 산 고양이		

매슬로우가 발견한 "자기실현"에 성공한 사람의 15가지 심리적 특징

1. 현실중심적이다.
   거짓, 가짜, 사기, 허위, 부정직 등을 진실로부터 구별하는 능력이 있다.
2. 문제해결 능력이 강하다.
   어려움으로부터 도망가려 하지 않고 어려움과 역경을 문제해결 기회로 삼는다.
3. 수단과 목적을 구분한다.
   목적으로 수단을 정당화하지 않으며, 수단이 목적 자체가 될 수도 있다고 생각한다. 즉, 과정이 결과보다 더 중요할 수 있다는 자세를 갖는다.
4. 사생활을 즐긴다.
   남들과 함께 하는 시간보다는 혼자 있는 시간에 종종 더 편안함을 느낀다.
5. 환경과 문화에 영향을 받지 않는다.
   주위 환경에 의해 쉽게 바뀌지 않으며 자신의 경험과 판단에 더 의존한다.
6. 사회적인 압력에 굴하지 않는다.
   항상 사회에 순응하며 살지 않고 겉으로는 평범해 보이지만 속으로는 반사회적이거나 부적응자의 심리를 갖고 있기도 하다.
7. 민주적인 가치를 중시한다.
   인종, 문화, 개인의 다양성에 열린 자세를 취한다.
8. 인간적이다.
   사회적 관심이나 동정심의 인간미를 지니고 있다.
9. 인간관계를 깊이 한다.
   수많은 사람들과 피상적인 관계를 맺기보다는 가족이나 소수의 친구들과 깊은 관계를 유지하는 것을 선호한다.
10. 공격적이지 않은 유머를 즐긴다.
    자신을 조롱하는 듯한 유머를 즐겨 하고 남을 비웃거나 모욕하는 유머는 삼간다.

11. 자신과 남을 그대로 받아들인다.
    남들이 자신을 바라보는 시선이나 태도에 연연해하지 않고 자신을 있는 그대로 바라보며, 남에게도 마찬가지로 남을 가르치거나 바꾸려 하지 않고 자신에게 해가 되지 않는 한 있는 그대로 내버려 둔다.
12. 자연스러움과 간결함을 즐긴다.
    인공적으로 꾸미는 것보다는 있는 그대로 자연스럽게 표현하는 것을 더 좋아한다.
13. 풍부한 감성
    주위의 사물을 평범한 것일지라도 놀라움으로 바라볼 수 있다.
14. 창의적이다.
    창의적이고 독창적이며 발명가적 기질이 있다.
15. 초월적인 것을 경험하려 한다.
    경험의 정점에 다다르기를 좋아하고(학문, 종교, 철학, 스포츠 등) 경험의 순간이 최고조에 달했을 때 초월적인 기쁨과 자유를 느낀다. 그리고 이 경험이 머리 속에 남아 계속 그 경험을 쌓으려고 노력한다.

2) 보울비의 애착이론과 행동관찰

보울비(Bowlby)는 아동도 다양한 형태의 프로그램화 된 행동을 나타내는 데, 이러한 행동은 생존뿐만 아니라 정상적인 발달에도 유용한 것으로 보았다. 예를 들어 아기의 울음은 어머니의 주의를 집중시키는 생물학적으로 프로그램 된 '고통 신호(distress signal)'로 여겨진다. 또한 부모-자녀 간에 형성되는 애착관계는 개인의 성격발달에 큰 영향을 미친다고 보고 애착형성의 4단계를 제시하였으며, 아동기에 안정애착을 경험하느냐 못하느냐 하는 것은 성인이 되어서 누군가를 사랑할 수 있는 능력에도 영향을 미친다고 하였다. 애착이론의 등장배경은 제2차 세계대전 이후 양육환경이 열악한 고아원에서 자란 아이들을 대상으로 한 임상연구결과들이 발표되었는데, 아동발달에 있어서 초기 양육환경의 중요성이 외부로 알려지기 시작하면서부터이다. 이러한 애착에 대한 초기 연구들은 스피츠(Spitz), 할로우(Harlow), 보울비(Bowlby) 등에 의해 이루어졌는 데, 이들은 주로 애착이 형성되지 못했을 경우 발생되는 문제들에 대해 관심을 가졌다.

TIP 그림책과 애착

안아 줘!

제즈 앨버로우 글. 그림
웅진주니어

이 책에는 '안아 줘!' 이상의 별다른 말이 없다. 이는 지극히 절제된 어휘 속에 그림만으로 풀어가는 새로운 방식을 취하고 있기 때문이다.

아기 침팬지의 미소가 점점 작아지면서 발랄했던 몸짓도 점점 처져 가는 것을 보고 우리는 심리변화임을 알 수 있다. 또한 아기 침팬지가 '안아 줘!'를 외칠 때 말풍선의 크기에 변화를 주므로 아기 침팬지의 감정 상태를 충분히 알 수 있다.

부모와의 애착형성 뒤 다른 대상과도 애착을 형성할 수 있음을 알려주는 것으로 아동들은 사랑이 필요하며 자기를 안아 주는 사람, 소중히 여겨주는 사람, 그 품에서 안심할 수 있는 사람이 필요하다. 책에서는 사랑은 주기도 하고 받기도 한다는 것을 알려준다.

영화를 통해 보는 행동관찰 | 케빈에 대하여

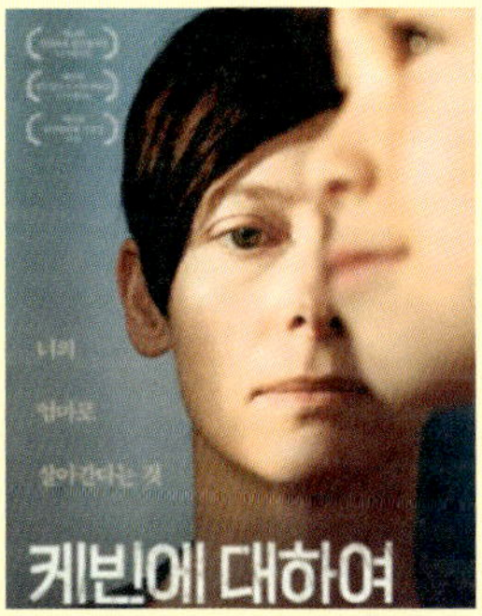

이 영화는 보울비가 '원숭이 실험'에서 보여준 것과 같이 아동에게 절대적 삶의 기반(환경)은 '어머니'이며 어머니가 '환경'으로서 그 기능을 제대로 하지 못할 때 아동이 느끼는 긴장감이 매우 크다는 것을 보여준다.

케빈은 태어난 지 얼마 되지 않아 계속 울었는 데 이 울음은 '무엇인지 모르지만 편치 않다'는 신호를 (영아가 쓸 수 있는 유일한 긴급신호인 울음으로) 계속 엄마에게 보내지만 엄마는 원치 않는 임신을 했고 아이를 낳아 기르면서도 행복하지 않아서 케빈의 울음소리에 재빨리 다가가 반응해 주지 못할 뿐 아니라 그 울음소리를 자신을 귀찮게 하거나 괴롭히는 감당할 수 없는 요구로만 여겼다. 또한, 케빈이 아무리 울어도 화를 내지도 않고 안아주지도 않았고, 항상 자신의 신체와 일정 거리를 둔 채 흔들어 주고 너무 힘들면 공사장 한복판에 서서 공사장의 소음으로 케빈의 울음소리를 듣지 않는 인위적인 환경만을 만들어 내면서 이성적이고 합리적으로 상호작용을 할 뿐이었다. 이에 케빈은 엄마와 의사소통도구로 언어가 사용되지 못하기에 말을 할 필요를 느끼지 못했고, 엄마와의 상호작용을 통해 배우는 대소변도 더 이상 엄마를 기쁘게 해주는 과정이 아니기에 배울 필요성을 갖지 못했다. 이에 나이 들어서도 기저귀를 차고 있던 케빈이 금방 갈아입힌 바지에 똥을 다시 쌌고, 엄마가 화를 내면서 케빈을 내동댕이쳐서 부러진 사건이 있었다. 그리고 공놀이를 가르치지만 마음과 접촉하려는 시도는 하지 않고 분노를 참아가면서 엄마로서 공놀이를 가르치는 것에만 충실한다.

케빈에게 엄마가 원하는 임신으로 동생이 생기게 되며, 동생의 성장과정을 지켜보면서 자신에게서 무언가가 빠진 것이 엄마와의 애착이 없음을 알게 되었고 동생을 질투하여 괴롭히게 되는 데 동생이 사랑하는 다람쥐를 없애는 것에서 드디어는 동생의 한쪽 눈을 실명하게 만들고 학교에서 학생들에게 무차별적으로 화살 쏘기를 하는 등 구체적인 분노를 행동화하게 된다.

이 영화에서도 보여지듯이 모든 인간들에게 최초의 환경과 만남의 대상은 '엄마'이다. 이는 이후 삶을 살아가는 원동력이 된다. 엄마가 감옥에 있는 아들의 면회를 가서 처음으로 껴안는다. 지금까지 엄마는 자녀의 욕구를 보지 않고, 자녀의 욕구에 호응해 주지 않음으로써 자녀와의 접촉을 회피한다. 영화에서 케빈이 처음에 말과 대소변 훈련이 늦은 것처럼 보였으나 숫자를 가르치는 엄마에게 기대보다 더 많이 알고 있음을 나타내 보이는 장면에서 또래 아이들보다 더 지적으로 빨리 성숙했음을 보여주고 있는 것으로 어린 시기 부모와의 애착형성은 중요하다. 특히 주 양육자인 엄마와의 안정된 애착은 삶의 전반에 걸쳐 영향을 미치므로 매우 중요하다.

6 언어발달이론에 따른 발달과 행동관찰

언어발달에 대하여 게젤(Gesell)은 인간의 언어발달은 유전적 요인이 가장 결정적이고, 예정된 순서대로 특정 단계에서 그 다음 단계로 진행하며 읽기 학습에서 가장 중요한 요인은 성숙이고, 이것을 측정하는 것이 읽기 준비도(reading readiness)로 보았다. 모펫과 위시번(Morphett & Washburne)은 발달이 충분히 무르익을 때까지 읽기 지도를 연기하는 것을 지지하는 것으로 보면서 읽기 학습의 적정 연령은 5~6세경으로 보았는 데 이러한 주장은 나중에 비판을 받기도 하였다.

언어는 다른 사람의 생각과 느낌을 듣고 이해하고 음성이나 문자를 이용하여 자신의 생각이나 느낌을 표현하여 타인과 의사소통할 수 있는 것으로 여러 가지 상징들을 체계적이고 조직적으로 사용하여 사회 구성원들 간에 서로 의미를 주고받을 수 있는 의사소통 체제로 인간은 감각기관을 통해 받아들인 여러 정보들을 개념화하는 능력이 있으며, 획득된 결과들을 어휘라는 그릇에 담아낸다.

1) 촘스키(Chomsky)의 생득이론과 행동관찰

촘스키(Chomsky, 1957)의 생득이론은 아동은 성인을 통해 언어를 배우기보다는 아동 스스로 배울 수 있는 가능성을 가지고 태어난다고 생각하는 이론이기 때문에 언어습득 과정에서 환경적인 요인보다 생물학적 요인을 더 강조하는 것이다. 촘스키는 언어습득장치(LAD: Language Acquisition Device)나 보편 문법(UG: Universal Grammar) 혹은 결정적 시기(CP: Critical Period)와 같은 가설들을 제시하면서 언어 습득과 발달을 설명했다. 즉, 인간은 누구나 언어획득기제(Language Acquisition Device: LAD)의 구조를 선천적으로 타고나며, 이 기제를 통해 아동들은 청각을 통하여 들은 언어를 처리할 수 있으며 언어 규칙을 구축하고, 문법적으로 알맞은 언어를 이해하며 말할 수 있게 된다. 또한 아동은 성인의 강화나 성인 행동의 모방에 의해서보다는 자기 자신의 노력을 통해 언어의 구조와 조작을 자발적으로 파악하게 되는 데 이 언어능력은 인간의 고유한 현상이며, 모든 문화권에서 공통적으로 규칙적인 순서에 따라 발달한다고 주장하였다. 그러나 생득적 언어발달의 한계점은 모방을 간과한 것이다. 이는 인간이 선천적으로 언어습득능력을 가지고 태어난다면 부모가 옆에서 모방할 수 있도록 말하고 행동할 필요가 없기 때문이다. 또한 촘스키의 이론은 가상적이고 논리적이며 너무 추상적이라 비판을 받았다. 더불어 그는 의사소통기술에 대한 연령별 발달에서는 3~5세 정도의 아동은 보통 구두 메시지에서 의미가 모호한 부분을 잘 인식하지 못하지만, 학령기 아동은 상대나 자신의 메시지가 분명하지 않을 때 어느 부분이 모호한지를 인식하고, 그 부분을 분명하게 만드는 참조적 의사소통기술을 발달시킨다고 하였다. 또한 6~10세 아동들은 듣는 사람에게 익숙하지 않은 사물에 대한 말을 전달할 때에는 좀 더 길게 설명했다는 데, 특히 이들 중 9~10세 아동은 익숙하지 않은 사물에 대해 설명할 때 듣는 사람에 따라 다른 정보를 제공했는 데, 이는 청자에 맞게 전달하는 내용을 조절할 수 있다는 것을 의미한다.

이렇게 아동기에 참조적 의사소통기술이 빠르게 발달하는 것은, 한편으로는 이 시기의 인지발달로 자기중심성이 완화되고, 역할수용기술을 획득하게 되며, 다른 한편으로는 청자에 맞도록 말을 조절해야 한다는 사회언어학적 이해능력이 발달하기 때문이라고 할 수 있다.

2) 렌네베르그(Lenneberg)의 언어발달이론과 관찰

렌네베르그는 촘스키보다 생물학적 입장을 취하는 데 이는 중추신경계에 언어발달기제가 있기 때문에 신체발달이 되어야 언어발달이 된다고 주장했다. 하지만 결정적인 시기(사춘기 이후)가 되면 언어도 발달하지 않는다. 언어를 사용하는 것은 인간 특유의 행위로서 선천적으로 타고난 성향이며, 인간의 성숙 및 발달과 상관을 가지고 있다고 보므로 언어습득이란 문화적으로 전달된 기술이라기보다는 유전적으로 이미 결정된 기술과 같은 것이라고 보았는 데, 특히 언어발달과 신체적 발달, 특히 신경계통 간에 상관관계가 있다고 주장하였다. 따라서 인간의 언어습득에는 두뇌의 발달에 따르는 '결정적 시기(critical period)'가 있다.

선택적 함구증 체크리스트

선택적 함구증의 진단기준은 다음과 같다.

1. 보통 때(가족이나 친한 친구와 있을 때)는 말을 잘하면서도, 특정한 상황(학교나 낯선 사람 앞)에서는 지속적으로 말을 하지 못한다.
2. 장애가 학업이나 사회적 의사소통에 심각한 피해를 준다.
3. 장애가 최소한 1개월간 지속되었다(입학 후 첫 1개월은 포함하지 않는다).
4. 언어에 대한 지식이 없거나 그 언어에 익숙하지 않아서 말을 못하는 것이 아니다.
5. 장애가 의사소통장애(말더듬기 등)나, 여러 발달장애, 정신분열증, 다른 정신장애로 발생한 것이 아니다.

출처: 신의진(2008). 신의진의 초등학생 심리백과. 서울; 갤리온.

TIP 선택적 함구증(選擇的 緘口症)

선택적 함구증은 언어기술능력에 문제가 없음에도 말을 하는 것이 기대되는 특정한 사회적 상황(발표 또는 가족을 제외한 친척 및 교류 관계 등)에서 말을 하지 못하거나 반응이 없는 상태를 의미한다. 즉, 특정한 상황에서 말을 하지 않는 문제행동이다.

1) 선택적 함구증의 원인

선택적 함구증이 있는 아동은 어렸을 때부터 낯선 사람들이 많은 상황에 놓이게 되면 매우 불안해한다. 이런 아이들은 대체로 어렸을 때부터 낯가림이 심하고 고집이 강했다는 공통점이 있다.

출처: '요즘육아 금쪽같은 내새끼' 53회 참조.

선택적 함구증의 원인으로는 첫째, 아동이 극도로 예민하여 불안하거나 심리적 상처를 받게 된 후에 말을 하지 않는 경우로 불안 감정은 사람이 자신을 보호하기 위한 자연스러운 감정이지만 이 불안이 남들보다 예민하고 높은 경우에 나타날 수 있다. 둘째, 선천적으로 말이 늦음으로써 사회적 경험도 늦어지고 이로 인한 사회성이 길러지지 못하므로 친구를 사귀거나 함께하는 기회가 적고 방법을 몰라서 나타날 수 있다.

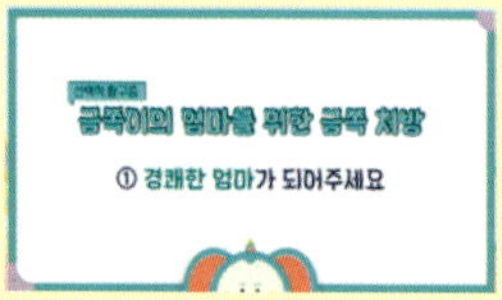

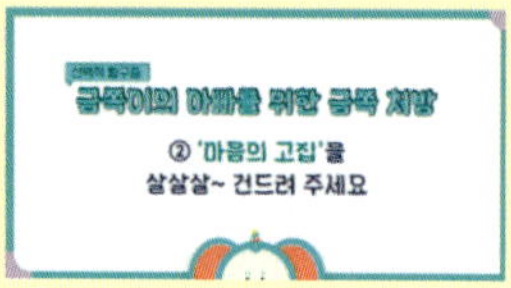

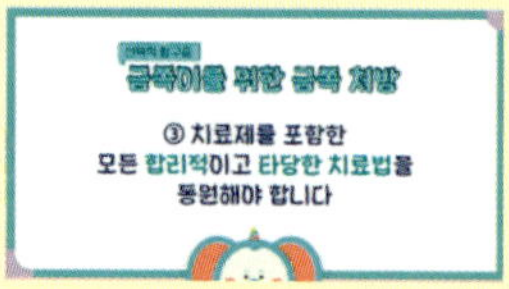

2) 선택적 함구증 치료

선택적 함구증은 아동이 언어 사용에 문제가 없고 가정 내에서 생활하는 데도 문제가 없기 때문에 괜찮아질 것이라고 생각하는 경우가 많은데 이는 아동으로 하여금 말을 하지 않는 것에 더 편안함을 느끼게 할 수 있는 데 이 기간이 길어지면 친구를 사귀거나 함께 노는 등의 사회성 발달에 문제가 생기며 언어발달에도 문제가 생길 수 있다.

TV의 한 프로그램에서 제시하는 해결방법은 4가지이다.

첫째, 경쾌한 엄마가 되어 주라. 엄마가 지쳐 하면 더 말하기 힘들어질 수 있다.

둘째, 아빠는 '마음의 고집'을 살살살 건드려 주라. 아빠의 진솔한 경험담으로

셋째, 치료제를 포함한 모든 합리적이고 타당한 치료법을 동원하라. 말을 하지 않거나 못하는 것도 응급상황이다.

넷째, 천천히 나아가고자 하는 마음을 가지고, 대답이 어렵다면 상대적으로 쉬운 손짓 등의 비언어적 표현을 통해 성공적인 소통의 경험을 만들어 주라.

출처: 다음백과, https://www.youtube.com/watch?v=ZRy1JjFHeq4

7 사회성 발달이론에 따른 발달과 행동관찰

> 인간의 행동은 어느 정도 수정될 수 있으나 인간의 본질은 변하지 않는다.
>
> – Abraham Lincoln –

사회성은 아동이 다른 사람과 관계를 맺으며 사회적 활동을 하고 주변 환경에 적응할 수 있는 것으로 사회적 조절, 조절당함, 사회적 도움 청구, 규칙과 교사 거역하기, 적대나 협박, 협동기술이 포함된다(Bronson, 1985). 즉, 사회 속의 하나의 인격체가 되기 위해 필수적인 발달요소로 상호작용으로 관계에 필요한 기능을 습득하고 언어를 학습하며 신념이나 가치관을 가지는 것을 돕는다. 사회성 발달의 특징을 순서대로 나열하면 다음과 같다.

아동기 때 사회성 발달이 올바르게 형성되지 않으면 문제행동 및 청소년 비행 등으로 이어져 사회문제로 커질 수가 있으므로 올바른 사회성 발달을 위한 긍정적인 자아존중감 형성의 중요성이 강조되고 있다(강서영, 2010). 아동기 사회성 발달은 과하지도 부족하지도 않아야 하며 개인차가 크기 때문에 발달과정에서 나타나는 행동은 대부분 연구의 가치를 지닌다. 아동기의 가장 중요한 변화는 부모 및 가족의 영향에서 벗어나서 학교에서 경험하는 교사나 또래와의 관계로 대인관계의 중심축이 이동하는 것이다. 이러한 사회적 유능성은 학교생활이나 또래 관계에서 가치관과 행동규범, 규칙준수와 협동심, 타협을 필요로 하는 것을 경험하면서 습득하게 된다. 또한, 또래 집단은 자신의 한계를 인정하고, 다양한 삶의 방식을 받아들이면서 집단 상호 간의 강화와 모방, 공격성과 친사회적 행동, 집단의 긍정적인 상호작용을 통해 지도력, 자아존중감, 사회적 상호작용 기술의 학습 등과 같은 긍정적 발달이 촉진될 뿐만 아니라 태도나 가치관 형성, 집단의 기준이나 가치에 동조하려는 경향을 보이며, 정서적 안정감을 제공받기도 한다. 더불어 이 시기에는 자신의 사회에서 과업을 수행하는 데 많은 시간을 보내며, 주변사람들로부터 받는 평가에 민감한 영향을 받게 되는 것으로 부모보다 또래들이 더 강력한 사회화 대리인이다.

8 특수아동의 발달과 행동관찰

특수교육대상자를 지칭하는 명칭인 특수아동은 '특수교육법'에 따르면 특별한 교육적 요구가 있거나 특성을 고려한 교육이 필요한 사람으로 정의된다. 즉, 일반아동과 비교했을 때 신체적, 의사소통, 사회성, 기본생활습관, 인지적 특징에서 발달 정도나 성취 능력에서의 차이를 나타내는 경우를 의미한다. 특수아동은 적응행동에서 일반적인 기준보다 다른 발달 특성이 나타나며 같은 행동을 지녔더라도 개인의 기질이나 환경 등에 따라 부적응 행동의 능력에서 차이를 보인다(김연 외, 2006).

아동의 부적응 행동을 유발하는 요인은 개인의 기질적 특성, 신체적 장애, 가정환경 결손 등으로 볼 수 있다.

〈표 3-11〉 **아동의 부적응 행동 유발요인**

개인 기질적 특성	▪ 태어나면서 타고나는 것으로 유전적인 성향 ▪ 환경과의 연속적인 상호작용과 성숙의 과정을 거치면서 성격의 구조와 전략들로 발달
신체장애	▪ 시각, 청각, 언어, 지체장애 등 ▪ 질병, 영양실조로 건강상 문제를 지닌 경우(정서불안, 사회성 부족)
가정환경	▪ 가족의 경제적 불안정 ▪ 부모의 이혼이나 재혼, 재해 등으로 인한 가족해체 또는 가정환경 결손

출처: 노명숙(2019).

〈표 3-12〉 부적응 행동 요인

수행장애 (공격적 · 반사회적 행동)	부적절한 미성숙함 (와해적, 무목적적 행동)	인격장애 (불안, 철회 행동)
▪ 친구에게 공격적 ▪ 질투(소유적, 이기적) ▪ 아이들을 통제하려 함 ▪ 말을 과도하게 하기 ▪ 소유권 규칙에 공격적 ▪ 울화 ▪ 과도한 주의 요구 ▪ 조소적(불신, 비난) ▪ 건방진 불복종적, 부적응 ▪ 불신임 ▪ 쉼 없는 과잉행동 ▪ 난폭한 언어, 저주, 욕 등	▪ 부주의, 과제 미완성 ▪ 주의 산만 ▪ 잊기, 기억하지 못함 ▪ 동기 결여, 무감각적 ▪ 지시에 따르지 않음 ▪ 듣기 문제 ▪ 과제이행 결핍 ▪ 이해의 어려움 ▪ 짧은 주의력	▪ 까다로움, 지나치게 민감 ▪ 감정을 적절히 표현하지 못함 ▪ 슬픔, 성마름 ▪ 아이들과 참여하기를 기피 ▪ 자신감 결여 ▪ 새로운 일 또는 어려운 일 회피 ▪ 실패를 두려워함

출처: Kaufman, 1979; 안영진, 장선철(2001) 재인용.

발달장애는 여러 발달영역에서 심한 결함이나 광범위한 장애가 특징이며, 사회적 상호작용 장애, 의사소통장애와 상동증적 행동이 포함되는 것이며, 발달적 기준은 그 연령에 맞는 발달단계에 따라 발달이 이루어졌는가 아닌가에 따라 이상과 정상을 판단하는 것이다(노명숙, 2019).

1) 자폐증(Autism spectrum disorder)

자폐 스펙트럼 장애는 아동기에 사회적 상호작용의 장애, 언어성 및 비언어성 의사소통의 장애, 상동적인 행동, 관심을 특징으로 하는 질환이다. 대개는 3세 이전에 다른 또래들과의 발달상의 차이점을 발견할 수 있다. 18개월경에 언어발달이 늦어서 부모가 걱정하기도 하며, 지능이나 자조기능이 상대적으로 양호한 일부 아이들은 학령기가 되어서야 자폐 스펙트럼 장애를 진단받기도 한다. 각각의 문제행동이 광범위한 수준에 걸친, 복잡한 스펙트럼을 갖고 있다는 의미에서 스펙트럼 장애라고 부르는 것으로 같은 자폐 스펙트럼 아동이라도 보이는 모습은 각기 다를 수 있다.

〈표 3-13〉 **자폐 스펙트럼 장애**

원인	▪ 신경해부학적 연구, 뇌영상 연구, 생리학적 연구, 생화학 연구 등을 통해 다양한 신경생물학적 원인에 기인하는 뇌 발달상 장애로 인하여 발생하는 질환으로 여겨지며, 산전, 주산기 및 산후 합병증이 있는 경우 자폐 관련 증상의 발생 위험이 크다는 보고도 있음. ▪ 이러한 뇌 발달의 문제로 인하여 사회성, 언어, 인지, 정서 조절, 감각 통합 등 종합적인 이상을 나타냄.
증상	① 사회적 상호작용의 장애 ▪ 눈 맞추기, 얼굴 표정, 제스처 사용이 적절하지 않거나 빈도가 적음. ▪ 발달수준에 적합한 또래 관계를 형성하지 못함. ▪ 자발적으로 다른 사람과 즐거움이나 관심을 함께 나누고 싶어 하지 않음. ▪ 정서적 상호작용이 부족. ② 의사소통장애 ▪ 구어 발달 지연. ▪ 대화를 시작하거나 지속하는 데 어려움. ③ 행동이나 관심이 한정되고 반복적이며 상동적인 양상. ▪ 한정된 관심사에 몰두하며, 그 몰두하는 정도가 비정상적. ▪ 외관상 독특. ▪ 비기능적인 일이나 관습에 변함없이 집착. ▪ 상동적이고 반복적인 운동 양상(손이나 손가락을 흔들고 비꼬는 등)을 보임. ▪ 물건의 어떤 부분에 대해 지속적으로 집착.
진단	▪ 부모님에게 아이의 발달력을 청취하고 임상 소견을 관찰하는 것이 중요. ▪ 다양한 원인 요소에 의해 자폐가 표현될 수 있으므로 원인 질환, 동반 질환에 대한 의학적 검사(염색체검사, 대사검사, 뇌파검사, 뇌 MRI 등)가 병행되어야 함. ▪ 과거력 및 발달력 청취를 위해 여러 번의 면담이 필요. ▪ 인지 평가 및 발달 평가, 아동 자폐증 평가 척도, 자폐증 진단 관찰 스케줄(ADOS), 자폐증 진단 면담지(ADI-R) 등이 도움이 됨.
치료	▪ 다양한 원인에 의해 발생하므로, 원인 질환에 따라 근원적 치료는 다를 수 있음. ▪ 치료의 궁극적인 목표는 사회적, 언어적 발달을 촉진시키며, 부적응 행동(과잉활동, 상동 행동, 자해 행동, 공격성 등)을 최소화하여 독립적인 생활을 가능하게 함으로써 삶의 질을 높이는 것임. ▪ 가능한 조기에 발견하여 충분한 시간 동안 특수 교육, 언어 치료, 행동 치료 등을 시작하는 것이 중요. ▪ 부적응 행동은 증상에 따라 약물 치료를 시행할 수 있음. ▪ 일반적으로 만성적인 경과를 밟음. ▪ 지능지수, 언어의 사용 여부 등이 예후를 잘 예측할 수 있는 요소로 알려져 있음.

출처: Daum 백과, https://100.daum.net/encyclopedia/view/216XXXH003120

자폐증(Autistic Disorder) 진단기준

A. 아래의 (1), (2), (3)항에서 모두 6개 이상의 증상을 나타내야 하며, 이 중에는 (1)항에서 2개 이상의 증상과 (2)항 및 (3)항에서 각각 1개 이상의 증상이 포함되어야 한다.

(1) 사회적 상호작용에서 질적인 장애를 보이며, 다음 중 2개 이상의 증상을 나타낸다.
- ⓐ 사회적 상호작용을 위한 눈맞춤, 얼굴표정, 자세, 몸짓과 같은 다양한 비언어적 행동을 사용하는 데 현저한 장애를 나타낸다.
- ⓑ 발달수준에 적합한 친구관계를 형성하지 못한다.
- ⓒ 다른 사람과 즐거움, 관심, 성취감을 함께 나누려는 자발성이 결여되어 있다.
- ⓓ 사회적 또는 정서적 상호교류가 부족하다.

(2) 의사소통에서 질적 장애를 보이며, 다음 중 1개 이상의 증상을 나타낸다.
- ⓐ 구어발달이 지연되거나 전혀 말을 하지 못한다.
- ⓑ 적절하게 말을 하는 경우, 다른 사람과 대화를 시작하거나 지속하는 능력이 현저하게 부족하다.
- ⓒ 특이한 언어를 반복하거나 괴상한 언어를 사용한다.
- ⓓ 발달수준에 적합한 다양한 상상적 놀이나 사회적 모방놀이를 자발적으로 하지 않는다.

(3) 행동, 관심, 활동에 있어서 반복적이며 상동적인 양상을 나타내며, 다음 중 1개 이상의 증상을 나타낸다.
- ⓐ 한 가지 이상의 특이하고 제한적인 관심에 집착하는 데 그 강도나 집중 정도가 비정상적이다.
- ⓑ 특이하고 비기능적인 활동이나 의식에 고집스럽게 집착한다.
- ⓒ 정형화된 똑같은 동작을 반복한다.
- ⓓ 물체의 부분에 지속적으로 집착한다.

B. 다음 중 한 가지 이상의 영역에서 지연되거나 비정상적인 기능을 나타내며 이러한 기능 이상이 3세 이전에 시작된다.

(1) 사회적 상호작용
(2) 사회적인 의사소통에서 사용되는 언어
(3) 상징적 또는 상상적 놀이

C. 레트장애 또는 소아기 붕괴성 장애로 더 잘 설명되지 않는다.

출처: 권준수 외(2015).

2) 학습장애(Learning disability)

학습장애는 1940년대 이전까지는 대부분 사회·문화적 환경, 부모님의 양육 문제로 학령기 아동이 학습문제가 있는 경우를 원인으로 여겼으나 이후 후천적 환경의 영향 외에 선천적인 중추신경계 문제와 관련이 있을 수도 있다는 가설이 조심스럽게 제시되었다. 학습장애는 광의에서 정신지체나 뇌손상, 정서적 문제 등을 포함하는 데 어떤 요인에 의해서라도 학습에 어려움을 보이는 경우를 모두 포함할 수 있고, 협의로는 정상지능을 가진 아동이 학업기술을 학습하는 데 실패한 경우로 보고 있다. 일반적 학습장애는 협의 개념을 의미하는 경우가 많은데 이는 낮은 지능으로 인한 학습지진과 학업실패를 우울, 불안 등 정서적 문제에 기인되어 학습에 어려움을 보이는 학습부진과 구분하기 위해 특정 학습장애라고 명시하기도 한다. 특정 학습장애는 구어(음성언어)나 문어(문자언어)를 이해하거나 사용하는 데 포함되는 기본적 심리과정의 하나 또는 그 이상의 장애를 의미한다. 이러한 학습장애는 듣기, 생각하기, 말하기, 읽기, 쓰기, 철자 또는 산수의 불완전한 능력으로 나타날 수 있다.

〈표 3-14〉 학습장애 진단기준과 하위유형

유 형	진단기준
읽기장애 (Reading Disorder)	① 개별실시 표준화 검사에서 읽기 정확도나 이해능력이 생활연령, 측정된 지능, 나이에 적합한 교육에서 기대되는 수준보다 현저히 낮음. ② 준거 ①이 읽기 기술이 요구되는 학업성취나 일상생활 활동을 방해함. ③ 감각기관의 결함이 있다 하더라도 일반적으로 그것과 관련된 것 이상으로 읽기에 어려움을 보임.
쓰기장애 (Writing Disorder)	① 개별실시 표준화 검사에서 쓰기능력이 생활연령, 측정된 지능, 나이에 적합한 교육에서 기대되는 수준보다 현저히 낮음. ② 준거 ①이 쓰기능력이 요구되는 학업성취나 일상생활 활동을 방해함. ③ 만일 감각기관의 결함이 있다 하더라도 일반적으로 그것과 관련된 것 이상으로 쓰기에 어려움을 보임.
산수장애 (Mathematics Disorder)	① 개별실시 표준화 검사에서 산수능력이 생활연령, 측정된 지능, 나이에 적합한 교육에서 기대되는 수준보다 현저히 낮음. ② 준거 ①이 산수능력이 요구되는 학업성취나 일상생활 활동을 방해함. ③ 만일 감각기관의 결함이 있다 하더라도, 일반적으로 그것과 관련된 것 이상으로 산수에 어려움을 보임.

출처: 권준수 외(2015).

〈표 3-15〉 학습장애 임상적 특징

유 형	내 용
읽기장애	■ 학습장애 아동 약 80%가 읽기장애(읽기는 학업수행에 가장 중요한 기술임). ■ 다양한 과정을 필요로 함(단어를 전체적인 형태로 시각적으로 인지하는 단계에서부터 단어에 포함되어 있는 각각의 소리를 분석하고 순서화시키고, 특별히 의식적으로 주의를 기울이지 않고도 상세한 내용까지 그 의미를 알 수 있게 되는 단계로까지 발달되어 감). ■ 초등학교 1학년 때에 나타나는 첫 단계에서 아동은 인쇄된 단어를 해독하기 위해 철자와 소리를 상응시키는 방법을 배움. ■ 초등학교 2~3학년 말까지 계속되는 단계에서 아동은 연습을 통해 읽기가 제법 유창하게 됨(만약 아동들이 이 과정 중에 어려움을 겪게 된다면 다음 발달에서 이루어지는 학습이나 독해에 부정적인 영향을 미칠 수밖에 없음). ■ 초등학교 상급학년으로 올라가면 학교에서 기대하고 요구하는 것도 급속도로 많아지며, 4학년 정도가 되면 좀 더 독립적으로 혼자 알아서 공부할 수 있도록 요구되며, 아동의 읽기 능력, 이해력, 학습전략도 적절하게 성숙해 독자적인 학습이 가능함). ■ 초등학교 저학년 수준까지 발달된 기본적인 기술이 복잡한 이해력이나 문어적 표현 기술의 발달은 물론 과학, 사회와 같은 교과목의 내용을 학습하는 데 기초가 됨. ■ 학업상 문제 자체보다 그로 인해 파생되는 낮은 자아개념과 원만한 대인관계를 못 이루는 것이 미래 사회 적응에 훨씬 더 많은 장애를 줄 수 있음.
쓰기장애	■ 단순히 글자를 쓰는 낮은 수준의 능력에서부터 자신의 생각을 글로 표현하는 높은 수준의 능력까지 그 범위가 다양. ■ 일반적으로 글 쓰는 속도가 느리고 아주 힘들여 씀(이런 아동들이 쓴 글은 너무 지저분하고 자기만의 필체를 개발하지 못함). ■ 자신이 본 어휘 중 반도 제대로 쓰지 못함. ■ 글씨를 너무 못 쓰는 악필과 구분해야 함. ■ 치료가 너무 늦어지면 역시 예후가 좋지 않음.
산수장애	■ 수 개념의 혼동이나 정확하게 수 세기의 장애(수학에서 곤란 징후)는 유치원이나 초등학교 1학년 때에 나타날 수 있음. ■ 초등학교 1학년 말 이전에는 드물게 진단되며 5학년 또는 그 이후까지도 분명하지 않을 수 있음(충분한 형식적 수학 가르침이 이루어지지 않기 때문). - 잘못된 공간적 구성(수 방향 혼돈, 6과 9). - 상세한 부분에 대한 시각적 지각의 실패(기호 잘못 보거나 소수점 빠뜨림). - 절차상의 오류(잘못된 연산법칙 적용). - 기억의 실패(수와 관련된 사실을 잘 재생해 내지 못함). - 수학적 판단과 추리력의 결여(비합리적 답, 10+8=108). - 언어적 장애(숫자, 연산기호, 언어표현 못하고 관계성 추론 안 됨).

출처: 권준수 외(2015).

영화를 통해 보는 특수아동의 이해 | 블랙

“저 아이에게 안 가르쳐 주었던 단 한 단어는 ‘불가능’입니다.”

“다른 사람들은 알파벳 a,b,c,d,부터 배우지만 너에게는 b,l,a,c,k부터 시작이야.”

“인생은 아이스크림이에요. 녹기 전에 맛있게 먹어야죠.”

“검은색은 어둠과 악마의 색만은 아니다. 성취의 색, 지식의 색은 검은색이다. 그래서 졸업식 날 가운이 검은색이다.”

“사람들은 성공을 축하했으나 우리들은 실패를 축하했습니다.”

“넘어질 때마다 더 높이 일어설 것이다.”

“하나님 앞에서는 모두가 장님이다.”

“꿈은 눈으로 보는 것이 아니라 마음으로 보는 것이다. 난 보이지 않지만 꿈은 꾼다.”

-영화 〈블랙〉 中-

3) 주의력 결핍 및 과잉행동장애(ADHD, Attention-Deficit Hyperactivity Disorder)

주의력 결핍 및 과잉행동장애는 우리 주위에서 흔하게 볼 수 있는 정신장애로 보통은 아동에게 내린다. 이 장애로 진단받을 수 있는 아동 비율(유병률)이 5% 정도라고 한다. ADHD의 증상으로는 쉽게 산만해지는 부주의, 잠시도 가만히 있지 못하는 과잉행동 그리고 매사에 성급하거나 타인에게 지나치게 참견하는 충동성을 들 수 있다. 이러한 증상들이 12세 이전에 시작되어 6개월 이상 지속되고, 가정과 학교 등 두 곳 이상의 장소에서 나타나 학교나 가정, 친구 관계에서 문제를 일으킨다면 ADHD라고 할 수 있다.

주의력 결핍/과잉행동장애(Attention-Deficit Hyperactivity Disorder) 진단기준

A. (1) 또는 (2) 가운데 한 가지

(1) 부주의에 관한 다음 증상 가운데 6가지(또는 그 이상) 증상이 6개월 동안 부적응적이고 발달수준에 맞지 않는 정도로 지속된다.

〈부주의한 양상〉

ⓐ 세부적인 것에 세밀한 주의를 하지 못하고 학습, 일 혹은 다른 활동에서 부주의한 실수를 자주 한다.

ⓑ 과제나 놀이 시 지속적으로 주의집중하는 데 자주 어려움을 보인다.

ⓒ 다른 사람이 앞에서 말할 때 잘 귀 기울여 듣지 않는 것처럼 보인다.

ⓓ 학교활동이나 집안일, 숙제 등 해야 할 일에서 지시를 따르지 못하고 끝마치지 못한다(반항행동이나 지시를 이해하지 못하는 것은 아니다).

ⓔ 과제나 활동을 체계적으로 조직하는 능력이 부족하다.

ⓕ 지속적인 정신적 노력을 필요로 하는 과제, 즉 학교 수업이나 숙제 등을 싫어하고 하지 않으려고 저항한다.

ⓖ 과제나 활동에 필요한 것들을 자주 잃어버린다(장난감, 숙제, 연필, 책, 학용품 등).

ⓗ 자기와 관련 없는 외부자극에 쉽게 주의가 분산된다.

ⓘ 매일 하는 일상적인 활동을 자주 잊어버린다.

(2) 과잉행동 - 충동에 관한 다음 증상 가운데 6가지(또는 그 이상) 증상이 6개월 동안 부적응적이고 발달수준에 맞지 않는 정도로 지속된다.

〈과잉운동 양상〉

ⓐ 가만히 앉아 있기가 어렵고 손발을 계속 움직이거나 몸을 꿈틀거린다.

ⓑ 교실 혹은 좌석이 있는 장소에서 가만히 앉아 있지 못하고 일어나 돌아다닌다.

ⓒ 얌전히 있어야 할 장소에서 과도하게 뛰어다니거나 기어오른다(청소년기 또는 성인기인 경우, 주관적인 안절부절못함으로써 나타남).

ⓓ 놀거나 여가활동을 할 때 쉽게 흥분하고 조용히 있지 못한다.

ⓔ 마치 모터가 달려서 돌진하는 것처럼 계속적으로 움직인다.

ⓕ 말을 너무 많이 한다.

〈충동적인 양상〉

ⓖ 질문이 끝나기도 전에 대답을 불쑥 해버린다.

ⓗ 차례를 기다리지 못한다.

ⓘ 자주 다른 사람을 방해하거나 참견을 한다(다른 사람의 대화나 게임에 불쑥 끼어듦).

B. 장애를 일으키는 과잉행동 - 충동 또는 부주의 증상이 7세 이전에 있었다.

C. 증상으로 인한 장애가 2가지 또는 그 이상의 장면에서 존재한다(학교, 가정, 작업장).

E. 증상이 광범위성 발달장애, 정신분열증 또는 기타 정신증적 장애의 경과 중에만 발생하지 않으며, 다른 정신장애(예, 기분장애, 불안장애, 해리성 장애 또는 인격장애)에 의해 잘 설명되지 않는다.

출처: 권준수 외(2015).

ADHD가 정신장애가 아니라 특별한 선물이자 재능이라는 것을 보여주는 예

1) 에디슨: 어린 시절 ADHD 증상 때문에 학교에서는 부적응아였지만, 자신의 재능을 잘 살려 발명왕이 되었다.
2) 펠프스(Michael Fred Phelps II): 2008년 베이징 올림픽에서 수영 종목 8관왕에 올라 수영 황제라는 별명을 갖게 된 펠프스도 7세 때 ADHD를 치료하기 위해 수영을 시작했는 데, 처음 수영을 배울 때에는 물에 대한 두려움으로 얼굴도 담그지 못해 배영부터 배웠다고 한다.

4) 틱(Tic)장애

틱장애는 특별한 이유 없이 자신도 모르게 몸을 움직이거나 소리를 내는 경우로 파도가 밀려오듯이 갑자기 심해졌다가 며칠 뒤에는 잠잠해지는 양상으로 나타난다. 이와 같이 증상의 정도에 변화가 많고, 발생하는 위치도 자주 변하는 틱은 학령기 아동에게 매우 흔하게 나타난다. 전체 아동의 10~20%는 일시적으로 틱 증상을 보이며, 증상이 1개월 이상 지속되는 일과성 틱장애는 5~15%의 아동에게서, 1년 이상 틱 증상이 지속되는 만성 틱장애는 1%의 아동에게서 나타난다. 운동틱과 음성틱을 모두 경험하는 것을 뚜렛병(Tourette's Disorder)이라 하며, 뚜렛병 아동은 주의력결핍 과잉행동장애(ADHD), 학습장애, 강박증 등을 동시에 갖고 있는 경우도 있다.

〈표 3-16〉 틱장애의 종류

기준	종류	증 상
유형에 따른 분류	운동틱	눈 깜박거림, 얼굴 찡그림, 머리 흔들기, 입 뾰족 내기, 어깨 들썩거리기 등.
	음성틱	가래 뱉는 소리, 킁킁거리는 소리, 기침소리, 빠는 소리, 침 뱉는 소리 등(심한 경우 욕설을 하기도 함).
	뚜렛장애	1년 이상이 된 경우로 운동틱과 음성틱이 동시에 나타나는 경우를 말함.
경과에 따른 분류	일과성 틱	틱 증상이 몇 달 혹은 1년 정도 있다가 없어지는 경우를 말함.
	만성틱	틱 증상이 1년 이상 지속되는 경우를 말함.

출처: 다음백과, https://100.daum.net/encyclopedia/view/216XXXH003150

5) 분리불안장애

분리불안장애는 아이가 가장 좋아하고 따르는 대상과 떨어지거나, 집에서 멀어지는 것에 대해 과도하게 걱정하고 공포를 느끼는 현상이다. 분리불안장애 아동은 집이나 엄마에게서 떨어지게 되면, 자신이 버림받거나, 가족에게 안 좋은 일이 생길 것 같은 느낌 때문에 매우 불안해한다. 이런 불안감이 최소 4주 이상 지속된다면 분리불안장애를 의심해 볼 수 있다. 7~11개월 된 아동에게서 흔히 보이는 일반적인 낯가림과는 다르며, 18~36개월 아동에게서 나타나는 일반적인 분리불안보다 훨씬 심각한 상태를 보이는 것으로 초등학생의 3~5%가 앓고 있다는 분리불안장애는 보통 학교에 입학하는 나이인 6~8세 정도에 증상이 처음 발견되는데, 10세가 지난 아동에게는 잘 나타나지 않는다. 3~4학년이 되어서 나타나는 경우는 주로 전학, 이사, 가족 누군가의 죽음 같은 큰 사건을 겪은 뒤다. 남녀 비율은 비슷하지만, 여자아이에게 더 많이 발생한다. 이는 치료 가능한 것으로 조기발견이 중요하다. 조기치료는 심각한 증상이 나타나는 것을 막고, 아이가 정서적인 문제없이 정상적으로 발달하는 데 필수적이기 때문이다. 즉, 분리불안장애가 적기에 치료되지 않으면 친구들과 관계가 나빠져 사회성이 떨어지고, 수업을 따라갈 수 없거나 자주 빠지게 되어 공부를 잘할 수가 없다.

분리불안장애 아이, 이렇게 대하라

1. 아이의 불안을 인정하고 혼내거나 부정하지 않으며, 아이의 감정을 인정하는 것이 분리불안을 극복하기 위한 첫걸음이다.
2. 아이의 말에 귀 기울이고, 대화를 통해 불안을 이겨낼 수 있다는 자신감을 길러 준다.
3. 아이를 학교에 보낼 방법을 찾는다. 필요하다면 아이와 함께 학교에 갈 수도 있고, 전화를 사용해도 좋다.
4. 아이에게 다가올 일을 정확히 알려주며, 학교에 보내기 위해서 거짓말을 하지 않으며, 처음 정한 규칙을 갑자기 변경하거나, 약속한 것보다 더한 것을 요구하지 않는다.
5. 아이가 불안을 느끼는 이유를 묻지 않는다(아이들은 자신의 불안이 무엇 때문인지 잘 모르며, 대답을 못했을 때 죄책감이 들 수도 있음).
6. 아이가 조르더라도 무조건 받아주지 않는다(학교에 가기 싫다고 떼를 쓴다고 들어 주면 아이의 행동이 나아지기 어렵다).
7. 선생님께 도움을 구한다(선생님은 아이의 불안감을 줄여주는 데 가장 큰 도움을 준다).

출처: 영화 '라이온 킹' 중에서-

TIP 체계적 둔감법으로 불안 줄이기

체계적 둔감법(systematic desensitization)은 여러 불안장애를 해결하는 데 사용되는 행동치료 요법으로 불안장애에도 효과적이다. 불안이나 회피의 대상이 되는 자극에 조금씩 경험의 강도나 시간을 늘려감으로써 불안반응을 줄여가는 것이다. 예를 들어, 물을 무서워하는 아이에게 가벼운 물장난, 비눗방울 놀이, 물장구 같은 비교적 가벼운 경험으로 물에 익숙해지게 한 후에, 점차 수영이나 잠수 같은 강도가 높은 경험으로 유도하는 방식이다. 분리불안장애 아동에게는 엄마와의 분리 거리와 시간을 점차 늘려나가는 방식으로 서서히 엄마가 없을 때의 불안을 줄여나간다.

6) 품행장애(conduct disorder)

품행장애는 지나친 공격성, 타인을 해치는 행위, 자기 물건이나 남의 물건을 파괴하는 행동, 사기와 도둑질, 그 나이에 지켜야 할 규칙들을 빈번히 어기는 것 등의 특징을 지닌다. 특히, 공격성과 타인의 권리를 침해하는 것, 규칙을 지키지 않는 것으로 정의할 수 있다. 주의력 결핍 과잉행동장애, 우울증, 학습장애가 동반되기도 하며 지나치게 엄한 부모의 훈육, 편부모와 같은 좋지 않은 가족환경, 부모의 훈육이나 지도가 너무 없는 경우, 사회경제적으로 어려운 환경에 처해 있는 것과 같은 사회심리적 요소도 중요한 원인 중 하나이다. 품행장애는 가족뿐만 아니라 대인관계 전반에서 나타날 수 있으며 가정과 학교, 사회에서 나타난다.

심리적 관점으로는 품행장애로 보지만, 사회적으로는 일탈 행동(misbehavior, deviant behavior), 법률적으로는 청소년 비행(juvenile deliquency)에 해당된다. 대한민국에서는 14~20세에서 형법 법령에 저촉되는 행위를 했을 때 범죄행위, 10~14세 촉법행위, 범죄는 아니지만 범죄를 저지를 우려가 있다고 인정되는 행위를 우범행위로 규정한다. 품행장애는 1950년대에 '청소년 비행(juvenile delinquency)'으로 소아기에 나타나는 행동장애로써 간주되었고, 1990년대에 와서야 품행장애(conduct disorder)라는 용어를 사용하였다.

품행장애는 예방이 매우 중요한데 부모나 가족환경, 학교, 사회환경 등의 위험인자를 파악하고 회복인자의 극대화를 파악해야 한다. 그리고 예방프로그램의 활용도 필요하다.

〈표 3-17〉 품행장애

원인	■ 부모요인 ① 심한 학대, 체벌, 폭언을 일삼는 부모 밑에서 자란 아동. ② 이혼(이혼이 원인이 될 수 있지만 이혼 자체보다 그로 인해 생길 수 있는 헤어진 부모 사이의 갈등, 다툼, 후회, 냉소적 공격성 등을 반복적이고 지속적으로 보이는 것이 더 중요한 요소로 파악되고 있음). ③ 부모가 우울증, 반사회적 성격장애, 알코올 문제 등의 정신질환이 있거나, 아동을 방치하거나 유기했던 경험(정신분석적으로 부모의 반사회적 욕망을 무의식적으로 행동화한 것이 아동의 품행장애로 나타난다는 가설을 세우기도 함). ④ 가정환경이 폭력적이고 혼란스러울 때. - 아동이 충동을 억제하는 역할 모델을 경험하지 못할 수 있으므로. - 부모가 항상 싸우고 폭언을 주고받는 것을 보면서 아동은 그런 모습을 학습하고, 반대로 충동을 억제하는 성숙한 모델을 내재화시키지 못하게 되는 것. - 자기 욕구가 충족되지 못한 채 항상 결핍된 상태로 지내며, 욕구불만이 되고, 자존감이 낮고 타인 정서 공감능력을 발달시키지 못하게 됨. ■ 사회문화적 요인 ① 도시에서 경제적으로 하위수준에 있는 집안의 아동에게 발병 위험이 높음. ② 부모가 실직상태, 사회적 지지망이 결여된 상태, 거주지역의 공동체에 결속력을 갖고 있거나 참여하고 있다는 의식을 갖지 못할 때. ※ 청소년기에 일찍 술을 마시기 시작하는 것과 공격적이고 일탈행동을 하는 것은 의미 있는 연관성을 갖고 있다는 연구들이 있는 데, 이는 술과 습관성 약물 자체가 품행장애를 일으키는 것은 아니지만 위험요소임은 분명함. ■ 신경생물학적 요인 유전과 환경 어느 한 가지만으로는 품행장애의 발병 원인을 설명할 수 없고 타고난 기질과 양육환경 사이의 상호작용이 똑같이 중요함(최근 한 연구에서 생물학적 유전자와 아동학대 경험이 상호작용하여 품행장애의 발생에 영향을 미치는 것으로 나타남). ■ 소아기 학대 경험 ① 어릴 때 만성적으로 신체적 · 성적 학대를 받은 경우(여러 연구에서 확인됨). ② 배우자에게 학대 받은 어머니에게서 양육된 아동. ③ 심하게 학대 받은 경험을 한 아동. - 지나치게 예민하고 평소 신경질적인 경우가 많음. - 그래서 참을성이 없고 다른 사람의 호의를 다른 각도에서 생각하고 의심함. - 중립적 접근임에도 자신에 대한 공격으로 오인하여 폭력적 반응을 일삼음.
진행경과	■ 일생지속형: 이른 시기에 품행문제가 발병하고 성인기에도 심각한 범법이 지속됨(신경생리학적 손상의 경우 가족 정신 병리가 더 심각한 경우가 있음). ■ 사춘기 한정형: 전형적인 아동기를 겪고 사춘기 동안 반사회적 행동이 높은 수준에 있다가 성인기에 전혀 문제없이 회복되는 일시적인 형태.
진단 기준[1]	■ 18세 미만 중 법률, 사회규범, 규칙을 심각하게 위반하는 등의 반사회적 행동이 장기적으로 나타나는 유형에 기반하여 진단됨. ■ 유사한 기준은 18세 이상에게 있어 반사회성 인격장애를 진단하는 데 사용됨[2].
치료	■ 의학적인 치료 ① 약물치료, 심리치료, 법적인 처리나 가족교육, 사회와 학교에서의 협조 등을 포함하여 이루어짐. ② 예방프로그램 강조(조기발병일수록 경과가 좋지 않고 성인기 인격장애로 이어질 가능성이 많으므로 가벼운 경우에는 진로지도를 통해 적응을 도울 수 있음).

치료	③ 소아기 발병 시 이후 반사회성 인격장애나 물질 관련 장애로 바뀔 수 있음. ④ 기분장애, 불안장애, 신체형장애, 물질 관련 장애 등 다른 장애와 동시에 나타나면 경과가 좋지 않고 신체적으로 위험이 있음. ※ 치료는 경과 상태나 환경적 요소, 발달력, 가족역사 등을 고려하여 이루어져야 함(처벌성 훈육은 치료에 도움이 되지 않음. 조기 발병의 경우 10세 정도까지 차도가 없으면 치유 확률 낮음, 집단치료는 증상악화를 가져오는 경우가 있음). ▪ 약물치료 강조 경향에 따라 항우울제, 리튬, 항경련제, 베타차단제, 각성제, 항정신병약 등 투여. ▪ 심리치료 인지 행동치료와 행동치료가 사회기술훈련이나 행동개선에 효과가 있으며, 가족치료가 병행되기도 하고 부모교육이나 부모상담이 도움을 줌. 일반적으로 집단치료는 잘 하지 않지만 입원치료는 집단치료가 허용됨.

7) 반항성 장애(Oppositional Defiant Disorder: ODD)

반항성 장애는 거부적이고 적대적이며 도전적인 행동 양상이 6개월 이상 지속되고 다음과 같은 행동 중 4가지 이상이 나타난다(유진이, 2018). 특히 청소년에는 일반적으로 반항적 행동이 나타나기 때문에 또래에 비해 반항적 행동이 심한 경우에 진단기준을 고려해야 한다.

니센(1989)의 예로 반항성 장애는 발달시기별로 영유아기에는 소리 지르기, 소란 피우기, 물건 던지기, 할퀴기, 물기, 때리기, 반대 행동이나 공격적 행동, 종잡을 수 없는 분노발작, 파괴적 경향(놀잇감이나 가구), 불장난, 다른 아동을 학대, 동물 괴롭히기, 학령기 아동은 고집 및 반항 반응, 불평·불만, 고자질, 반항과 불복, 등교거부, 빈번한 거짓말, 좀도둑질, 남의 물건 빼앗기, 또래와의 갈등, 부당성의 의식부족이라고 하였다(김경희, 2007).

1) American Psychiatric Association. (2000). Diagnostic and Statistical Manual of Mental Disorders (4th ed., text revision). Washington, DC: Author.
2) Murray J; Farrington DP (Oct 2010).

반항성 장애(DSM-IV-TR의 진단 준거)

A. 부정적, 적대적, 반항적 행동 유형이 적어도 6개월 이상 지속되어야 하며 다음 중 네 개(또는 그 이상)가 나타나야 한다.
   (1) 자주 화를 낸다.
   (2) 자주 어른과 다툰다.
   (3) 자주 어른들의 요구나 규칙에 따르는 것을 적극적으로 거부하거나 도전한다.
   (4) 자주 고의적으로 사람을 괴롭힌다.
   (5) 자주 자신의 실수나 잘못된 행동에 대해 다른 사람을 비난한다.
   (6) 다루기 힘들고 다른 사람 때문에 쉽게 괴로워한다.
   (7) 자주 화를 내거나 분개한다.
   (8) 자주 원한을 품거나 보복하려 한다.

※ 주의; 이러한 행동들이 연령과 발달수준이 비슷한 아동에게서 일반적으로 관찰되는 것보다 더 자주 일어날 때, 진단 준거가 충족되는 것으로 보아야 한다.

B. 행동의 혼란이 사회적 기능, 학업 또는 직업적 기능에 심각한 손상을 일으킨다. 이러한 행동들이 정신장애나 기분장애의 과정에서만 나타나서는 안 된다.

C. 사회성 행동장애(품행장애)에 대한 준거를 충족시켜서는 안 되고 나이가 18세 또는 그 이상이면, 반사회적 성격장애의 준거를 충족시켜서도 안 된다.

출처: 권준수 외(2015).

☞ 영화를 통해 본 장애 엿보기		
지적장애	▪7번방의 선물 ▪맨발의 기봉이 ▪포레스트 검프	▪날아라 허동구 ▪아이 엠 샘
정서 · 행동장애	▪이보다 더 좋을 순 없다. ▪뷰티플 마인드 ▪7월 4일생	▪빈센트: 이탈리아 바다를 찾아 ▪비버
자폐성 장애	▪말아톤 ▪내 이름은 칸 ▪템플 그랜딘	▪레인맨 ▪카드로 만든 집
학습장애	▪지상의 별처럼 ▪마이티	▪별을 쏘다 ▪당신이 그녀라면
의사소통장애	▪킹스 스피치 ▪피아노 ▪넬	▪잠수종과 나비 ▪집으로
발달지체 및 다문화	▪늑대소년 ▪클래스	▪완득이 ▪마이 리틀 히어로

출처: 전경원 외(2014).

PART Ⅱ

아동관찰방법

오늘이란 평범한 날이지만,
미래를 통하는 가장 소중한 시간이야.

영화 < UP 중 >

CHAPTER

04 표본식기록법 및 일화기록법

관찰기록방법은 교육현장에서 일어난 사실을 자세하고 사실적으로 기술하는 서술형 관찰기록법과 어떤 행동을 관찰하여 기록할 것인지 결정한 후 정해진 부호체계를 활용한 법주식 관찰기록법으로 구분해 볼 수 있다.

서술형 관찰법인 표본식기록법과 일화기록법은 관찰된 행동이 일어나는 상황과 시간 그리고 대화 내용과 주변 참여자의 행동 등에 대한 정보를 자세하게 기록하는 것이다. 이러한 기록을 바탕으로 사건의 전후 맥락과 분위기 그리고 아동의 행동 변화를 파악할 수 있으며, 기록된 자료를 통해 적절한 교수계획과 아동과 관련된 다양한 정보를 얻고 이해하는 데 활용된다.

1 표본식기록법

1) 개념

표본식기록(specimen description)은 연속기록법(running record)이라고도 불리며, 관찰자가 관찰대상이나 장면, 시간을 미리 선정한 후 그 장면에서 일어나는 아동의 행동과 상황을 집중적으로 기록하는 방법이다. 즉, 지속적인 관찰을 기록하는 방법으로 아동 행동에 대한 일화를 자세하고 완전하게 표현할 수 있다. 반면 다른 관찰법에 비해 기록하는 데 시간과 노력이 많이 걸리고 수집된 자료의 수량화와 분석이 어려우므로 일상에서 자주 실시되기보다는 연구자가 심도 있는 주제에 대하여 질적 연구를 진행할 때 많이 사용하는 방법이다. 따라서 관찰자가 참여대상이나 장면을 미리 정해 놓고 그 장면에서 일어나는 아동의 행동과 상황을 모두 집중적으로 기록한다. 따라서 표본식기록은 현장에서 관찰할 때 어떤 부분만을 선택하는 것이 아니라 '전체'를 기록하는 것이라고 할 수 있다. 아동을 대상으로 아무리 자세하게 쓴다 해도 모든 것을 기록하는 것은 불가능하다. 그러므로 관찰의 목적이 무엇인지 염두에 두고 이와 관련된 어떤 상황이나 사건이 일어나게 된 환경적 배경을 상세하게 이야기식으로 서술한다.

표본식기록의 목적은 어떤 행동에 대한 해석이나 평가를 하는 것이 아니라 있는 그대로의 원자료를 가능한 한 많이 수집하려는 것이므로 수집된 자료는 관찰자나 교사 또는 연구자에 의해 재분석될 수 있다. 그리고 아동의 행동과 언어를 자세하고 객관적으로 기록함으로써 아동의 발달을 여러 측면에서 볼 수 있게 한다.

2) 장점과 단점

표본식기록법은 특별한 관찰기술이 필요하지 않고 아동이 가지고 있는 문제행동의 전후 관계를 파악하고 체계적인 실험연구를 위한 중요한 기초 자료가 된다. 반면 관찰기록에 소요되는 시간이 길고, 여러 명의 아동을 관찰하지 못하는 단점이 있다.

표본식기록법의 장단점	
장점	▪ 특정 사건을 제한하지 않고 모든 장면을 자세히 기록하므로 아동에 대한 많은 정보를 얻을 수 있다. ▪ 최소한의 필기도구와 종이만 있으면 된다. ▪ 사건이 일어나는 상황 내에서 기록하므로 관찰된 행동이나 사건의 전후 맥락을 알 수 있다. ▪ 아동의 문제행동 파악, 학기 초 아동에 대한 이해에 도움이 되며 이를 토대로 교육과정 계획이나 개별적, 교육적 개입을 할 때 기초 자료를 제공해 준다.
단점	▪ 기록하고 평가하는 데 시간이 많이 걸린다. ▪ 수집된 자료를 분류하고 분석하는 일이 쉽지 않다. ▪ 주관적인 해석이나 추론으로 흐를 수 있다. ▪ 여러 명을 관찰하면 아동들의 중요한 행동이나 말을 놓칠 수 있기 때문에 한 번에 관찰할 수 있는 아동의 수가 제한적이다. ▪ 아동과 계속 상호작용하고 지도하는 교사들이 사용하기에는 부적절하여 실제적으로 활용하기가 어렵다.

3) 관찰지침

관찰자는 일정한 기간 혹은 미리 정해진 활동이 끝날 때까지 아동이 말하고 행동하는 모든 것을 객관적으로 자세하게 일어난 순서대로 적는다. 세부적으로 기록하기 위해서 관찰자는 다양한 부호체계를 사용할 수 있으며, 동영상으로 촬영하여 이를 다시 재검토하면서 기록할 수 있다.

표본식기록 지침(by Brandt)		
번호	항 목	점 검
1	보통 1회에 10분~30분 정도로 사건이 일어난 순서에 따라 기술한다.	
2	관찰지에 관찰날짜, 관찰시간, 관찰대상(아동), 관찰자 이름, 관찰아동의 생년월일, 관찰아동의 성별 등을 사전에 적어 놓는다.	
3	아동의 행동을 관찰한 장소 및 장면을 기록한다.	
4	관찰대상 아동뿐만 아니라 대상 아동과 상호작용하는 모든 사람의 말과 행동도 기록한다(다른 아동, 교사, 학부모 등).	
5	현재형으로 기술하며 직접화법을 이용하고 인용부호를 넣어 대화를 그대로 적는다.	
6	모든 행동 전체를 순서대로 자세히 적으며 행동의 특성을 설명한다. 이때 관찰아동의 행동은 긍정적으로 기술한다.	
7	관찰시간 경과를 표시한다. 이는 아동이 어떤 활동에 관심을 가지고 주의집중 시간이 어느 정도 되는지를 알아보는 유용한 자료가 될 수 있다.	
8	관찰자 해석, 주관적 판단이나 추론은 피하고 실제 보고 들은 것을 있는 그대로 일상적인 용어를 사용하여 객관적으로 기록한다.	
9	기록과 분리하여 발달영역 또는 교육과정별로 간단하게 요약해 놓는다.	
10	아동의 행동 지속 시간이나 관찰장면이 바뀔 때는 시간 표시를 한다.	

출처: 전남련 외(2016).

표본식기록법의 서술방법은 보고 들은 모든 행동을 객관적으로 사실 그대로 기록한다. 그리고 관찰자의 주관적인 판단이나 추측을 기록하지 않으며, 당시 상황을 그대로 재현할 수 있을 정도로 자세하게 기록해야 한다. 다음은 표본식기록법의 서술방법의 예시이다.

표본식기록법 서술방법		
기록방법	부족한 기록의 예	올바른 기록의 예
행동을 구체적이고 상세하게 기술	엄마와 놀이하기	엄마와 소꿉놀이 세트로 저녁식사 만들기
	TV 시청하기	EBS 시청하기(타요, 코코몽)
	외출하기	하늘공원 산책 가기
	장난감 갖고 놀기	비행기 장난감으로 비행기 놀이
	놀이터에서 놀이	놀이터에서 모래놀이하기
	이동하기	버스를 타고 우체국으로 이동하기
	인터넷 하기	인터넷으로 영어단어 게임하기
객관적으로 기술	슬퍼한다	울고 있다.
	기뻐한다	소리 내어 크게 웃는다.
	열심히 색칠한다	빈틈없이 색을 칠한다.
	글자를 아는 것 같다	'가방'이라고 쓰고 짚어 가며 읽는다.
	자랑스럽다는 듯 바라본다	"내 그림 멋지지"라고 한다.
	쑥스러워한다	고개를 숙이고 눈길을 피한다.

출처: 안선희 외(2015).

4) 관찰기록 양식

(1) 표본식관찰기록은 아동의 이름과 성별, 생년월일, 관찰날짜, 관찰자 이름, 관찰장면 등을 미리 기록하고, 발달적 요약이나 교육과정 영역별로 중요한 점 등을 제시할 수 있도록 구분해 두어야 한다.

(2) 표본식관찰기록은 관찰이 진행되는 동안 상세하고 풍부하게 기록하는 데, 이때 주관적 해석은 하지 않는다. 이후 기록된 자료를 재검토하며 발달수준과 교육과정 준거를 참조하여 해석한다.

(3) 이러한 정보를 바탕으로 아동의 발달상황을 확인하고 활동계획과 교수전략을 개발하는 데 사용한다.

표본식기록 관찰양식

표본식기록 관찰양식			
관찰아동		생년월일	(남, 여)
관 찰 자		관찰일	
관찰시간 (관찰장소)			
관찰장면			
시 간	기 록		비고
발달적 요약			
추론 근거			
교육적 지원 (교수계획)			

학교 운동장 또는 놀이터에서 놀고 있는 아이들의 행동과 대화를 관찰하여 기록해 보자.

5) 표본식기록 관찰 예시

이 장에서 제시된 표본식기록 관찰의 예시는 다음 양식에 의하여 예비유아교사들이 '학교현장실습' 또는 '주변에서 관찰'되는 상황에서 작성한 것이다.

표본식기록 관찰 예시 1			
관찰아동	박○○	생년월일	만 7세 (남)
관 찰 자	교사	관찰일(시간)	년 월 일(09:10~09:22)
관찰장면	교실에서 시끄러운 소리를 내는 상황		
시 간	기 록		
09:10	실 전화기를 만들기 위해 컵을 모두 책상 위에 올려놓고 다음 지시 사항을 듣고 있을 때, 두 번째 자리에 앉은 ○○이가 책상 위에서 컵타 놀이를 하느라 톡톡 시끄러운 소리가 났다.		
09:12	맨 앞에 앉아 있던 △△가 뒤로 돌아보면서 "야, 시끄러워"라고 소리를 질렀다.		
09:13	"○○ 그만하고 앞을 보자" 하고 교사가 말한다.		
09:14	○○는 들은 척도 하지 않고 컵타 놀이를 계속했다. 반 친구들이 일제히 " △△ 시끄럽단 말이야. 선생님이 그만하라잖아"라고 하자. △△는 "아직 실 전화기 만들기 안 하잖아"라고 하면서 무시하고 계속하였다.		
09:15	그러자 짝꿍인 □□이가 ○○의 컵을 손으로 뺏으려고 했다. ○○는 컵을 뺏기지 않으려고 양팔로 컵을 움키고 얼굴을 숙여서 막다가 얼굴을 컵 위에 부딪혀 컵이 쭈그러졌다.		
09:17	컵이 쭈그러진 것을 보고 ○○는 "너 때문이야"라고 하면서 □□이의 얼굴을 때렸다. 보고 있던 반 친구들이 "□□야, 너 코피 나"라고 하자. □□는 손으로 코를 훔쳤고 손에 피를 보고 갑자기 앉아 있는 △△를 밀었다.		
09:19	(교사가 "○○야, 그만해"라고 하면서 □□의 옆으로 올 때) ○○는 의자와 함께 넘어져 오른쪽 옆줄에 앉아 있는 ◇◇이의 허벅지에 손을 짚었다.		
09:20	◇◇이는 다리를 오른쪽으로 돌려서 빼 버렸고 ○○는 교실 바닥으로 떨어졌다.		
09:21	○○이는 일어서서 □□와 ◇◇이를 번갈아 보면서 주먹을 날리려고 씩씩거렸다.		
09:22	교사의 중재로 다툼은 끝났다.		
요약	▪ 상황에 맞는 행동을 하지 못하고 자신이 하고 싶은 것을 끝까지 한다. ▪ 정해진 수업 시간에 지켜야 할 규칙을 잘 지키지 않는다.		
지도계획	▪ ○○가 자신의 생각과 감정을 적절한 언어로 표현할 수 있게 도와준다. ▪ 사회성 발달을 증진하기 위하여 규칙을 지킬 수 있도록 지도한다.		

표본식기록 관찰 예시 2

관찰아동	김○○	생년월일	만 4세(남)
관 찰 자	엄마	관 찰 일	
관찰시간	11:03~11:12		
관찰장면	이웃집 또래와의 첫 만남		
관찰목적	언어발달이 잘 이루어지고 있는지 관찰한다.		
전　략	○○이와 □□의 의사소통과 행동에 주력해서 관찰		
시 간	기　록		
11:03	○○(만 4세, 여)이네 아랫집 아주머니와 □□(만 4세, 남아)가 레고 블록을 들고 놀러 왔다.		
11:04	○○이는 엄마 뒤에 숨어 있는데 엄마가 팔을 잡아끌며 "○○아, 인사해야지"라고 했고 머리만 옆으로 보이면서 기어들어 가는 목소리로 "아...안녕하세요..."라고 인사한다.		
11:05	○○이 엄마가 "○○아 □□랑 사이좋게 네 방에서 놀래" 했다 ○○이는 □□에게 멋쩍어하면서 손짓으로 오라고 했고 함께 ○○이 방에 갔다.		
11:07	□□가 ○○이에게 "우리 이 블록놀이 하자"라고 하면서 가지고 온 블록 상자를 바닥에 쏟았다. ○○이는 빨간 색깔 블록만 모았다. □□는 "나 자동차 만들어서 우리 같이 타고 마트 가자" 하면서 자동차를 만들다가 "문은 빨간색 문으로 할 거야" 하고 빨간색 블록을 찾는 데 ○○이가 빨간색을 모아 놓고 있는 것을 보고 "나 빨간색 4개 필요해" 하자 ○○이가 다리를 모아 빨간색 블록을 다리로 막았다. □□가 ○○이 발을 잡고 "나 빨간색 필요하단 말이야" 했으나 ○○이는 "빨간색은 안 돼" 라고 하면서 고개를 좌우로 저었다. □□는 "나 빨간색 필요하단 말이야, 너는 지금 아무것도 안 만들고 있잖아! 그리고 이 블록 내 거야" 하면서 ○○이 발을 잡아당겼다. ○○이는 "아야, 아프단 말이야, 같이 놀기로 했으면 내 것도 돼"라고 하면서 끝까지 주지 않자 □□가 일어서서 ○○이 앞에 있는 블록을 집으려고 하자 ○○이는 빨간색 블록을 모두 발로 차버렸다. □□가 튕겨 나간 빨간색 블록을 주우려는 데 ○○이가 갑자기 □□를 밀면서 "하지 마"라고 소리 지르며 □□를 밀어버려서 □□가 블록 위에 넘어졌는 데 밑에 깔린 블록 때문에 다리가 빨갛게 부었다.		
11:12	○○이 엄마가 다가와서 □□에게 사과하라고 했지만 ○○이는 잘못이 없다고 하면서 울었다.		
요약	▪ 자기주장이 강하고 남을 배려하지 못했다. ▪ 함께하는 개념이 발달되어 있지 않다.		
지도계획	▪ 타인의 감정을 조망할 기회를 제공한다. ▪ 언어적으로 자신의 요구를 표현할 수 있도록 한다.		

표본식기록 관찰 예시 3			
관찰아동	이□□	생년월일	만 5세 (남)
관 찰 자	교사	관 찰 일	
관찰시간	10:00~10:10		
관찰장면	쌓기영역: 장난감 부수기, 던지기, 장난감 뺏기, 때리고 꼬집기		
관찰목적	놀이 중에 나타나는 부적응 행동		
전 략	공격행동 없애기		
시 간	기 록		
10:00	□□가 "△△야, 비행기, 멋있지" △△가 쳐다보며 "와, 멋지다"라고 말한다. "□□야, 내 것도 멋지지"라고 △△가 말하자 □□가 보더니 갑자기 부숴 버린다.		
10:02	△△ "왜 그래 잉~잉 선생님 □□가 내가 만든 것 부숴 버렸어요" 하며 교사에게 이른다. 그 모습을 보고 있던 □□가 △△ 손을 꼬집는다. "아야, 왜 꼬집어" 하며 △△가 울자 □□가 만든 장난감을 던져버린다.		
10:05	교사가 □□를 불렀지만 오지 않고 다른 곳을 쳐다보고 있어서 다시 한 번 □□야, 이리와 보세요 했더니, 고개를 푹 숙이고 교사에게 다가온다.		
10:06	"□□야, △△ 장난감을 왜 무너뜨렸는지 이야기해 줄 수 있겠니?"라고 물어도 아무 대답도 하지 않고 고개를 푹 숙이고 △△를 보고 눈을 흘기며 가만히 서 있다. 말해 주면 △△가 만들어 줄 수 있을 것 같은데 □□가 말해 줄 수 있겠니?" △△에게 천천히 말한다. "알았어, 다음에는 부수지 않았으면 좋겠어"라고 한다. "□□야, △△에게 뭐라고 말하면 좋을까?" 가만히 있다가 "미안해, 안 할게"라고 천천히 말한다.		
10:10	한참 후 "△△ 꺼가 더 멋있어"라고 말한다. "그럴 땐 어떻게 말하면 좋을까?" 가만히 있다. "△△야, 나도 만들고 싶어. 도와줄 수 있겠니?"라고		
요약	▪ 남을 배려하지 못한다. ▪ 소유개념이 발달되어 있지 않다.		
교수계획	▪ 함께 놀이할 때 상호작용 표현을 알려 준다. ▪ 화가 났을 때 언어로 표현할 수 있도록 도와준다. ▪ 언어표현이 잘 되는 친구와 놀이를 할 수 있도록 또래 지원자를 만들어 준다.		

표본식기록 관찰 예시 4

관찰아동	정○○	생년월일	만 5세 (남)
관 찰 자	김교사	관 찰 일	
관찰시간	10:00~10:10		
관찰장면	역할영역: 장난감 부수기, 던지기, 장난감 뺏기, 때리고 꼬집기		
관찰목적	놀이 중에 나타나는 부적응 행동		
전 략	공격행동 없애기		
시 간	기 록		
10:00	△△: 내가 엄마 할 거야! ○○: (천천히 말하며) 그래, 엄마 해. 나는 아빠 할 거야! □□: 나는 삼촌.		
10:02	△△: 여보, 삼촌이랑 시장 갔다 올게. ○○: (천천히 말하며) 나랑 가야지, 왜 □□이랑 가. △△: 너는 아빠니까 집에 있어야지. ○○: 싫어, 나도 갈 거야.		
10:04	△△: 아빠는 신문도 보고 청소도 해야지. 아빠는 그러는 거야. ○○: (△△의 시장 가방을 뺏으며) 내가 시장 갔다 올게.		
10:05	△△: 그래, 그럼 나는 삼촌이랑 요리하고 있을게. 갔다와. ○○: □□이는 나랑 시장 가야지. (□□이의 손을 잡고 당긴다)		
10:06	△△: 안 돼! (□□이의 손을 잡으며) 삼촌은 엄마랑 있는 거야. ○○가 △△를 쳐다보더니 시장바구니를 던져 버린다. △△: 선생님, ○○가 바구니를 던졌어요. (라고 이른다)		
10:07	○○가 △△의 옆구리를 꼬집는다. △△: 앙~ ○○가 꼬집었어요. (운다)		
10:08	교사: ○○야, 선생님께 올 수 있겠니? ○○: (한참 서 있다가 교사에게 온다)		
10:09	교사: ○○야, 무슨 일인지 선생님께 설명해 줄 수 있겠니? ○○: (한참 동안 말을 하지 않는다) △△ 싫어요. △△: ○○가 시장 자기가 간다고 바구니 던졌어요. (울먹이며 말한다) ○○: (한참 머뭇거리며) □□이랑 시장 가고 싶은데 △△가 안 된다고 했어요.		
10:10	교사: ○○ 생각을 △△에게 다시 말해 줄 수 있겠니? ○○: (천천히 말한다) △△야, □□이랑 시장 가고 싶은데 가도 되겠니? △△: 그래, 갔다 와. 교사: ○○야 다음부터는 한 번 더 말을 해 주면 좋겠어, △△ 꼬집은 것 미안하다고 말해 줄 수 있겠니? ○○: △△야, 꼬집어서 미안해. △△: 다음에는 꼬집지 않았으면 좋겠어. ○○: 알았어.		

요약	*역할영역: 상호작용이 빈번히 일어났으나 던지거나 때리고 꼬집기가 나타났다. *수 · 조작 영역: 상호작용이 활발하게 이루어졌으나 장난감을 흩어 버리거나 뺏기가 나타났다. *미술영역: 상호작용이 적게 일어났지만 활동을 하다가 흩어 버리고 던져 버리는 행 동이 나타났다. *언어영역: 상호작용이 적게 나타났으나 책을 보다가 던지는 행동이 나타났다. *평가: 말이 느리고 빨리 말하는 것이 어려워 행동이 먼저 나오는 듯하다.
교수계획	1단계: ○○가 놀이하는 곳에서 교사가 함께 놀이를 하며 친구와의 상호작용할 때 어떻게 표현해야 하는지 도와준다. 2단계: 화가 난 것을 행동으로 먼저 표현하기보다는 언어로 표현할 수 있도록 반복하여 연습하도록 도와준다. "도와줄 수 있겠니?" "내가 필요한데 가져가도 되겠니?"라는 표현을 연습하도록 도와준다. 3단계: 언어표현이 잘 되는 친구와 놀이를 할 수 있도록 또래 지원자를 만들어 준다.

2 일화기록법

1) 개념

일화기록법(anecdotal records)은 인간의 인성이나 적응상태 등을 이해하기 위하여 구체적인 행동사례를 가능한 상세하게 기록하는 방법이다. 즉, 한 개인의 행동에 관해 교사나 평가자가 제3자의 입장에서 관찰 · 기록하며, 아동에게 일어난 사건이나 행동에 대한 짧은 이야기식 기록으로 아동발달과 수행의 진보 정도를 알 수 있게 하기 위해서 날짜를 기록해 두고 육하원칙에 근거하여 기록하는 것이다. 있는 그대로를 기록하여 묘사하는 일화기록은 일상생활을 관찰 · 기록함으로써 아동이 활동하는 동안 발생하는 문제해결 과정이나 사회적 상호작용과 같은 사건을 실제로 묘사할 뿐 아니라 아동의 행동 배경을 자세하고 구체적으로 서술하는 것으로 시간이 많이 걸리는 대신 행동목록이나 다른 관찰법으로 알아낼 수 없는 많은 정보를 얻을 수 있다.

일화기록은 시간에 얽매이지 않으며 기록할 만한 가치와 흥미가 있으면 환경이나 상황의 특별한 설정 없이도 어느 곳에서나 기록이 가능하다. 따라서 아동교육현장에서 많이 사용되며 아동의 문제행동을 파악하는 데 좋은 참고자료로 활용된다.

그리고 하루 일과의 상황에서 관찰 후 즉시 상세하게 기록하기가 어려우므로 기록할 만한 가치가 있는 사건들을 관찰한 후 주요 단어들을 짧게 기록해 두고 일과 후 상세하게 기록한다. 그리고 핵심적인 단어와 짧은 구절에 기초한 일화기록은 사건을 서술적으로 설명하는 데 시간이 적게 걸리고 특별한 계획과 양식 그리고 시간구성을 요구하지 않는다.

일화기록은 관찰시간, 장면, 진행 중인 활동 등 상황적인 자료가 기록에 포함되어야 하고, 관찰아동의 주 행동을 기록해야 한다. 그리고 아동이 한 말이 그대로 인용부호 안에 있어야 하며, 관찰아동의 말과 행동뿐 아니라 그와 상호작용하는 다른 아동이나 교사의 말과 행동도 기록한다. 단, 기록이 객관적이고 사실적이며 추론과 해석이 배제되어야 한다.

이러한 일화기록의 목적은 아동의 발달과 성장에 관한 자료를 제공해 주고 개별 아동의 발달상의 변화를 알 수 있으며 교수 실제에 적용하는데 도움이 된다. 그리고 아동의 발달을 돕는 적절한 환경구성과 교수활동을 계획하고 부모면담 시 유용하게 사용할 수 있다.

일화기록법의 일반적인 특성은 관찰과 기록이 특정한 시간이나 환경 그리고 상황의 틀에 얽매이지 않고 몇 초에서 몇 분 정도의 짧은 시간에 사건에 대한 서술적 설명을 하는 것으로 관찰되는 일화에 대하여 요점을 찾는 것이 중요하다. 또한 각 연령별 발달 특성을 정확히 파악하고 있어야 효율적 기록이 가능하며, 관찰된 사건에 대하여 핵심단어나 짧은 구절에 기초하여 일화를 기록하는 것이다.

일화기록의 특성	
번호	특 성
1	일화기록은 몇 초 또는 몇 분 정도의 사건에 대한 서술적 설명을 하는 것으로 기록시간이 짧고 특별한 계획이나 기록 양식, 시간구성 등을 요구하지 않는 것으로 시간이 지나면 내용이 기억하기가 어려워지므로 핵심적 단어 혹은 짧은 구절을 메모해 두는 것이 좋다.
2	일화기록은 상황이나 사건이 언제, 어디서, 누가, 무엇을, 어떻게 하였는지 방식으로 기록하는 것이다.
3	일화기록은 개인의 특성을 이해하기 위한 것이므로 개인의 구체적인 행동이나 사례 및 사건을 기록하는 방법으로 특히 아동들에게 실시하기 쉬운 방법이다.
4	일화기록은 아동의 연령별 발달 특성을 정확하게 알고 이해하고 있어야 할 뿐만 아니라, 아동의 일상생활과 연관된 중요한 일들을 잘 알고 있어야 한다.
5	일화기록에 행동기록은 '행동의 전반적인 측면이나 주요 행동', '주요 행동의 하위 행동','행동의 진행 상황을 구체적'으로 크게 3가지 수준으로 나누어 기록하는 것이 필요하다.

2) 장점과 단점

일화기록법의 장점과 단점	
장점	▪ 한 가지 행동이나 상황에 초점을 맞추어 아동이 어떻게 말하고 행동하는지를 집중 관찰하므로 당시 상황을 명확하고 분명하게 기록으로 남길 수 있다. ▪ 중요한 행동과 사건을 중심으로 간결하게 기록하기 때문에 많은 시간을 필요로 하지 않는다. ▪ 특별한 기록지와 기술, 많은 시간을 필요로 하지 않는다. ▪ 교사는 모아진 관찰기록들을 아동의 독특한 행동 패턴이나 발달 특성과 수준, 흥미, 필요 등을 이해할 수 있다.
단점	▪ 원하는 행동만 표집하여 기록하므로 관찰자의 편견이 작용하거나 해석할 때 오류를 범할 가능성이 있다. ▪ 시간이 지나 기록함으로써 왜곡된 사실과 주관적 기록이 될 수 있다. ▪ 기록하는 데 많은 시간이 소요되어 관찰자가 부담을 가질 수 있다. ▪ 주변상황을 기록하지 않기에 상황의 연속성과 자연성이 결여될 수 있다.

3) 관찰지침

일화기록법으로 기록할 때 아동의 전반적인 행동과 주요 행동 그리고 하위행동과 행동의 진행 상황을 구체적으로 기술한다. 다음의 일화기록 관찰의 지침사항을 고려하여 기록한다.

일화기록 관찰지침	
번호	특 성
1	아동발달상의 중요한 사건을 기록하기 원할 때 일화기록을 사용할 수 있는 데, 행동이 언제, 어디서, 어떤 조건에서 발생했는지 사실적으로 기술한다. 또한 아동이 한 말이 그대로 인용부호 안에 적혀 있어야 하며, 관찰아동의 말과 행동뿐만 아니라, 상호작용하는 다른 아동이나 교사의 말과 행동도 기록되어 있어야 한다.
2	핵심 단어를 사용하여 관찰 후 가능한 빨리 간결하게 기록하거나 녹음해야 하며, 관찰시간, 장면, 진행 중인 활동 등 상황적인 자료가 기록에 포함되어 있다.
3	행동에 대한 분석과 해석, 해결방안을 분리하여 기록하고 제시해야 한다.
4	하나의 일화기록은 한 가지 사건의 기록이 되어야 하며, 관찰아동의 주 행동이 적혀 있어야 하며, 기록이 객관적이고 사실적이며 추론과 해석이 배제되어 있어야 한다. 즉, 한 가지 행동에만 초점이 맞추어져야 한다.
5	기록된 사건은 아동발달과 성장 이해에 의미 있는 것이어야 하며, 발달과정의 중요 포인트를 적어 놓는다.
6	각 유아의 발달상의 다양한 일화들을 모으기 위해 정기적으로 포트폴리오를 체크한다.

4) 일화기록 양식

<table>
<tr><th colspan="4">일화기록 관찰양식</th></tr>
<tr><td>관찰아동</td><td></td><td>생년월일</td><td>(남, 여)</td></tr>
<tr><td>관 찰 일</td><td></td><td>관 찰 자</td><td></td></tr>
<tr><td>관찰시간</td><td colspan="3"></td></tr>
<tr><td>관찰상황</td><td colspan="3"></td></tr>
<tr><td>시 간</td><td colspan="3">기 록</td></tr>
<tr><td></td><td colspan="3"></td></tr>
<tr><td>요약</td><td colspan="3"></td></tr>
<tr><td>교수계획</td><td colspan="3"></td></tr>
</table>

5) 관찰기록 예시

일화기록 예시는 현직 유아교사들이 교실에서 일어나는 상황을 기록한 것이다.

일화기록 관찰 예시 1			
관찰아동		생년월일	만 3세(여)
관 찰 일		관 찰 자	
관찰시간	09:50~10:00		
관찰상황	**쌓기 놀이 중에**		
기 록	쌓기영역에서 □□가 레고블록을 가지고 놀고 있을 때, ○○이가 다가와서 자신도 레고블록으로 놀이할 거라며 블록바구니를 잡아당겼다. □□가 바구니를 내밀면서 같이 하자고 한다. ○○이는 블록으로 미끄럼틀을 만들려면 블록이 다 있어야 한다며 혼자 가지려 하면서 블록바구니를 당겼다. □□는 내가 먼저 했다며 블록바구니를 양손으로 잡자 블록바구니를 잡고 뒤로 넘어졌다. □□가 ○○이에게 너 때문에 넘어져서 아프잖아"라고 하면서 "선생님"을 부른다. 선생님이 바라보자 ○○이는 □□에게 "너는 많이 했으니까 이제 내가 해야지"라며 블록바구니를 □□ 다리에 던지듯이 쏟고는 "나 안 해"라며 언어영역에서 책을 보고 있는 △△이 옆에 가서 "이 책 내가 볼려고 했던 책이야"라며 책을 뺏는다.		
요약	▪ □□는 친사회적 행동을 보이는 반면 ○○이는 스스로 문제해결에 있어 자신감이 결여되어 있다.		
지도계획	▪ 다른 친구가 먼저 가지고 노는 블록을 혼자 차지하려고 블록바구니를 엎어버리고 다른 친구가 보고 있는 책을 빼앗는 공격적인 행동을 하면 안 되는 것임을 알려주고 사과해야 한다는 것을 지도할 필요가 있다. 만약 ○○이가 친구들과 같이 놀이하고 싶은 의도로 그런 행동을 했다면 '언어로 자기표현'을 하고 양보와 배려를 할 수 있도록 지도를 해야 하는 필요가 있다.		

일화기록 관찰 예시 2

관찰아동	김○○	생년월일	만 5세(남)
관 찰 일		관 찰 자	교사
관찰시간	16:50~17:00		
관찰상황	놀이장면		
기 록	단체게임의 규칙에 대해서 이야기를 하는 동안 ○○는 선생님의 말에 집중하지 않고 친구들에게 장난을 건다. 게임의 규칙은 편을 갈라 출발한 다음 앞구르기를 하고, 밀가루 속에 파묻혀 있는 사탕을 손을 사용하지 않고 입으로만 먹고, 조금 더 가서 낚싯줄에 걸려 있는 과자를 입을 사용해서 먹고, 조금 더 가서 서 있는 친구를 한 바퀴 돌아 돌아오는 것이다. 또한 출발 전에는 미리 출발한 친구가 들어와 손으로 하이파이브 해주는 것을 배턴 터치로 정한다는 것이었다. 게임이 시작되자 ○○는 앞 친구가 들어오기 전에 배턴 터치도 않은 채 출발한다. 사탕과 과자도 손을 사용해서 먹는다. 옆 친구가 자기보다 먼저 장애물을 통과하자 끝까지 장애물을 통과하지 않고 허겁지겁 들어왔다.		
요약	▪ 다른 사람의 말을 주의 깊게 듣는 태도를 보이지 않는다. ▪ 정해진 규칙을 잘 지키는 질서 의식이 부족하다.		
지도계획	▪ 다른 사람이 이야기할 때 눈을 맞추고 들어야 하는 것은 공동체 생활의 기본이라는 것을 지도할 필요가 있다. ○○가 왜 그런 행동을 하게 되었는지의 원인을 알 필요가 있다. 만약 현오가 빨리 게임을 하고 싶어서 그런 행동을 했다면 그럴 때는 어떻게 표현해야 되는지 함께 지도할 필요가 있다.		

일화기록 관찰 예시 3

관찰아동		생년월일	만 5세(남)
관 찰 일		관 찰 자	
관찰시간	12:10~12:20		
관찰상황	점심시간		
기 록	점심시간에 먼저 배식을 마친 ○○이는 다른 친구가 배식하는 동안 손으로 소시지를 집어 먹는다. 교사는 배식을 계속하면서, 고개를 좌우로 흔들었더니 ○○이는 웃으면서 포크로 먹는다. 교사는 "○○야, 기도하고 먹어야지"했더니 다른 친구들은 일제히 ○○를 바라보았고, ○○는 포크를 식판에 걸치고 눈을 동그랗게 뜨고, 얼음이 되었다. 그 모습을 보고 교사는 "○○가 조금만 기다리자" 했더니 ○○이는 포크를 던져버리고 "나 밥 안 먹을래"라며 나가버린다.		
요약	▪ 언어표현력이 또래보다 늦게 발달하고 있다.		
지도계획	▪ 언어로 상황을 설명할 수 있도록 지도한다. ▪ 규칙을 지키는 생활습관 지도를 한다.		

일화기록 관찰 예시 4			
관찰아동	전○○	생년월일	만 5세(남)
관 찰 일		관 찰 자	교사
관찰시간	12:10~12:20		
관찰상황	자유놀이활동시간		
기 록	○○와 △△는 각각 실내에서 블록 쌓기 놀이를 하고 있다. ○○는 한 칸, 한 칸 높은 블록을 쌓고 있고 옆에 있던 △△ 역시 ○○의 행동을 지켜보며 비슷한 모습으로 블록을 쌓아나가고 있다. 그런데 갑자기 ○○가 △△가 쌓아 올린 블록 하나를 잡아당기더니 해당 블록을 가지고 본인 블록에 쌓는 행동을 취하고 있다. 이때 △△가 "그거 내 꺼야" 하고 대답하자, ○○는 화가 난 듯 △△를 밀치고 머리를 한 대 때리며 "이거 내 꺼야 너는 하지 마"라고 △△에게 말한다. 이에 △△는 화가 난 듯 한 표정을 지으며 "너랑 안 놀아"라고 말하며 자리를 피하고 교사에게 다가간다. 그리고 교사에게 "○○가 제 블록을 가져갔고 나를 밀치고 때렸어요."라고 말한다. 그러자 교사가 △△의 손을 잡고 ○○에게 다가가 "○○ 왜 그랬어요?' 라고 묻는다. 그러자 ○○는 "내가 쌓을 블록을 자꾸 가지고 가서 그랬어요."라고 말한다. 이에 교사는 ○○의 행동을 달래며 "친구를 밀치거나 때리는 건 나쁜 행동이에요."라고 말하고 ○○와 △△를 달래며 ○○에게 "미안해, △△야"라고 사과하라고 말한다. 그러나 아직도 ○○는 화가 풀리지 않은 듯 △△와 눈도 마주치지 않고 있다. △△ 역시 뾰로통한 표정으로 ○○를 바라본다. 이에 교사는 ○○에게 다시 한번 사과하라고 말하자 그제야 ○○는 시큰둥한 표정으로 "미안해, △△야"라고 말한다. 이에 교사는 보다 적극적으로 ○○와 △△를 화해시키며 같이 블록 쌓기 놀이를 하자고 제안한다.		
요약	▪ ○○는 자신의 의견을 말로 표현하기보다 행동이 먼저 앞서고 있으므로 도구적 공격성을 보이고 있다.		
지도계획	▪ 유아가 공격적인 행동을 보일 때 교사는 왜 그런 행동을 보이게 되었는지 이유에 대해 끊임없이 이해하려 노력해야 하며 유아가 바람직한 행동으로 수정할 수 있도록 이러한 행동이 잘못된 이유와 이 행동이 미치는 영향 또한 바람직한 행동에 대해 이야기를 해주는 귀납법을 사용하여 지도하여야 한다.		

일화기록 관찰 예시 5			
관찰아동	백○○	생년월일(연령)	만 4세(남)
관 찰 자		관찰일(시간)	
관찰장면	9:40~50분(자유놀이시간)		
기 록	△△와 □□가 블록으로 집짓기 놀이를 하고 있었다. 옆에서 다른 친구들과 공룡을 가지고 놀던 ○○가 "티라노사우루스다. 다 비켜라" 하면서 △△와 □□가 쌓은 집을 무너뜨리고 지나갔다. △△가 우는 소리를 내며 "야~ 들어오지 마. 너 때문에 다 무너졌잖아" 하자 ○○는 이번에는 양손에 공룡을 들고 '우와 이거 뭐야' 하며 무너진 블록 안으로 들어갔다. 그러자 △△는 "하지 마, 하지 말라고…" 하면서 ○○를 밀면서 울기 시작했다. 그러자 ○○가 공룡머리로 △△의 팔을 찍으며 "밀지 마. 아프단 말이야"라고 했다. 그때 앉아 있던 □□가 ○○의 다리를 밀면서 '저리 가' 했다. ○○는 양손을 움켜쥐고 □□의 가슴을 때렸고 □□가 '아야' 하며 울자 ○○는 □□의 등 뒤에서 목을 걸고 위에서 눌렀다. 교사가 ○○ 손을 잡고 친구에게 사과하도록 하자 '싫어. 사과 싫어싫어~'큰 소리로 소리를 지르면서 주먹으로 교사를 때리려고 팔을 휘둘렀고 교사가 피하자 발로 찼다. 이어서 들고 있던 공룡을 □□ 얼굴 앞에 휘둘러서 교사가 공룡을 잡자 더 큰 소리로 '싫어. 싫단 말이야'라며 공룡을 잡고 있는 교사의 손을 물려고 했다. 그리고 □□가 교사 등 뒤로 숨으며 우는 것을 보고 교사를 때리려고 했다.			
요약	▪ 친구들이 놀이를 하지 말라고 하는 데도 계속 방해하고, 잘못을 사과하라는 교사에게 대들고, 교사의 중재에 더욱 흥분하여 차고 때리는 공격행동을 보임			
지도계획	▪ ○○는 동적인 행동보다는 정적인 행동으로 교수계획을 세움 ▪ 다른 친구들과 ◇◇이의 욕구를 적절히 조절하고 중재하도록 지원함 ▪ 가정과 협력하여 문제행동을 소거하도록 함			

6) 일화기록법과 표본식기록법의 차이

일화기록과 표본식기록법은 아동의 행동을 서술식으로 기술하는 점에서 유사한 특성을 보인다. 그러나 일화기록이 특정한 사건을 기록하는 것이라면 표본식기록은 관찰된 모든 행동을 기록한다는 점에서 차이가 있다.

표본식기록법이 일화기록에 비해 더 상세하게 기록되어 있어 상황을 정확하게 파악하고 자세하게 이해할 수 있다.

일화기록법과 표본식기록법의 비교		
구분	일화기록법	표본식기록법(연속기록법)
관찰의 관심	한 가지 행동이나 상황에 초점	전반적인 상황 묘사
정보의 종류	교육적 의미가 있거나 기록 가치가 있는 행동	사건이 일어난 맥락과 함께 전후 관계에 대한 정보
기록 방식	일화를 중심으로 간결한 형태로 기록	가장 자세한 기록 형태
주요 특징	특정 상황에서의 영유아의 말과 행동에 초점	관찰대상, 장면, 시간을 미리 선정
주요 장점	교육적 의미가 있거나 기록 가치가 있는 상황을 기록으로 남김	주어진 시간과 장면에서 일어나는 모든 행동 기록
주요 단점	충분한 상황 설명 결여로 자료의 가치가 제한을 받을 수 있음	다른 관찰법에 비해 시간과 노력이 많이 필요

출처: 아동관찰 및 행동연구, 안선희 외(2015). 창지사.

일화기록의 서술방법은 표본식기록과 마찬가지로 객관적 사실을 그대로 기록해야 한다. 관찰자인 교사는 개인적인 판단과 느낌을 배제하고 객관적으로 기록해야 하며, 관찰 대상이 실제로 행동한 것만 기록해야 한다. 다음은 일화기록의 서술방법의 예시이다.

일화기록법 서술방법	
옳은 예	잘못된 예
밀가루 점토를 주먹만큼 떼어 친구에게 주었다.	○○는 언제나 노래 부르기를 좋아한다.
옷의 단추를 잠근다.	○○는 매우 활동적이다.
하품을 한다.	○○는 너무 수줍어한다.
눈을 감고 입을 크게 벌렸다.	놀란 것처럼 보였다.
○○는 □□의 어깨에 손을 올렸다.	○○는 고마워했다.
○○는 신발장으로 뛰어갔다.	□□를 도와주었다.
"친구야, 고마워!"	○○는 우울해 보인다.
"○○에게 미안하다고 사과했어요!"	○○는 항상 친구들을 괴롭힌다.
○○는 벽에 기대고 서 있다.	과자를 나누어 먹는다.
○○는 주먹으로 □□의 머리를 두 번 쳤다.	시끄럽게 떠든다.
"선생님! 기분이 좋지 않아요!"	행복한 얼굴이다.
○○는 컵을 한 손으로 들고 물을 먹는다.	늘 더러운 모습이다.
"선생님! 배가 아파요!"	카르마는 배가 아프다고 말했다.

출처: 안선희 외(2015). 창지사.

CHAPTER

05 행동목록법 및 평정척도법

1 행동목록법(Checklist)

1) 개념

관찰기록 방법은 서술형 기록법과 범주식 기록법으로 나누어지는, 행동목록법과 평정척도법은 행동의 출연 여부를 심적인 특성과 함께 기록할 수 있는 관찰방법이다.

행동목록법은 약호식 관찰법으로 평정척도법과 더불어 하나의 체크리스트로 한 가지 특정 행동이나 사건만을 평가하는 것이 아니라 전체 발달영역의 특정 행동을 하나의 체크리스트로 한꺼번에 평가할 수 있는 포괄적인 특징을 지니고 있다.

평정척도법(rating scale)은 어떤 특성이나 특질 혹은 속성을 미리 정해진 범주에 따라 평가하는 관찰방법이다. 평정척도법은 행동목록법과 비슷하게 관찰자가 사전에 관찰하려는 행동특성이나 활동들이 예시되어 있어, 무엇을 관찰할 것인가를 알고 있을 때 사용하는 객관적인 가치척도에 근거하여 관찰자가 평정을 기록하는 방법이다. 즉, 질적 수준에 대한 정보를 첨가한 형태로 볼 수 있는 것으로 관찰된 행동의 질적인 차이를 평가

할 때 연속성이 있는 단계로 수량화된 점수나 가치가 부여된 기록지에 평정하는 것이다. 평정척도의 종류는 수집하려는 자료의 성격과 관찰의 목표에 입각하여 결정되는 것으로 행동에 대한 질적인 특성이나 발생 빈도에 따라 수량적인 정도의 차이를 나타내도록 구성하는 것이 일반적인 경향이다.

행동목록법은 관찰자가 평가하고자 하는 행동이나 사건의 특성을 관찰하여 행동이 현재 있는지 없는지를 표시하는 기록이다. 이는 일련의 행동목록을 사전에 준비하고 목록에 있는 각 행동이 나타나는지를 관찰하여 체크로 표시하는 방법으로 체크리스트(Check list)라고도 한다(서현아 외, 2019). 이는 특정 행동이 나타나는지 아닌지를 표시하는 기록방법으로 아동과 교사, 부모 모두에게 중요한 지표가 될 수 있다. 행동목록법은 관찰자의 주관적 평가를 배제하고 관찰의 기본인 '객관성'을 확보하기 위하여 사전에 아동발달이나 행동특성의 목록을 미리 작성한다. 행동목록에 참여대상의 현재 상태를 평가하며 단순히 '예', '아니요'의 형태로 기록하지만 시간에 따른 행동의 변화를 알고자 할 때 같은 행동목록을 반복해서 만들어 사용할 수 있다. 행동의 출현 유무 표시와 함께 날짜를 기록하는 칸을 만들면 변화를 파악할 수 있다.

행동목록은 표본기록, 일화기록, 사건표집, 시간표집 등과 같이 한 가지의 특정 행동이나 사례 등을 있는 그대로 적거나 조작적으로 정의하여 체크하는 것이 아니라 관찰목표를 위해 여러 영역의 행동들을 평가할 수 있도록 체계적이고 논리적인 행동목록들을 구성하여 이 목록에 있는 행동의 출현 유무를 평가하는 것이다. 그러므로 주어진 상황과 특정한 기술이나 행동의 출현 여부가 중요하다. 주어진 상황은 목록에 있는 행동이 특정 상황이나 장면에서 일어나며 특정한 기술이나 행동은 관찰이 이루어지기 전 미리 보고자 하는 행동으로 행동목록에 작성된 것이다. 그리고 행동목록은 영유아 교육현장에서 영유아를 평가하기 위해 많이 사용되며 영유아의 배경 정보를 얻고 아동의 성별, 연령, 사회계층, 가족 구조 및 생활양식 등이 행동목록의 양식으로 사용된다.

2) 장점과 단점

행동목록법의 장점과 단점	
유형	내 용
장점	▪ 특정기술, 행동, 프로그램 등 다양한 주제나 대상을 평가하는 데 효과적인 관찰방법. ▪ 관찰자가 특별한 훈련을 받지 않아도 행동을 단순한 방법으로 기록할 수 있으므로 사용이 비교적 쉬움. ▪ 관찰내용을 기록할 때의 노력과 시간 소요가 적음. ▪ 양적인 처리가 가능하며 기초적인 통계분석을 적용할 수 있음. ▪ 반복 사용을 통해 아동 개인의 단계적 발달 기록과 관찰에 도움이 됨. ▪ 집중적인 후속관찰이 필요한 행동, 기술 등을 발견하고 확인하는 데 도움. ▪ 효율적이며 쉽게 수량화할 수 있어서 양적 분석이 가능함. ▪ 관찰자가 시간이나 장소에 제한을 받지 않아 편리함. ▪ 한번에 여러 아동의 행동을 기록하는 데 사용할 수 있음. ▪ 빈번하게 일어나는 행동과 자주 발생하지 않은 행동 모두를 기록 가능.
단점	▪ 행동단위를 의미 있게 조직 분류가 어려움. ▪ 행동 출현 빈도, 지속성, 행동 질적 수준에 대한 다양한 정보 제공 못함. ▪ 관찰된 행동의 세부상황과 전후 맥락에 대한 정보를 얻을 수 없음. ▪ 관찰행동과 그 행동이 일어나는 상황에 대한 세부내용을 제공 못함. ▪ 관찰자의 결정이 개인의 편견에 의해 영향을 받을 수 있음. - 관찰자 간 신뢰도 - 특성이 체크 안 될 가능성이 있으므로 다른 관찰방법 병행이 바람직함. ▪ 체크할 문항이 많다면 시간이 많이 소모.

3) 행동목록 제작

(1) 행동목록 제작과정

① 교사의 관심 주제를 정한다.
② 관심주제에 대한 문헌 연구 및 전문가 면담을 통해서 연구한다.
③ 관련되어 있는 문항들이 명확하고 분명한지 확인한다.
④ 기록 유형을 계획한다.
⑤ 체크 박스를 만든다.
⑥ 행동목록의 초안을 구성한 후 예비조사를 하고 필요한 경우 수정한다.

(2) 행동목록 제작 시 고려 사항

① 행동목록에 담는 내용은 아동의 성별, 연령, 생년월일, 관찰일시, 관찰자명, 참여대상 이름, 연령, 성별 및 관찰일 등이 포함되어야 한다.
② 행동목록을 관찰할 시점, 즉 상태를 파악할 것인지, 변화를 보기 위함인지를 파악한다.
③ 행동목록에 사용된 용어나 지침은 분명하고 명료해야 한다.
④ 행동목록의 문항은 관찰 가능한 행동을 기술해야 한다.
⑤ 행동목록 문항은 관찰대상 행동 모두 포함하고 중복되는 문항이 없도록 한다.
⑥ 행동목록의 문항은 하나의 관찰행동만 기술한다.
⑦ 행동목록 문항을 논리적으로 배열한다.
⑧ 행동목록 문항을 긍정적으로 진술한다.

4) 관찰지침

(1) 문항은 관찰 가능한 행동을 기술한 것이어야 한다(예, 청결, 식사 전 손 씻기, 식사 후 양치질하기 등).

(2) 문항은 관찰대상 행동을 모두 포괄하되 문항 간에 상호 배타적이어야 한다(중복성이 없어야 함).

(3) 관찰자가 행동관찰 결과를 보다 쉽게 기록할 수 있도록 체크리스트의 순서나 위치를 논리적으로 조직한다.

(4) 행동목록에 포함할 문항은 구체적 행동들을 명확하게 정의해야 한다. 즉, 행동목록을 이용하여 얻어지는 자료의 질은 각 항목의 명료성 혹은 관찰자가 얼마나 정확하게 각 항목을 평가하느냐에 달려 있으므로 행동목록의 지침은 모호하지 않고 정확하고 명료하게 기록되어야 한다. 이를 통해 관찰자는 각 항목을 잘 이해할 수 있을 것이다.

(5) 관찰기록지에 관찰자명, 참여대상 이름, 연령, 성별 및 관찰일 등 관찰과 관련된 기록란이 반드시 필요하다.

(6) 행동목록은 특성이나 특징의 존재여부가 확실할 경우에만 사용되어야 한다.

(7) 행동목록은 관찰대상이 되는 특성들이 분명하게 진술된 것을 선택해야 한다.

(8) 관찰은 행동목록에 있는 항목에 대해서만 이루어져야 한다.

(9) 한 번에 단 한 명의 아동을 대상으로 관찰이 이루어져야 하며, 각 유아에게 독립된 행동목록이 사용되어야 한다.

5) 관찰기록 양식

<table>
<tr><th colspan="6">행동발달 관찰양식 1</th></tr>
<tr><td>관찰아동</td><td colspan="2"></td><td>생년월일</td><td colspan="2"></td></tr>
<tr><td>관찰자</td><td colspan="2"></td><td>관찰일시</td><td colspan="2"></td></tr>
<tr><td rowspan="2">관찰일</td><td>1회</td><td>2회</td><td>3회</td><td colspan="2">4회</td></tr>
<tr><td></td><td></td><td></td><td colspan="2"></td></tr>
<tr><td>영역</td><td>내용</td><td>1회</td><td>2회</td><td>3회</td><td>4회</td></tr>
<tr><td rowspan="5">기본생활습관</td><td></td><td></td><td></td><td></td><td></td></tr>
<tr><td></td><td></td><td></td><td></td><td></td></tr>
<tr><td></td><td></td><td></td><td></td><td></td></tr>
<tr><td></td><td></td><td></td><td></td><td></td></tr>
<tr><td></td><td></td><td></td><td></td><td></td></tr>
<tr><td>요약</td><td colspan="5"></td></tr>
</table>

<table>
<tr><th colspan="5">행동목록 관찰양식 2</th></tr>
<tr><td>관찰아동</td><td></td><td>생년월일</td><td colspan="2"></td></tr>
<tr><td>관찰자</td><td></td><td>관찰일시</td><td colspan="2"></td></tr>
<tr><td colspan="5">다음의 행동이 관찰되면 '예', 관찰되지 않으면 '아니오'로 표시하시오.</td></tr>
<tr><td colspan="3">문항</td><td>예</td><td>아니오</td></tr>
<tr><td colspan="3"></td><td>□</td><td>□</td></tr>
<tr><td colspan="3"></td><td>□</td><td>□</td></tr>
<tr><td colspan="3"></td><td>□</td><td>□</td></tr>
<tr><td colspan="3"></td><td>□</td><td>□</td></tr>
<tr><td>요약</td><td colspan="4"></td></tr>
</table>

6) 관찰기록 예시

행동목록법 관찰 예시는 만 5세 반에서 관찰되어진 내용이다.

<table>
<tr><th colspan="6">행동발달 관찰양식 1</th></tr>
<tr><td>관찰아동</td><td colspan="2"></td><td>생년월일</td><td colspan="2">만 5세</td></tr>
<tr><td>관찰자</td><td colspan="2"></td><td>관찰일시</td><td colspan="2"></td></tr>
<tr><td rowspan="2">관찰일</td><td>1회</td><td>2회</td><td>3회</td><td colspan="2">4회</td></tr>
<tr><td></td><td></td><td></td><td colspan="2"></td></tr>
<tr><td colspan="6">문제행동: 기본생활습관 중 '청결' ▶ '지나치게 청결해요'</td></tr>
<tr><th>영역</th><th>내용</th><th>1회</th><th>2회</th><th>3회</th><th>4회</th></tr>
<tr><td rowspan="5">기본생활습관</td><td>활동 중에도 손을 씻으러 간다.</td><td>☑</td><td>☑</td><td>☑</td><td>☑</td></tr>
<tr><td>활동보다 주변정리를 우선적으로 한다.</td><td>☑</td><td>☑</td><td>☑</td><td>☑</td></tr>
<tr><td>음식을 먹으면서 주변을 정리한다.</td><td>☑</td><td>☑</td><td>☑</td><td>☑</td></tr>
<tr><td>산책이나 실외놀이터에서 옷에 흙이 묻을까 봐 한쪽에 앉아 있다.</td><td>☑</td><td>☑</td><td>☑</td><td>☑</td></tr>
<tr><td>밖에서 놀다가 실내로 들어올 때에는 옷을 털고 손을 씻는다.</td><td>☑</td><td>☑</td><td>☑</td><td>☑</td></tr>
<tr><td>요 약</td><td colspan="5">○○이는 지나치게 청결해서 시도 때도 없이 손을 자주 씻으려고 하고 유치원 화장실에 가는 것을 꺼려 한다. 음식을 먹을 때에도 주변을 항상 정리하며 먹고, 정리 정돈에 집중하느라 다른 활동을 못할 때도 있다. 실외놀이 시 옷이나 신발에 흙이나 다른 이물질이 묻을까 움직임이 적은 편이다.</td></tr>
<tr><td>교수계획</td><td colspan="5">▪ 음식 먹을 때 옷에 흘려도 그럴 수 있으므로 상황(식사를 마치고)이 되었을 때 닦도록 지도한다.
▪ 주변정리보다 놀이에 집중하는 것이 더 중요하다고 지도한다.
▪ 가정과 연계하여 지나치게 청결을 강조하지 않도록 한다.</td></tr>
</table>

행동목록 관찰양식 2			
관찰아동	○○○	생년월일	만 5세
관찰자	○○○	관찰일시	

다음의 행동이 관찰되면 '예', 관찰되지 않으면 '아니오'로 표시하시오.

신체운동발달	예	아니오
양팔 벌리고 원을 그린다.	□	
20조각 퍼즐을 맞추고, 가위로 종이를 자를 수 있다.		□
블록을 위로 쌓는다.		□
모둠발 뛰기를 한다.	□	

요 약	▪ ○○이는 신체운동발달에서 양팔 벌리고 원을 그릴 수 있으며, 모둠발 뛰기를 할 수 있다. 그러나 블록을 위로 쌓는 것과 20조각 퍼즐을 자르고 맞추는 것은 아직 잘 안 된다. 특히 퍼즐 맞추기와 종이를 자를 때 마음대로 잘 되지 않아서 짜증을 부린다.
교수계획	▪ 조각 퍼즐을 점차적으로 개수를 늘리며 자르도록 하며, 선을 선명하게 그어서 자르도록 격려한다. ▪ 블록의 개수를 적게 하여 위로 쌓아 보고 성공하였을 때 칭찬해 주고, 점차적으로 개수를 늘려간다.

행동목록 관찰양식 3			
관찰아동	○○○	생년월일	만 5세
관찰자	○○○	관찰일시	자유놀이활동시간

다음의 행동이 관찰되면 '예', 관찰되지 않으면 '아니오'로 표시하시오.

문항	예	아니오
손목과 손가락을 원하는 대로 움직인다.	○	
눈과 손의 협응이 이루어진다.	○	
각 글자의 모양을 구별한다.		○
글자의 기본적인 획을 긋는다.	○	
필기도구를 바르게 잡고 쓴다.		○
글씨를 왜 써야 하는지 이유를 안다.		○

요 약	○○이는 쓰기를 위한 기본적인 운동기능은 습득하였으나, 필기도구 바로잡기, 글자의 모양 구별하기, 글을 쓰는 이유 등에서는 반복 연습이 필요하거나 문화적 요인에 대해서 추후 학습이 필요하다.
교수계획	▪ 글자 쓰기가 많은 시행착오가 필요한 과정임을 인식하고 잘못된 글자를 고쳐 주려고 애쓰기보다는 글자를 쓰는 과정 자체를 격려할 것이다. 또한 바른 필기구 쥐기 연습을 위해 연필보다 힘이 덜 들어가는 사인펜과 칸이 정해져 있지 않은 종이를 제공하려고 계획해야겠다. 친구, 선생님, 부모님께 편지 쓰기 활동이나 자유놀이활동에 글자 완성 게임 등을 지원하여야겠다.

<table>
<tr><th colspan="4">행동목록 관찰양식 4</th></tr>
<tr><td>관찰아동</td><td>○○○</td><td>생년월일</td><td>만 5세(남)</td></tr>
<tr><td>관찰자</td><td>○○○</td><td>관찰일시</td><td></td></tr>
<tr><td colspan="4">다음의 행동이 관찰되면 '예', 관찰되지 않으면 '아니오'로 표시하시오.</td></tr>
</table>

문항	예	아니오
1. 모양 맞추기를 한다.	V	
2. 미로 찾기와 동물 짝짓기를 한다.		V
3. 암기된 지식이나 모방을 통한 지식습득은 또래와 비슷하다.	V	
4. 간단한 연산이해, 언어적인 유창성 및 문장 구성력이 있다.		V
5. 자신의 생각을 상황에 적절하고 유연하게 표현하거나 전달하는 데 어려움이 있다.	V	

<table>
<tr><td>요 약</td><td>○○는 자신감이 부족하고 지적 성취에 대한 동기가 부족해서 대답하지 않거나 자주 포기하는 모습으로 학습에 대한 심리적 부담감, 열등감, 위축감이 있다.
학업이 많이 지체되어 있다. 특히 글자를 익히거나 수를 계산하는 등 학습시간이 되면 주의가 산만해지고 또래에 비해 읽기, 수리연산의 학습능력이 떨어짐. 자기 중심적으로 행동하고 관심받기를 좋아하여 친구들의 행동을 시시콜콜 선생님께 고자질을 한다.</td></tr>
<tr><td>교수계획</td><td>① 과제의 여러 단계를 스스로 인식하게 하고 과제를 수행하면서 행동을 말로 표현하도록 지도한다.
ex) 아동이 문제를 큰 소리로 말함, 중요한 낱말을 보고 동그라미 치기, 무엇이 일어나고 있는지를 도와주는 그림을 그린다. 수학 문제를 쓴다.
② 아동 자신의 행동을 평가하여 행동이 일어났는지 아닌지를 기록하도록 한다.
ex) 표를 만들어 집중했는지 스스로 체크하기
- 반복적인 경험을 통한 읽기나 사전경험을 활용한 생활 관련 소재를 읽도록 하고 또래교사 및 또래 학습자를 통한 읽기를 한다.</td></tr>
</table>

행동목록 관찰양식 5			
관찰아동	○○○	생년월일	만 5세(남)
관찰자	○○○	관찰일시	
다음의 행동이 관찰되면 '예', 관찰되지 않으면 '아니오'로 표시하시오.			
문제행동: 사회 정서 발달(공격적인 행동)			

영역	문항	예	아니오
사회 · 정서 발달	1. 자신의 감정을 말로 표현할 수 있다.	○	
	2. 다른 사람의 감정을 알고 공감할 수 있다.		○
	3. 감정이 쉽게 바뀌는 편이다.	○	
	4. 놀이에서 주로 지도자 역할을 한다.	○	
	5. 또래와 협동하여 놀이한다.		○
	6. 다른 사람과 서로 돕고 협력한다.		○
	7. 친구의 의견을 존중한다.		○
	8. 놀잇감을 서로 나누고 교환하여 놀이할 수 있다.		○
	9. 다른 사람에게 자신의 것을 줄 수 있다.	○	
	10. 친구의 물건을 사용할 때 허락을 구한다.		○
	11. 친하게 지내는 친구가 있다.	○	
	12. 다른 사람을 배려하여 행동한다.		○
	13. 다른 사람과 한 약속을 지킨다.		○
	14. 질서를 잘 지킨다.		○
	15. 인내심과 자제력이 있다.		○
	16. 교사의 지시를 잘 이해하고 따른다.	○	
공격적인 행동	1. 가만히 있는 친구를 툭툭 치거나 민다.	○	
	2. 물건을 다른 사람에게 던진다.	○	
	3. 다른 사람을 발로 차거나 때린다.		○
	4. 친구를 꼬집거나 깨문다.		○
	5. 다른 친구가 하는 것을 건드려서 망쳐놓는다.	○	
	6. 친구가 가지고 놀고 있는 장난감을 빼앗는다.	○	

요약	1) ○○는 기분이 좋을 때는 놀잇감을 잘 나눠주지만 친구들이 뜻대로 따라 주지 않거나 기분이 좋지 않을 때는 물건을 던지는 등 감정이 쉽게 바뀐다. 2) 자주 보이는 행동은 의자를 던지고 발로 차고 책상을 던지려고 들었다 놓기를 하며 놀잇감 바구니를 그대로 던진다. 친구들을 자주 놀리고 비웃으며 침을 뱉고 꼬집고 깨물기도 하며 자신의 머리도, 친구의 머리도 때리거나 잡아당긴다. 말투가 신경질적이며 주먹을 꽉 쥐는 등의 폭력을 취하려는 제스처를 취한다. 무엇을 하든지 맨 먼저 하려고 하고 하지 못했을 때는 공격적인 행동을 보이며 욕설도 한다. 자신의 잘못된 행동 이유를 다른 사람의 탓으로 돌린다. 부적응 행동을 한 뒤 항상 아빠한테 이야기하지 말라고 한다.
교수계획	- 공격적 행동이 일어나는 시기, 장소, 원인, 유형(언어적, 신체적)을 관찰하고, 일관성 있고 짧고 단호하게 저지한 후 감정에 공감해 준다. - 친구들과 협동하는 기회를 제공하고 경쟁적인 상황을 줄여준다. - 에너지를 신체적 활동으로 발산시켜 주며, 비난하거나 벌을 주지 않는다.

2 평정척도법

1) 개념

평정척도는 평정(rate)과 척도(scale)의 합성어로 사물의 가치나 특성을 할당한다는 의미며 행동목록법과 같이 관찰자가 사전에 관찰하려는 행동에 대해 미리 알고 있을 때 사용한다. 행동목록과 같이 사전에 관찰할 목록을 구성해야 하며 관찰행동이 나타나는지 아닌지를 판단하는 것이다. 행동목록과 다른 점은 행동목록은 관찰행동의 유무에만 관심을 두지만 평정척도는 행동의 존재 유무와 행동의 질적 특성이 어느 정도인지를 파악하는 것이다.

평정척도를 표시할 때 직접적 관찰, 과거의 관찰 또는 전체적인 인상에 기초하여 판단하며 척도의 단계는 일반적으로 3단계 척도에서부터 11단계 척도까지 다양하며 평정척도를 제작할 때 평정의 단위를 몇 개로 할 것인지 결정한다.

평정척도는 관찰자가 관찰대상의 행동을 유목이나 숫자의 연속성 위에 분류하는 방식이며 수량화된 점수를 부과하도록 작성해야 한다. 그리고 관찰과 동시에 사용하기 어려우므로 관찰을 충분히 한 후에 그 결과를 요약하여 나타내야 한다.

2) 평정척도의 유형

유형	특징 및 예시
기술평정척도 (descriptive ratingscale)	▪ 행동의 한 차원을 연속성 있는 몇 개의 범주로 나누어 기술하고 관찰자가 대상의 행동과 특징을 가장 잘 나타내는 진술문을 택하게 하는 방법 ▪ 대개 3~5개의 기술적인 범주에 따라 평가 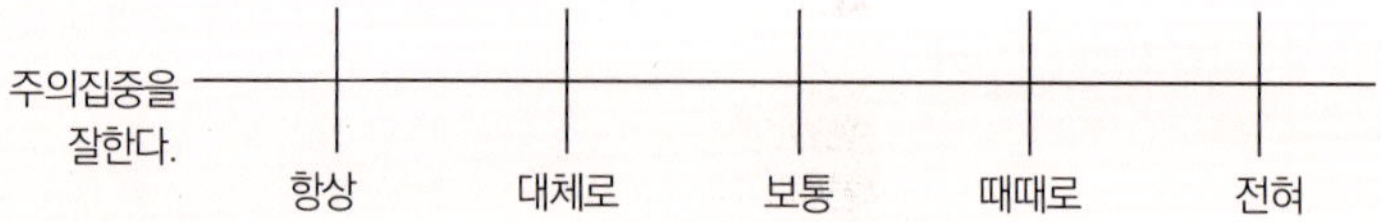
숫자평정척도 (numerical rating scale)	▪ 각 척도치에 숫자를 제시하는 것 ▪ 숫자는 일종의 점수로서 평정된 자료를 수량화할 수 있게 해 줌 ①=전혀 만족스럽지 않다 ②=만족스럽지 않다 ③=보통이다 ④=만족스럽다 ⑤=매우 만족스럽다 [전혀 그렇지 않다] [별로 그렇지 않다] [보통이다] [대체로 그렇다] [항상 그렇다]
도식평정척도 (graphic rating scale)	▪ 관찰자의 판단을 돕기 위해 기술적인 유목에 선을 첨가시킨 형태 ▪ 평정척도를 도식으로 나타내는 방법으로 수평선, 수직선, 그림, 음영 등이 사용되며 수평선이 가장 보편적으로 사용 ▪ 대표적인 예는 의미분별척도 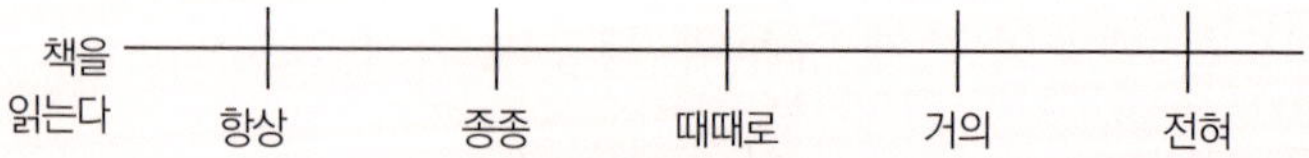 〈도식평정척도 예시〉 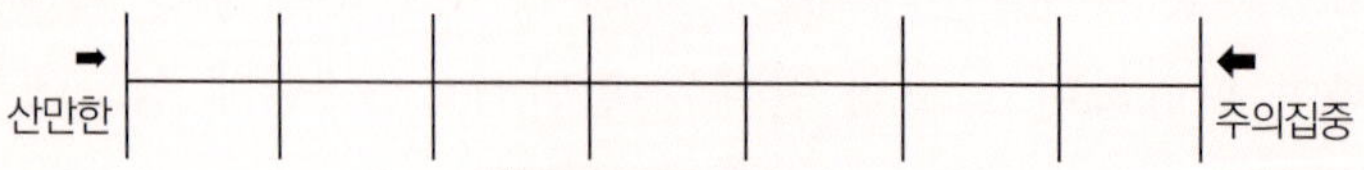 〈의미분별척도 예시〉

<table>
<tr><th>유형</th><th>특징 및 예시</th></tr>
<tr><td>도식평정척도
(graphic rating scale)</td><td>
<table>
<tr><th rowspan="2">구분</th><th>아동명</th><th rowspan="2">단계</th><th>소속(연령)</th><th colspan="3">평정</th><th rowspan="2">비고</th></tr>
<tr><th>평가항목</th><th>평정기준</th><th>1회</th><th>2회</th><th>3회</th></tr>
<tr><td rowspan="5">기본
생활
습관</td><td rowspan="5">예절
바르게
생활
하기</td><td>1</td><td>인사를 하지 않는다.</td><td></td><td></td><td></td><td></td></tr>
<tr><td>2</td><td>상대방(교사, 친구)이 먼저 인사하면 인사한다.</td><td></td><td></td><td></td><td></td></tr>
<tr><td>3</td><td>교사의 도움이 있으면 대상과 상황(고마움, 사과, 식사, 인사)에 적절한 언어와 행동을 보인다.</td><td></td><td></td><td></td><td></td></tr>
<tr><td>4</td><td>대체로 대상과 상황에 적절한 언어와 행동을 보인다.</td><td></td><td></td><td></td><td></td></tr>
<tr><td>5</td><td>스스로 대상과 상황에 적절한 예절 바른 언어와 행동을 보인다.</td><td></td><td></td><td></td><td></td></tr>
</table>
〈사회생활 영역 평정척도 예〉</td></tr>
<tr><td>표준평정척도</td><td>▪ 관찰자, 평가자에게 다른 대상과 비교 가능한 일련의 준거나 표준 제시 방법
▪ 각 범주를 보다 객관적인 유목으로 기술한 형태로 숫자평정척도나 도식 평정척도와 함께 사용
상위50% — 상위25% — 상위10% — 상위5% — 상위1%</td></tr>
</table>

3) 장점과 단점

표본식기록법의 장점과 단점	
유형	내 용
장점	▪ 추론이 요구되나 사용이 편리하고 특별한 교육이나 훈련 없이 손쉽게 사용. ▪ 다른 관찰방법보다 시간이 적게 들고 편리함. ▪ 관찰 중에 쓰지 않고 관찰자가 편리한 시간에 평정할 수 있음. ▪ 한 번에 여러 특성이나 발달영역 평가나 여러 아동을 평가 가능. ▪ 행동관찰기록에 드는 시간과 노력이 적으므로 효율적이고 경제성이 높음. ▪ 자료를 점수화할 수 있어서 양적 분석이 가능하고 행동의 유무뿐만 아니라 빈도나 정도를 측정 가능. ▪ 행동의 질도 평가할 수 있어 교육현장에서 매우 유용하게 쓰임. ▪ 평정척도를 반복해서 사용할 경우 시간의 흐름에 따라 생기는 행동 변화에 대한 정보를 얻을 수 있음.
단점	▪ 관찰자의 평정 항목과 범주를 정확하고 객관적으로 구성(개발)하기 어려움. ▪ 관찰결과에 대한 판단이 요구되므로 관찰자 개인적 편견이 포함될 수 있음. (여러 가지 평정자 오류가 발생 가능). ▪ 각 행동이 관찰되는 상황을 설명하지 않고 복잡하면 후광효과로 인하여 단지 행동의 수준만을 기록하게 됨. ▪ 관찰자 선입견이나 사전의 다른 정보들의 판단에 영향을 끼칠 수 있음. ▪ 평정되는 특성이 명확하지 않고 복잡하면 후광효과는 피할 수 없음. ▪ 평정척도에서 용어들이 애매한 경우가 있어서 관찰자들이 서로 다른 평가를 할 수 있음.

4) 관찰지침 및 평정자 오류

평정척도는 행동의 출연 유무를 표시할 수 있고 행동의 질적인 특성을 단계를 구분해서 기록하거나 행동 출현 빈도의 많고 적음을 구분해서 기록할 수 있다. 이에 관찰자 혹은 평정자가 상당히 정확하고 객관적으로 측정하는 훌륭한 도구 역할을 할 경우 좋은 방법이 될 수 있다. 반면 관찰결과에 대한 판단을 내리는 과정에서 개인적인 편견이 개입될 수 있으므로 관찰자, 혹은 평정자는 전문성과 관련해서 평정자 오류를 줄여야 한다. 평정자 오류는 다음과 같다.

평정자 오류	
오류 유형	내　용
중심화의 오류 (error of central tendency)	관찰자 또는 평정자가 지나치게 긍정적이거나 부정적인 판단을 피하기 위해 잘 모르는 특성을 판단할 때 척도의 중앙에 위치한 항목(예, 보통이다)을 표시하는 것.
인상의 오류 (error of halo effect)	후광효과로 관찰대상자에 대한 다른 정보들이 현재 관찰하고자 하는 행동의 특성판단에 영향을 미치는 것.
논리의 오류 (logical error)	전혀 다른 두 가지의 행동특성을 비슷한 것으로 판단해서 평정하는 것.
기준의 오류 (error of standard)	관찰자마다 기준이 달라서 동일 행동을 다르게 판단하게 되므로 엄격한 기준을 가진 사람이 내는 오류를 '엄격의 오류', 관대한 기준으로 판단하는 것은 '관용의 오류'.
근접의 오류 (error of proximity)	시간적, 공간적으로 가까이 있는 평정 특성들을 유사하게 판단하는 것.
대비의 오류 (error of contrast)	관찰자 또는 평정자가 가지고 있는 특성이 관찰대상자에게 나타난다면 판단을 높게 평가하는 것으로 있는 그대로 평정하지 않고 과대 혹은 과소평가로 나타나는 것.

5) 평정척도 제작

(1) 제작과정

① 관찰자의 관심주제를 정한다.
② 관심주제를 연구한다.
③ 분명하고 구별되는 문항으로 작성해야 한다.
④ 모든 관찰자에게 동일한 방식으로 해석될 수 있는 용어를 선택한다.
⑤ 기록양식을 구성한다.
⑥ 예비검사 후 수정한다.

(2) 평정척도 작성절차

① 적절한 주제를 선정한다.
② 선정한 주제에 대한 문헌을 조사한다.
③ 평정할 문항이 명확하고 분명한지 확인한다. 애매모호한 용어는 제외한다. 모든 관찰자에게 동일한 방식으로 해석될 수 있는 용어를 선택한다.
④ 기록형태를 디자인한다. 기술, 숫자, 도식 평정척도 중 관찰자의 필요, 선호, 주제에 가장 적합한 평정척도를 선택한다. 범주에 명확한 의미를 부여한다. 범주가 중복되지 않도록 유의한다. 중앙 집중 오류를 인식한다. 만일 척도 단계를 홀수로 하면 관찰자는 중간을 평정하는 경향이 있을 수 있음을 고려한다.
⑤ 평정척도의 초안을 가지고 예비조사를 하고 필요하다면 수정한다.

6) 관찰지침

(1) 평정하려고 하는 특성(기준)에 대한 명확한 정의가 내려져야 한다.

(2) 평정 관점이 구체적이고 조직적으로 설정되어야 한다.

(3) 관찰할 행동은 관찰이 가능하도록 빈번하게 발생되는 특성이 있어야 한다.

(4) 관찰자의 평정 능력이나 편견에 의하여 결과가 다를 수 있으므로 관찰자가 평정에 대한 숙달과 엄정한 태도가 요구된다.

(5) 다수의 평정자들이 동일 대상에 대하여 평정하는 경우, 사전에 토의하여 공통적인 이해를 만들어야 한다.

(6) 평정 단계를 어느 정도 할 것인지에 대한 문제를 해결해야 한다.

(7) 평정척도 3~5단계가 가장 많이 활용되며, 10단계 이상 구성된 것도 있으므로 7단계 이하로 활용하는 것이 좋다.

(8) 평정 결과 처리에서 결과가 대상에 대한 객관적인 속성(인상이나 다른 사람의 평가에 의해)에 영향을 받지 않도록 주의한다.

(9) 아동의 발달에 대해 요약을 간단히 적어 놓는다.

7) 관찰기록 양식

평정척도 관찰양식

관찰아동		생년월일	
관 찰 자		관찰일(시간)	

각 문항에 맞는 아동의 수준을 √표시를 하시오.

문항	전혀 그렇지 않다	그렇지 않다	보통이다	그렇다	아주 그렇다

요 약	
교수계획	

8) 평정척도 예시

평정척도 예시는 현직 유치원교사들이 작성한 관찰기록이다.

평정척도 관찰양식 예시 1			
관찰아동		생년월일	만 5세(여)
관 찰 자		관찰일(시간)	

각 문항에 맞는 아동의 수준을 √표시를 하시오.

문항	전혀 그렇지 않다	그렇지 않다	보통이다	그렇다	아주 그렇다
교사의 지시를 잘 따른다.		√			
교사의 행동을 흉내 내려고 한다.		√			
교사와의 관계에서 능동적이다.		√			
교사의 주의를 끌려고 노력한다.		√			
교사에게 자신의 의사를 전달한다.	√				
친구들의 이야기를 잘 듣는다.	√				
친구의 주의를 끌려고 노력한다.	√				
친구와의 관계에서 능동적이다.		√			
친구의 행동을 따라 하려고 한다.			√		
친구에게 자신의 의사를 전달한다.	√				

구분	내용
요 약	○○이는 교사와의 관계에서 능동적이지 않고 교사의 간단한 지시에 따르지는 않지만 손을 잡아끌거나 뒤에서 밀어주는 행동을 하면 따라 한다. 교사에게 정확한 의사를 전달하지 못하며 울음이나 가~, 싫어~ 등 단어로 의사를 표현한다. 또래와의 놀이에서도 떨어져 혼자 노는 경우가 많고 친구들의 놀이에 능동적으로 참여하기보다 좋아하거나 관심이 있는 놀이가 진행되면 친구들에게 의사를 전달하여 참여하기보다 슬그머니 놀이에 참여하는 편이다.
교수계획	○○이의 사회성을 이끌어내기 위해서는 첫째, 정확한 표현을 하는 언어와 몸짓을 함께 사용한다. 둘째, 좋아하는 놀이를 통하여 친구와의 상호작용을 할 수 있는 표현을 할 수 있도록 유도한다. 셋째, 교사와 친구의 행동을 모방할 수 있도록 유도한다. 넷째, 교사와 친구에게 자신의 의사를 정확하게 전달할 수 있도록 유도한다.

<table>
<tr><th colspan="7">평정척도 관찰양식 예시 2</th></tr>
<tr><td>관찰아동</td><td colspan="2"></td><td colspan="2">생년월일</td><td colspan="2">만 5세(남)</td></tr>
<tr><td>관 찰 자</td><td colspan="2"></td><td colspan="2">관찰일(시간)</td><td colspan="2"></td></tr>
<tr><td colspan="7">각 문항에 맞는 아동의 수준을 √표시를 하시오. : 올바른 식습관</td></tr>
<tr><td colspan="2">문항</td><td>전혀 그렇지 않다</td><td>그렇지 않다</td><td>보통 이다</td><td>그렇다</td><td>아주 그렇다</td></tr>
<tr><td colspan="2">돌아다니면서 간식을 먹는다.</td><td>○</td><td></td><td></td><td></td><td></td></tr>
<tr><td colspan="2">제자리에 앉아서 간식을 먹으나, 부주의하여 흘린다.</td><td></td><td></td><td></td><td></td><td>○</td></tr>
<tr><td colspan="2">제자리에 앉아서 흘리지 않고 간식을 먹는다.</td><td>○</td><td></td><td></td><td></td><td></td></tr>
<tr><td colspan="2">제자리에 앉아서 흘리지 않고 간식을 먹으며 바른 식습관 태도를 보인다.</td><td>○</td><td></td><td></td><td></td><td></td></tr>
<tr><td>요 약</td><td colspan="6">간식이나 점심시간에 배식하는 동안 가만히 있지 않다가, 음식이 주어지면 먹는 것에 집중을 한다. 그러나 바르게 앉아 먹기보다는 편한 자세로 먹는 것에만 집중해 주변에 음식이 떨어져도 별로 신경을 쓰지 않는다.</td></tr>
<tr><td>교수계획</td><td colspan="6">▪올바른 식습관을 형성하도록 바르게 먹는 자세와 흘리지 않고 먹는 기본 생활에 대해 다양한 교수방법(미디어, 동화책, 이야기 나누기 등)으로 이해하도록 돕는다.
▪그 외에 숟가락, 젓가락으로 이용한 대 · 소근육 활동으로 수저를 이용하여 물건 옮기기 등의 활동을 할 수 있도록 교구장에 비치하고 활동을 하도록 격려하여 올바른 수저 사용을 돕는다.</td></tr>
</table>

평정척도 관찰양식 예시 3			
관찰아동		생년월일	만 5세(남)
관 찰 자		관찰일(시간)	

각 문항에 맞는 아동의 수준을 √표시를 하시오.: 자조기술
① **교사가 지시해도 하지 않는다.** ② **교사가 지시하면 한다.** ③ **스스로 한다.**

문항	①	②	③
1. 옷입기(외투, 비옷, 장갑, 모자, 신발 등)		○	
2. 간식 및 점심 준비 및 정리	○		
3. 배변			○
4. 손씻기		○	
5. 장난감 정리	○		
6. 자유선택활동 참여			○
7. 또래와의 갈등 해결	○		
8. 타인에게 생각 표현하기			○

요 약	자신이 하고 싶은 것(놀이)과 꼭 해야 하는 것(배변)은 스스로 하려고 하지만 자신이 하지 않아도 되는 것은 하지 않으려고 한다. 호기심이 많고 탐구심이 강해 놀이하는 것을 즐기고 다른 유아들과 다르게 창의적으로 놀이한다. 놀이하고 정리하는 시간이 되면 정리를 하기 싫어 소리를 지르며 운다.
교수계획	▪ 다음 놀이시간에 놀이시간이 적어서 그런 행동이 나오는 것 같아 놀이시간을 길게 준다. ▪ 자신이 놀이한 놀잇감 위주로 정리할 것을 이야기하고 정리해야 할 놀잇감을 지목하여 정리하도록 이야기한다.

평정척도 관찰양식 예시 4			
관찰아동		생년월일	만 5세(여)
관 찰 자		관찰일(시간)	

각 문항에 맞는 아동의 수준을 √표시를 하시오.
① **전혀 그렇지 않다** ② **그렇지 않다** ③ **보통이다** ④ **그렇다** ⑤ **매우 그렇다**

문항	①	②	③	④	⑤
교사의 칭찬에 관심이 있다.					√
교사를 혼자만 독차지하려고 한다.				√	
교사의 행동을 흉내 내려고 한다.				√	
교사의 주의를 끌려고 노력한다.				√	

요 약	교사의 행동을 항상 주시하고 있으며 주로 교사 주위에서 놀이하려고 한다. 교사가 하는 행동을 따라 하기도 하고 친구들이 교사 주위에 오면 팔로 막거나 교사의 무릎에 앉는 등의 행동을 자주 보인다.
교수계획	▪ 아이를 일부러 떨어뜨리거나 밀어내면 불안해하거나 더욱 집착하게 되므로 일부러 떨어뜨리려고 하지 말고 교사가 품어주면서 안정감을 느끼도록 하는 것이 중요하다.

평정척도 관찰양식 예시 5

관찰아동		생년월일	만 5세(남)
관 찰 자		관찰일(시간)	

각 문항에 맞는 아동의 수준을 √표시를 하시오.
① 전혀 그렇지 않다　② 그렇지 않다　③ 보통이다　④ 그렇다　⑤ 매우 그렇다

문항	①	②	③	④	⑤
교사를 자기 혼자만 독차지하려고 한다.			√		
교사의 칭찬을 받으려고 노력한다.				√	
까꿍놀이 등 교사의 행동이나 놀이를 흉내낸다.				√	
교사의 말을 흉내 내려고 한다.			√		
교사와의 관계에서 능동적이다.			√		
교사의 주의를 끌려고 한다.				√	
교사가 자기하고만 항상 있어 주기를 바란다.			√		
자기가 한 일을 교사에게 자랑한다.				√	
교실에 있는 물건을 부순다.		√			
교사의 지시에 '싫어'와 같은 부정적인 반응을 보인다.		√			
모든 일에 충동적이다.		√			
자기 차례나 순서를 잘 지키지 않는다.		√			
엉뚱한 것으로 교실 분위기를 흐려 놓는다.	√				
사람이나 사물에 대하여 자신의 감정표현을 한다.			√		
다른 아동들과 함께 하라고 했을 때 물건이나 음식을 나눈다.			√		

요　약	또래 친구들에게 관심을 보이지 않고 교사의 주의를 끌려고 노력하거나 교사에게 칭찬을 받으려고 노력한다. 자기의 주장이 없이 교사의 행동에 따라 움직이는 경우가 많다.
교수계획	▪ 또래 친구들과 함께 사회·정서적인 발달을 위해 노력하고, 교사에게 관심을 보이는 것을 또래 친구에게 관심을 가지고 행동하도록 지도해야 한다.

평정척도 관찰양식 예시 6

관찰아동		생년월일	만 5세(남)
관 찰 자		관찰일(시간)	

각 문항에 맞는 아동의 수준을 √표시를 하시오.: 신체운동 · 건강

① 전혀 그렇지 않다 ② 그렇지 않다 ③ 보통이다 ④ 그렇다 ⑤ 매우 그렇다

문항	①	②	③	④	⑤
1. 신체를 인식하고 움직인다.					○
2. 신체 움직임을 조절한다.					○
3. 기초적인 이동운동, 제자리운동, 도구를 이용한 운동을 한다.					○
4. 실내외 신체활동에 자발적으로 참여한다.					○
5. 자신의 몸과 주변을 깨끗이 한다.				○	
6. 몸에 좋은 음식에 관심을 가지고 바른 태도로 즐겁게 먹는다.			○		
7. 하루 일과에서 적당한 휴식을 취한다.				○	
8. 질병을 예방하는 방법을 알고 실천한다.				○	
9. 일상에서 안전하게 놀이하고 생활한다.		○			
10. TV, 컴퓨터, 스마트폰 등을 바르게 사용한다.		○			
11. 교통안전 규칙을 지킨다.			○		
12. 안전사고, 화재, 재난, 학대, 유괴 등에 대처하는 방법을 경험한다.				○	

요 약	신체를 조절하여 놀이할 수 있으며 자발적으로 참여한다. 놀이하면서 일어날 안전사고에 대한 자각이 부족하여 안전하게 놀이할 것을 자주 이야기한다. 스마트폰을 좋아해서 등원 시 그 문제로 어머니와 다툼이 종종 있다. 꾸준한 안전교육으로 위험에 대처하는 방법에 대해 알고 있다.
교수계획	▪ 놀이 시 안전사고에 대해 이야기를 자주 나누고 다양한 교수방법으로 지각하도록 돕는다. 안전교육으로 올바른 스마트폰 사용법, 안전사고 대처법을 역할극 등을 이용하여 기억할 수 있도록 꾸준히 교육한다.

CHAPTER

06 사건표집법

사건표집법은 미리 선택된 행동 범주인 사건을 기록하는 방법으로, 특정 행동이 일어나는 빈도보다는 특정 행동이나 사건이 발생하는 이유에 대하여 이해하고자 할 때 많이 사용된다. 사건표집법은 사건이라 불리는 어떠한 행동의 발생 유무뿐만 아니라 행동이나 사건이 발생하게 되는 원인이나 횟수를 기록하는 방법이다. 따라서 사건표집법은 관찰하고자 하는 행동이나 사건이 얼마나 자주 나타나는지 그리고 왜 나타나는지를 가장 직접적이고 정확하게 반영할 수 있으므로 현장에서 유용하게 사용할 수 있는 관찰법 중의 하나이다.

사건표집법은 어떠한 행동이나 사건의 원인을 알고자 하는 경우에 사용되는 ABC 서술식 사건표집법과 어떠한 행동이나 사건이 얼마나 자주 일어나는지 빈도를 파악하고자 할 때 사용되는 빈도사건표집법이 있다. 빈도사건표집법은 시간표집법과는 달리 관찰 단위가 시간이 아닌 사건이나 행동 자체에 있다. 즉, 사건표집법은 특정 사건이나 행동이 발생할 때에만 관찰하는 방법으로, 관찰목적에 적합한 관찰법을 사용해야 한다. 사건표집법을 활용하기에 적절한 영유아의 행동은 또래 간 갈등, 공격적 행동, 문제행동, 자조행동 등 다양하다.

1 ABC 사건표집법

1) 개념

교실에서 관찰되는 아동들의 행동을 보면 교사는 원인이 무엇인지 궁금증을 가지게 된다. 사건표집법은 관찰되는 행동에 대하여 왜 그런 행동을 하는 것인지, 얼마나 자주 일어나는지, 그 행동의 동기는 무엇인지 등에 대한 행동의 원인과 심각성에 대한 정보를 얻을 수 있다. 이처럼 드러나는 행동의 이면에 다양한 이유가 있을 수 있으므로 관찰자는 그 행동에 대한 원인을 인식하고 적절한 지도를 할 수 있다.

ABC 사건표집법의 중심은 '사건(events)'이며 이 사건은 미리 선택된 행동 범주이다. 보통 한 아동에게 초점을 맞추지만 동시에 여러 명의 아동을 관찰하기 위해 사용되기도 하며 행동이나 사건이 발생하기를 기다렸다가 발생하면 일정한 형식에 따라 행동 순서를 자세하게 기록한다. 그리고 시간표집과 다르게 관찰 단위가 시간이 아니라 행동이나 사건 자체에 있으며 필요하다면 사건 이전의 상황을 기록한다.

ABC 사건표집법을 활용하기 적합한 아동의 행동으로는 또래 간의 갈등과 문제행동, 자조행동, 분류기술 행동 등이 있다. 그리고 관찰행동을 단순하게 기록하도록 부호화를 활용할 수 있다.

ABC 사건표집법은 벨과 로우(Bell & Low, 1977)가 자연스러운 상황에서 일어나는 행동의 원인과 결과를 알 수 있도록 고안한 기록방법이다. 관찰하고자 하는 사건이나 행동이 일어나기 전의 상황(Antecedent Event: A)과 행동 그 자체(Behavior: B), 결과(Consequence: C)의 순서대로 기록한다. 이러한 사건표집법의 일반적인 특성은 단순히 어떤 행동의 발생 유·무만을 관찰하기보다는 행동이나 사건이 발생하기를 기다렸다가 관심을 가진 행동이나 사건이 일어나면 일정한 형식에 따라 행동의 순서를 자세하게 기술하는 방법이다. 즉, 관찰되는 행동이 얼마나 자주 일어나는지, 그런 행동이 얼마나 지속되는지, 그런 행동의 동기는 무엇인지와 표집 행동의 원인이나 행동의 심각성에 대한 정보를 얻을 수 있는 것이며 그런 특성으로 필요하면 사건 이전의 상황도 기록할 수 있다.

2) 장점과 단점

ABC 사건표집법의 장점과 단점	
유형	내 용
장점	▪ 자연적 상황에서 일어난 사건의 전후관계를 그대로 기록하므로 관찰된 행동의 맥락과 배경을 알 수 있다. ▪ 관찰행동의 범위의 제한이 없으므로 여러 종류의 사건과 행동을 관찰할 수 있으며 자주 발생하는 행동도 관찰될 수 있다. ▪ 아동을 개별적으로 관찰할 수 있으므로 개인에 대한 질적인 정보를 제공 받고 개별화된 교수전략을 세울 수 있다. ▪ 아동 행동의 이해를 도우며 개별적 질적 정보를 자세하게 제공한다. ▪ 정기적으로 자주 일어나지 않는 행동연구가 가능하다. ▪ 여러 종류의 행동이나 사건을 관찰할 수 있어 종류가 다양하고 행동범위에 제한이 없다. ▪ 아동 행동이나 사건이 일어나게 된 경위와 결과를 자연스러운 상황에서 관찰할 수 있다.
단점	▪ 관찰한 자료를 수량화하기 어렵기 때문에 신뢰도 측정이 어려우므로 신뢰도 면에서 문제가 제기 될 수 있다. ▪ 관찰자가 미리 어떤 결론을 내리고 관찰한다면 주관적인 관찰이 될 수 있으므로 객관적인 초점을 가지고 관찰한다. ▪ 관찰하고자 하는 행동이나 사건을 기다려야 하므로 관찰시간을 예측하기 어렵다. ▪ 다른 서술형 관찰법과 마찬가지로 시간과 노력이 많이 필요하다. ▪ 관찰된 자료를 수량화하기 어렵다.

3) 관찰지침

관찰하려는 행동이나 사건을 명확하게 조작적 정의를 내린다. 예를 들어 공격적인 행동을 관찰할 때 공격적인 행동의 조작적 정의는 또래에게 해를 가하는 언어적, 신체적 공격으로 때리기, 물기, 꼬집기, 뺏기, 욕하기 등으로 행동을 정의한다.

관찰자는 관찰하고자 하는 행동이나 사건의 성격에 따라 관찰시간, 장소 및 기간을 정한다. 개별활동과 집단활동 중에서 어느 쪽이 더 공격적인 행동을 관찰하기 적합하다고 생각하는지, 어느 시간이 적당한지, 어떤 영역에서 더 자주 관찰될 것인지를 판단할 수 있을 것이다.

ABC 사건표집법은 행동특성을 자세하게 기록해야 하기 때문에 녹음기나 비디오 또는 영상기록매체를 사용하면 도움이 된다.

- 사건과 행동의 원인, 빈도, 지속성, 심각성 등 관찰이유에 대해 생각한다.
- 행동범주에 대한 조작적 정의와 범주 유형을 선택하고 기록한다.
- 관찰시간과 장소 및 기간을 검토한다.
- 정확하고 상세하게 기록한다.
- 객관적인 기록을 바탕으로 요약과 분석 그리고 그 근거로 추론한다.

4) 관찰기록 양식

관찰양식지는 관찰자가 사용하기 편리하도록 만든다. 그리고 사건, 사건 전 행동, 사건 후 행동을 기록할 수 있도록 충분한 여백을 두는 것이 좋다.

ABC 사건표집법 관찰양식			
관찰아동	○○○	생년월일	년 월 일
관찰자	○○○	관 찰 일	년 월 일
관찰행동			
시간	사건 전	사건	사건 후
요약 및 평가			
교수지원계획			

5) ABC사건표집 관찰기록 예시

ABC 사건표집 관찰 예시는 현직 유치원 교사와 학교 상담교사가 작성한 기록이다.

ABC 사건표집법 관찰양식 예시 1			
관찰아동	김○○	**생년월일**	만 5세(남)
관찰자	교사	**관 찰 일**	년 월 일
관찰행동	자유놀이 시간에 블록 영역에서 보이는 공격적 행동(부정적 행동)		
시간	**사건 전**	**사건**	**사건 후**
08:50~09:00	○○가 유치원에 도착했다.	혼자서 종이 벽돌을 쌓아 올리는 놀이를 한다.	다른 친구들의 등원 맞이를 하고 있는 선생님께 집을 쌓았다고 자랑한다.
09:00~09:10	옆에서 놀고 있던 □□이가 ○○가 만든 벽돌 울타리로 들어가려고 한다.	○○는 길쭉한 노란 레고자동차를 □□이에게 던지면서 "내가 한 거야, 하지 마"라고 했다.	그래도 □□이가 그만두지 않자 노란 레고자동차를 주워 와서 옆에서 그림책을 보고 있는 △△에게 던진다.
요약 및 평가	▪ 언어인지발달: 말은 이해하지만 행동을 자제하지 않고 공격적인 행동으로 일관하는 아동은 말로 자신의 감정을 표현할 수 있도록 지도한다. ▪ 사회발달: 자신의 물건이 아닌 공동의 물건을 배려하며 기다리고 갈등을 해결할 수 있도록 도와준다.		
교수지원계획	▪ 각각의 영역에서의 놀이를 할 때에는 서로가 규칙을 지키며 기다렸다 할 수 있도록 도와주며 자신이 하려던 놀이에 친구들과 함께 참여하려면 어떻게 해야 하는지에 대해서도 알려준다. ▪ 친구들과 상호관계를 잘할 수 있도록 표현방식을 가르쳐준다.		

ABC 사건표집법 관찰양식 예시 2			
관찰아동	박○○	**생년월일**	만 6세 (여)
관찰자	교사	**관 찰 일**	2021. 5.14.
관찰행동	보드게임		
시간	**사건 전**	**사건**	**사건 후**
13:10	○○와 □□가 보드게임을 한다.	□□가 주사위를 멀리 던져 옆에 있던 놀잇감을 맞히게 된다.	○○는 주사위의 숫자를 확인하고는 주사위를 멀리 던진 것에 대해서 □□에게 화를 낸다.
13:15	○○는 □□의 주사위를 확인하고 □□의 어깨를 밀쳤다.	○○는 □□ 어깨를 밀치고 □□는 넘어지면서 △△를 밀친다.	○○와 □□가 넘어진 △△를 보고, △△는 일어나서 가버린다.
13:20	○○와 □□는 다시 게임을 시작한다.	□□가 주사위를 세게 던지나 멀리 던지지 않는다.	○○가 항의하긴 하나 전처럼 심하진 않는다.
13:25	이번에는 ○○가 주사위를 던지고 말을 옮긴다.	게임을 하던 도중 정리하는 소리를 듣는다.	놀이를 그만두고 놀이도구들을 바구니에 정리한다. ○○는 정리를 거들 뿐 정리를 제대로 하지 않는다.
요약 및 평가	▪ 주사위를 멀리 던지는 것에 대해 항의하면서도 숫자를 직접 확인하는 것으로 볼 때 ○○는 게임의 공정성에 대해 중요하게 여기는 것 같다. ▪ 다투는 도중 △△가 넘어져도 사과하지 않는 것으로 볼 때 ○○는 자신이 밀친 게 아니라 □□가 넘어지면서 말이 넘어진 것을 보고 관여하지 않고 무관심해 보인다.		
교수지원계획	▪ ○○에게 때론 친구의 실수를 어떻게 이야기를 해야 하는지 안전교육을 통해 지도한다. ▪ 놀이도 중요하지만 넘어진 친구에게도 관심과 친구와의 소통을 어떻게 가지는 게 좋을지 이야기해 본다.		

ABC 사건표집법 관찰양식 예시 3			
관찰아동	이○○	**생년월일**	만 6세(남)
관찰자	교사	**관 찰 일**	
관찰행동	친구를 때리는 행동		
시간	**사건 전 (antecedent)**	**사건 (behavior)**	**사건 후 (consequence)**
3월 8일	우리학교의 시설들을 모둠별로 돌아보고 있었다.	○○는 체육관 앞에 놓여 있는 농구공을 벽에다 발로 찼다. 튕겨 나오는 공에 뒤에 있던 □□가 어깨를 맞고 넘어졌다.	농구공은 발로 차는 것이 아니고 손으로 던지는 것이라고 알려준다.
3월 9일	쉬는 시간에 가 분홍색 색종이로 튤립을 접고 있을 때 □□가 옆에 △△와 나도 같이 하고 싶다고 하자 △△가 노란색 색종이를 주었고 같이 접고 있었다. ○○도 같이 하자면서 다가왔고 △△는 빨간색 색종이를 주었다.	○○는 난 빨간색 말고 분홍색 색종이 하고 싶어 했다. △△는 "분홍색 이거 한 장뿐이야"라고 했더니 △△ 것을 뺏으면서 "이거 주면 되잖아" 했고 △△가 "안 돼." 하면서 손바닥으로 가리자 ○○는 "쳇, 그럼 난 안 해"라며 앉아 있는 △△ 허벅지를 차고 떠나버렸다.	△△가 왜 발로 차냐면서 일어나 ○○를 향해 소리를 질렀다. 선생님께서 돌아보고 ○○에게 발로 친구를 차는 것은 폭력이므로 다시는 그러지 말라고 지도한다.
3월 11일	등굣길에 □□가 교문에 들어가고 있는 데 ○○가 뒤에서 같이 가자고 하면서 불렀다. 돌아보니 ○○가 턱스크를 하고 달려와 손을 잡았다.	□□가 ○○ 손을 뿌리치며 마스크 바로 써야지 했다. ○○가 이 정도면 괜찮아 하면서 □□를 발로 찼다.	공중도덕을 지키고, 친구를 발로 차지 말아야 하는 것을 알려준다.
3월 17일	◇◇ 엄마가 일이 생겨서 ○○랑 같이 ○○ 엄마가 학교까지 데려다주었다. 학교 가는 길에 ○○가 마스크를 벗고 뛰어가서 ◇◇가 "야, 마스크 벗으면 안 돼."라고 했다.	뛰어가던 ○○가 되돌아오더니 "니가 뭔데"라며 ◇◇ 엉덩이를 발로 찼다.	○○ 엄마가 마스크를 써야 하는 이유를 다시 알려주었다.
3월 19일	○○ 엄마가 학교에 데려다준 것이 고마워서 ◇◇ 집에서 엄마들은 차를 마시고 ○○랑 ◇◇는 ◇◇ 방에서 그림책을 읽고 있었다.	○○가 갑자기 ◇◇가 읽고 있는 그림책을 읽고 싶다면서 뺏어가려고 하여 ◇◇가 감추자 "내놔" 하면서 ◇◇ 어깨를 발로 찼다.	다른 책을 읽고 ◇◇가 다 읽으면 그 책을 읽으라고 알려주었다.
요약 및 평가	▪ 자신의 감정이나 정서를 조절하는 능력이 부족해 보임 ▪ 친구들과 언어적 상호작용 능력이 부족하며, 타인이해와 공감능력이 부족함 ▪ 발로 차는 행동이 잘못된 행동이라는 것을 인식하고 있으나, 감정 통제가 어려움		
교수계획	▪ 집이나 학교 등 다른 사람과 있을 때는 지켜야 할 규칙이 있음을 지도 ▪ 자신의 감정을 언어로 표현하는 방법 지도 ▪ 친구를 발로 차면 친구는 어떤 기분일지 생각해 볼 수 있도록 지도		

앞의 예시3에서 제시된 ABC 서술식 사건표집법을 사용한 관찰내용을 통해 관찰이 3월 8일 초등학교 입학 시점부터 발로 차는 특정 행동을 누가적으로 기록한 것으로 자료를 통해 발생횟수를 알 수 있다(사건표집법 자체로는 수량화하기 어려운 ABC 서술식 사건표집법의 단점 보완).

관찰자가 관찰대상 아동 ○○의 물건이나 친구를 발로 차는 행동이 일어나기 전의 상황과 행동이 어떻게 전개되었는지, 행동 발생 후의 대처에 대하여 자세히 기술함으로써 발로 차는 행동의 발생횟수뿐만 아니라 관찰대상 행동이 일어난 전후의 맥락에 대한 정보를 제공하고 있다.

2 빈도 사건표집법

1) 개념

빈도사건표집법은 관찰자와 교사가 관심을 가지는 행동을 사전에 정해두고 그 행동이 발생할 때까지 기다렸다가 미리 정해진 범주의 양식지를 가지고 빈도를 기록하는 방법이다. 선별된 행동이나 상황이 얼마나 자주 일어나는지를 알아보는 주제 중심의 관찰방법이다. 즉, 도표를 가지고 미리 정해진 범주의 행동이 일어날 때마다 기록하는 방법으로 선별된 행동이나 상황이 얼마나 자주 일어나는지를 알아보는 주제 중심의 관찰방법이다.

빈도사건표집법 관찰목적은 바람직하지 못한 행동을 변화시키는 것으로 부정적이거나 기대되는 행동의 발생여부나 지속성, 심각성 등을 알아보기 위한 방법으로 이용한다.

2) 장점과 단점

빈도사건표집법의 장점과 단점	
유형	내 용
장점	▪ 관찰자가 보고자 하는 행동을 기다렸다가 관찰을 기록하면 되므로 적용가능한 관찰행동의 범위가 넓다. ▪ 미리 정해진 범주의 행동이 나타날 때 세부사항 기록 없이 체크 표시만 하면 되므로 기록이 편리하다. ▪ 관찰기록 결과가 빈도로 표시되므로 쉽게 요약될 수 있고 통계적인 분석으로 제시될 수 있는 자료를 제공해 준다. ▪ 특정한 사건이 발생할 때에만 기록하므로 시간이 절약된다.
단점	▪ 새로운 범주체계를 만드는 데 작업이 힘들다. ▪ 관찰하고자 하는 행동의 일어난 빈도만 기록하기 때문에 출현 행동의 원인을 알아내는 데는 적합하지 못하다. ▪ 행동이나 사건에 대한 양적인 자료는 제공해 줄 수 있으나 행동의 변화 과정과 같은 질적 정보를 제공해 주지 못한다.

3) 관찰지침

빈도사건표집법은 표집되는 행동의 단위를 범주화하는 것이 필요하다. 이미 개발된 범주체계가 있다면 그대로 사용할 수 있지만 새롭게 구성한다. 범주체계 설계는 다음과 같다.

① 관찰하고자 하는 행동과 조작적 정의를 내리고 적절한 주제 선정
② 주제와 관련된 선행 연구들 고찰하기
③ 범주체계 형성
④ 관찰기록지 양식을 만들기
⑤ 예비관찰 후 기록지를 수정
⑥ 관찰자 간의 상호 일치도 확인

범주체계

- 그림 모으기: 자기만의 독특한 영상적 분류
  ex) 아이가 자동차를 좋아하면 여자 인형과 차를 같이 모으고 남자 인형은 수레와 함께 분류한다.
- 동일성에 의한 분류: 동일한 대상으로 분류
  ex) 같은 컵, 그릇, 접시끼리 분류
- 유사성에 의한 분류(실수): 한 가지 속성으로 유사한 대상을 분류하는 데 한두 가지 실수를 한다. ex) 정사각형과 직사각형을 분류하는 데 완전하지는 않다.
- 유사성에 의한 분류: 유사한 대상들을 한 가지 속성에 따라 정확하게 분류한다.
- 분류 재분류: 한두 가지 방식 이상으로 사물들을 분류 재분류할 수 있다.
  ex) 단추를 구멍수에 따라 분류할 수 있고, 모양에 따라 분류할 수 있다.

빈도사건표집을 설계하고 사용하기

1. 살펴보고자 하는 적절한 주제 선정과 관찰 질문을 구성(사건에 대한 조작적 정의)한다.
2. 교육의 현장에서 주제를 적용해 보고 그와 관련된 선행 연구들을 고찰해 보라.
3. 범주체계를 형성하라.
   - 수평적, 수직적 범주의 세트 만들기
   - 각 범주의 세트를 조작적으로 정의
   - 체계를 선택: 기호 혹은 범주
   - 범주 코드가 필요한지를 결정
4. 기록 양식을 설계하라, 머릿글과 표를 사용하라.
5. 기록지를 예비 사용해 보고, 필요하다면 수정하라.
6. 관찰자 간의 상호 일치도를 확인하라.

※ 조작적 정의: 추상적인 개념을 측정 가능한 구체적인 현상과 연결시키는 (Operationalization) 과정

4) 관찰기록 양식

<table>
<tr><th colspan="6">빈도사건표집법 관찰양식</th></tr>
<tr><td>관찰아동</td><td colspan="2">○○○</td><td>생년월일</td><td colspan="2">년 월 일</td></tr>
<tr><td>관 찰 자</td><td colspan="2">○○○</td><td>관 찰 일</td><td colspan="2">년 월 일</td></tr>
<tr><td>관찰행동</td><td colspan="5"></td></tr>
<tr><td>조작적 정의</td><td colspan="5"></td></tr>
<tr><td>영역</td><td></td><td></td><td></td><td></td><td></td></tr>
<tr><td></td><td></td><td></td><td></td><td></td><td></td></tr>
<tr><td></td><td></td><td></td><td></td><td></td><td></td></tr>
<tr><td></td><td></td><td></td><td></td><td></td><td></td></tr>
<tr><td></td><td></td><td></td><td></td><td></td><td></td></tr>
<tr><td></td><td></td><td></td><td></td><td></td><td></td></tr>
<tr><td></td><td></td><td></td><td></td><td></td><td></td></tr>
<tr><td></td><td></td><td></td><td></td><td></td><td></td></tr>
<tr><td>요약 및 평가</td><td colspan="5"></td></tr>
<tr><td>교수지원계획</td><td colspan="5"></td></tr>
</table>

5) 관찰기록 예시

빈도사건표집 관찰 예시는 현직 유아교사들이 교육기관 현장에서 관찰하여 기록하였다.

<table>
<tr><th colspan="6">빈도사건표집법 관찰 예시 1</th></tr>
<tr><td>관찰아동</td><td colspan="2"></td><td>생년월일</td><td colspan="2">만 5세(여)</td></tr>
<tr><td>관 찰 자</td><td colspan="2"></td><td>관 찰 일</td><td colspan="2">년 월 일</td></tr>
<tr><td>관찰행동</td><td colspan="5">놀이 중에 나타나는 공격적 행동</td></tr>
<tr><td>조작적 정의
(지침)</td><td colspan="5">① 아동이 아래의 활동영역에서 분류 활동을 보였을 때 행동하는 칸에 / 로 표시한다.
② 영역을 더 줄이거나 늘리거나 관찰하고 싶은 영역을 선택하여 선택적으로 관찰한다.</td></tr>
<tr><td>성공/실수
영역</td><td>또래와의
상호작용</td><td>놀림</td><td>도중포기</td><td>던지기</td><td>장난</td></tr>
<tr><td>적목놀이영역</td><td></td><td></td><td></td><td></td><td></td></tr>
<tr><td>조형놀이영역</td><td>/////</td><td>///</td><td></td><td>////</td><td></td></tr>
<tr><td>요약 및 평가</td><td colspan="5">○○는 놀이 중 또래와의 상호작용 기술이 매우 부족하며, 놀잇감을 던지거나 또래를 놀리는 등 공격적 행동을 하였다.</td></tr>
<tr><td>교수지원계획</td><td colspan="5">▪ 감각적 교구를 제공하여 진정시킨다.
▪ 짧게 말한다.
▪ 비공격적일 때 칭찬한다.
▪ 일관적으로 대한다.</td></tr>
</table>

<table>
<tr><th colspan="6">빈도사건표집법 관찰 예시 2</th></tr>
<tr><td>관찰아동</td><td colspan="2"></td><td>생년월일</td><td colspan="2">만 5세(남)</td></tr>
<tr><td>관 찰 자</td><td colspan="2"></td><td>관찰일(시간)</td><td colspan="2"></td></tr>
<tr><td>관찰행동</td><td colspan="5">놀이 중 부적응 행동(놀림, 던지기, 뺏기, 소리지르기, 꼬집기)</td></tr>
<tr><td>조작적 정의</td><td colspan="5">부적응 행동을 보였을 때 행동하는 칸에 / 로 표시한다.</td></tr>
<tr><td>영역</td><td>토라짐</td><td>놀림</td><td>던지기</td><td>뺏기</td><td>소리지르기</td></tr>
<tr><td>쌓기영역</td><td>/////</td><td>////</td><td>///</td><td>//</td><td>//</td></tr>
<tr><td>미술영역</td><td>/</td><td>//</td><td></td><td>/</td><td>/</td></tr>
<tr><td>역할영역</td><td>///</td><td>//</td><td></td><td>///</td><td>/</td></tr>
<tr><td>수 · 조작영역</td><td>///</td><td></td><td></td><td></td><td></td></tr>
<tr><td>언어영역</td><td></td><td></td><td></td><td></td><td></td></tr>
<tr><td>요약 및 평가</td><td colspan="5">○○는 쌓기영역과 역할영역에서 활동할 시 토라짐, 뺏기, 놀림, 소리지르기 등 부정적 행동이 나타났다.
○○의 부적응 행동은 쌓기영역에서 가장 많이 발생하고 있으며, 반대로 언어영역에서는 부적응 행동이 발생하지 않음을 알 수 있다.</td></tr>
<tr><td>교수지원계획</td><td colspan="5">▪ 놀잇감의 양과 종류를 늘인다.
▪ 언어놀이의 참여 여부와 그에 따른 행동 양상을 관찰해 본다.</td></tr>
</table>

빈도사건표집법 관찰 예시 3

관찰아동		생년월일	만 5세(남)
관 찰 자		관찰일(시간)	
관찰행동	놀이 방해 행동		
조작적 정의	아동이 아래의 활동영역에 해당하는 행동에 V로 표시한다.		

영역	다른 친구 물건 부수기	언어공격	울기	신체적 공격	삐지기
쌓기영역		V			
미술영역			VVV		VV
역할영역	V	VV	V	V	VV
수 · 조작영역		V			
언어영역		V			V

요약 및 평가	역할영역에서 소파에 서로 앉으려고 친구에게 욕을 하고 삐치고 우는 경우가 많고, 미술영역에서 분홍색 색종이를 하고 싶다고 울었다. 반면 쌓기영역과 수 · 조작영역, 언어영역에서는 문제행동이 거의 나타나지 않았다.
교수지원계획	▪ 언어로 자신을 표현하도록 지도한다. ▪ 아동들이 선호하는 색깔을 충분히 제공하고 비공격적일 때 칭찬한다.

빈도사건표집법 관찰 예시 4

관찰아동		생년월일	만 5세(여)
관 찰 자		관 찰 일	년 월 일
관찰행동	역할놀이 중에 나타나는 공격적 행동		
조작적 정의 (지침)	① 아동이 아래의 활동영역에서 분류 활동을 보였을 때 행동하는 칸에 / 로 표시한다. ② 영역을 더 줄이거나 늘리거나 관찰하고 싶은 영역을 선택하여 선택적으로 관찰한다.		

성공/실수 영역	또래와의 상호작용	역할수행	역할에 대한 불만	역할에 맞는 언어	상황에 따른 어휘선택
적목놀이영역					
조형놀이영역	//		//////	//	//

요약 및 평가	○○는 친구 4명과 역할놀이를 하던 중 자신이 맡은 역할에 불만이 많았는 데 계속 한 역할만 하려고 고집을 피웠고, 맡은 역할에서도 역할에 맞는 언어를 구사하지 못하고 마음대로 말하고, 역할 상황에 맞는 어휘를 사용하지 않았고, 상대 역할과 맞지 않게 역할극을 이어가자 친구들이 모두 ○○와 함께 역할놀이를 하지 않으려 했다.
교수지원계획	▪ 감각적 교구를 제공하여 진정시킨다. ▪ 짧게 말한다. ▪ 비공격적일 때 칭찬한다. ▪ 일관적으로 대한다.

<table>
<tr><th colspan="6">빈도사건표집법 관찰 예시 5</th></tr>
<tr><td>관찰아동</td><td colspan="2"></td><td>생년월일</td><td colspan="2">만 3세(남)</td></tr>
<tr><td>관찰자</td><td colspan="2"></td><td>관찰일(시간)</td><td colspan="2"></td></tr>
<tr><td>관찰행동</td><td colspan="5">놀이 중에 나타나는 공격행동
(장난감 부수기, 던지기, 장난감 뺏기, 때리고 꼬집기)</td></tr>
<tr><td>조작적 정의</td><td colspan="5">또래와의 상호작용과 놀이 가운데 일어나는 행동</td></tr>
<tr><td>영역</td><td>또래와의 상호작용</td><td>장난감 부수기, 흩기</td><td>던지기</td><td>장난감 뺏기</td><td>때리고 꼬집기</td></tr>
<tr><td>쌓기영역</td><td>//////</td><td>/////</td><td>///</td><td>//</td><td>/</td></tr>
<tr><td>역할영역</td><td>/////</td><td></td><td>///</td><td></td><td>//</td></tr>
<tr><td>수 · 조작영역</td><td>////</td><td>/</td><td></td><td>//</td><td></td></tr>
<tr><td>미술영역</td><td>///</td><td>//</td><td>/</td><td></td><td></td></tr>
<tr><td>언어영역</td><td>//</td><td></td><td>/</td><td></td><td>/</td></tr>
<tr><td>요약 및 평가</td><td colspan="5">쌓기영역과 역할영역에서는 상호작용이 빈번하게 일어났으나 장난감 무너뜨리기, 던지기, 때리기, 꼬집기가 나타났다. 그리고 수 · 조작영역과 미술영역에서는 상호작용이 활발하게 이루어졌으나 장난감을 흩어 버리기, 뺏기, 던지기가 나타났다. 반면 언어영역에서는 상호작용은 적게 나타났으나 책을 보다가 던지는 행동이 나타났다.</td></tr>
<tr><td>교수지원계획</td><td colspan="5">1단계: 놀이할 때 친구와의 상호작용에서 표현을 알려준다.
2단계: 화가 난 것을 행동으로 먼저 표현하기보다는 언어로 표현할 수 있도록 반복하여 연습하도록 도와준다.
예) "도와줄 수 있겠니?" "내가 필요한데 가져가도 되겠니"라는 표현을 연습하도록 도와준다.
3단계: 언어표현이 잘되는 친구와 놀이를 할 수 있도록 또래 지원자를 만들어 준다.</td></tr>
</table>

CHAPTER

07 시간표집법

1 개념

시간표집법(time sampling)은 관찰하고자 하는 특정 행동이 정해진 짧은 시간 내에 얼마나 자주 일어나는지의 행동 출현 빈도를 수집하는 방법이다. 즉, 짧고 일정한 시간 사이에 선정된 행동이 얼마나 발생하는가를 양적으로 측정하는 방법이다.

시간표집은 미리 선정된 행동을 정해진 시간 동안 관찰하는 것으로 관찰하고자 하는 행동의 유형, 관찰시간, 관찰결과를 기록하는 시간에 따라 시간의 간격이 달라진다. 그러므로 짧은 시간 내에 일정한 간격으로 여러 번 관찰하기 때문에 시간표집의 참여대상 행동이 자주 일어나지 않으면 시간표집법을 진행할 수 없다.

시간표집법은 서술적 기록이 아니므로 사전에 제시된 특별한 관찰기록 용지가 필요하며 관찰자는 관찰행동을 어떠한 부모나 빈도 표시 방법으로 기록할 것인지 결정을 해야 한다.

2 장점과 단점

시간표집법의 장점과 단점	
유형	내 용
장점	▪ 관찰 정의가 분명하므로 다른 관찰방법보다 신뢰도와 객관성이 높음. ▪ 개인행동이나 집단행동 모두를 관찰할 수 있고 한 번에 여러 대상 관찰이 가능하므로 비교적 짧은 시간에 다량의 자료를 수집할 수 있어 효율적. ▪ 관찰을 부호화하여 기록함으로써 시간, 노력, 경비 등이 절약. ▪ 수량화로 통계적 분석이 가능. ▪ 빠르게 일어나는 행동을 체계적으로 관찰하는 데 가장 적합한 방법이며 개인 혹은 집단을 모두 관찰 가능. ▪ 결과자료는 교사와 아동의 행동과 프로그램 평가에 도움이 됨.
단점	▪ 시간이 특수한 행동만을 대상으로 하므로 시간표집에서 얻어진 결과를 토대로 사건 전과 후, 상호작용 패턴, 행동의 인과관계 파악이 어려움. ▪ 자주 발생하는 행동이므로 관찰행동을 선정하기 전에 예비관찰을 통해 어떤 행동이 자주 규칙적으로 일어나는지 미리 살펴야 함. ▪ 시각적 관찰이 가능한 행동(외현행동)에는 적합하지만 비가시적인 내면 감정이나 생각들을 관찰하기에는 부적합. ▪ 수집되는 자료는 양적 자료일 뿐 질적인 분석이 불가능. ▪ 관찰하려는 행동 정의와 범주화, 기록방법은 간편하나 사전 준비가 많음. ▪ 중요한 행동이지만 미리 제시된 유목에 없어서 간과되는 경우도 있음. ▪ 관찰시간 단위에 따라 신호를 줄 초시계나 신호음 등 도구를 사용해야 하는데 불편함.

3 관찰지침

시간표집법의 관찰지침은 미리 표집된 행동만을 정해진 시간 동안 관찰하며, 관찰하고자 하는 행동을 보기 위해 미리 시간의 단위를 정한다. 또한 관찰의 목적, 관찰하는 행동의 특성, 관찰대상, 관찰시간 등에 따라 관찰자가 다양하게 개발하여 사용할 수 있다. 관찰을 기록하는 방법은 3가지가 있다.

관찰기록방법	
구　분	내　용
행동 출현 유무 표시	행동의 출현 유무를 표시할 때는 일정한 시간 단위 내에서 한번이라도 나타났으면 그 빈도와 상관없이 '나타났다'를 표시.
행동이 나타나는 빈도수 표시	행동이 나타나는 빈도 표시하기는 일정한 시간 단위 내에서 행동이 나타날 때마다 세기표(/)로 나타내는 것.
행동 지속시간 추가하여 표시	행동의 지속시간까지 추가하게 되면 보다 자세한 정보를 얻을 수 있음.

범주체계 설계는 다음과 같다.

① 관찰하려고 하는 행동에 대한 조작적 정의를 내린다. 관찰하고자 하는 행동이나 사건을 설명하는 데 쓰이는 용어가 분명하게 정의되어야 한다. 그리고 관찰자는 각 관찰 범주의 정의를 충분히 이해하고 대표적인 예를 기억해야 한다.

② 관찰시간 간격을 결정한다.

③ 관찰횟수와 총 시간 수를 결정한다. 일정한 시간 간격으로 몇 회 관찰할 것인지를 결정하는 것은 대표적인 행동표집을 얻는 데 필요하다고 생각되는 총 시간 수에 따라 달라진다.

④ 관찰행동, 관찰 간격, 횟수, 총 시간 수가 결정한 후 관찰행동의 부호나 빈도 표시 방법을 결정한다. 관찰시간 간격은 관찰하려는 관찰대상 아동의 수나 행동 발생 빈도와 특성에 따라 다르다.

⑤ 관찰대상 아동의 행동을 유(有) 또는 무(無)로 부호화한다.

4 관찰기록 양식

시간표집법 관찰양식			
관찰아동		생년월일	
관 찰 자		관 찰 일	
관찰행동			
관찰시간:			

사회적 행동 / 횟수(시간)	양보하기	배려하기	나누기	돕기
합 계				
요약				
교수계획				

5 시간표집 관찰 예시

시간표집 관찰 예시 1은 가정에서 아동의 엄마가 기록한 것이다.

시간표집법 관찰 예시 1				
관찰아동		생년월일	만 6세(남)	
관 찰 자		관 찰 일		
관찰행동				
관찰시간: 공격행동				
사회적 행동 / 횟수(시간)	동생 때리기	물건 던지기	동생 물건 뺏기	욕하기
1(3분)	☑		☑	☑
2(2분)		☑		
3(3분)				☑
4(4분)				☑
5(5분)	☑			☑
6(3분)	☑			☑
7(3분)	☑		☑	☑
8(2분)		☑		☑
9(2분)				☑
합 계	4	2	2	8
요약	○○이의 공격행동은 욕하기 행동이 주로 나타나는 데 동생 때리기, 물건 던지기, 동생 물건 뺏기 행동과 동시에 일어난다.			

위 관찰은 기관이 아닌 가정에서 보이는 만 6세(초등학교 1학년)의 공격행동을 엄마가 객관적으로 관찰한 것으로 교사의 관점에서 관찰된 내용보다 그 의미가 크다. 이는 부모는 자녀를 객관적으로 평가하기가 어렵기

때문이다. ○○이의 공격행동은 보통 저녁을 먹고 난 후 책을 읽어야 하거나, 학습을 해야 할 경우(아버지는 퇴근이 늦은 편임) 주로 공격행동이 관찰된다고 아동의 엄마가 보고한 관찰내용이다. 위에 제시된 행동관찰은 약 10분에서 30분 사이에 가장 많이 발생한 때(저녁 시간)이며, 하루 종일 일어나지는 않는다.

시간표집 관찰 예시 2는 예비 유아교사가 '학교현장실습' 중에 기록한 것이다.

시간표집법 관찰 예시 2

관찰아동			생년월일	만 4세(여)
관 찰 자			관 찰 일	
관찰행동				
관찰시간:				
사회적 행동 / 횟수(시간)	손가락 빨기	손톱 물어뜯기	머리 긁적이기	코 파기
09:00~09:20	O			
09:20~09:40	O	O		
09:40~09:50		O		O
12:00~12:10			O	O
12:10~12:30			O	
12:30~12:50			O	
17:00~17:10	O			
17:10~17:20		O	O	
17:20~17:30		O	O	O
합 계	3	4	5	3
요약	○○는 머리 긁적이기 행동이 주로 나타나는 데 하나의 활동이 끝나고 전체가 활동을 마무리하기 위해 기다려야 하는 정적인 분위기에서 많이 나타난다. 손가락 빨기, 머리 긁적이기, 코 파기가 발생하며 이는 동시에 발생하기도 한다.			

영화를 통해 보는 행동관찰 | 지상의 별처럼(Like Stars on Earth)

이 영화는 인도 영화로 난독증 아이의 행동관찰을 통해 세상의 별로 만든 영화이다.

줄거리

주인공 이샨은 8살로 초등학생인데, 숫자들이 눈 앞에 날아다니고 물속의 물고기가 눈 속에 들어와 친구가 되기도 하므로 글씨를 읽기가 힘들다. 그런 이샨을 부모님과 선생님은 문제아로 낙인찍고, 친구들은 이상한 소리를 낸다고 따돌린다. 이런 이샨을 부모님은 문제를 바로 잡기 위해서 더 엄격한 기숙학교로 보내게 된다. 힘겨운 시간을 보내던 이샨은 한줄기 빛과 같은 니쿰브 선생님을 만나고, 난독증을 이해하고 내면의 탁월성을 발견하게 된다는 이야기이다.

'지상의 별처럼' 영화를 통해서 아동의 행동관찰이 얼마나 중요한 것인지에 대한 메시지를 전달받을 수 있다. 아이의 상황을 이해하고 적절한 반응을 보이는 니쿰브 선생님이 이샨의 난독증을 발견하는 과정을 따라가 보면서 세상 모든 아이들에게 '니쿰브'가 되어 줄 수 있기를 바란다. 우리 아이들도 제2의 아인슈타인, 피카소, 처칠, 레오나르도 다빈치, 베토벤, 월트디즈니가 되어 자신의 재능을 마음껏 펼칠 수 있게 하기 위해서이다.

행동

주인공 이샨은 운동, 숙제, 공부 등 학교에서 하는 모든 활동이 부진하여 친구들에게 놀림을 받고 선생님들께 미움을 받으며 아버지께도 혼이 난다.
선생님께서 글을 읽으라고 하지만 이샨은 글자가 춤을 춘다고 하였고, 선생님께서는 글자가 춤을 추는 대로 읽으라고 하자 "아랄랄라라라라라라"라고 표현했고 친구들은 웃었고, 선생님은 수업에서 제외시켰다. 그러므로 학교 가기가 무서워서 형에게 부모님 대신 조퇴서를 작성해 달라고 하여 무단결석을 해 버린다. 결국 기숙학교로 보내지게 된다.

관찰

기숙학교에 '니쿰브' 미술선생님이 새로 오게 되었고 미술 시간에 그림을 그리라고 했지만 이샨 혼자만 그림을 그리지 않았다. 니쿰브 선생님은 마음이 걸려서 이샨의 짝꿍에게 이샨에 대하여 물어보고 그동안 쓴 노트를 읽어보고 이샨은 난독증 때문에 글씨를 헷갈려 했고 다른 증상도 보였을 것이라고 부모님과 면담을 하게 되었다.

지도 방법

니쿰브 선생님은 자신이 이샨을 가르치겠다고 교장 선생님께 허락을 받고 글을 가르쳐 준다. 이에 이샨은 글을 읽고 쓰고를 잘할 수 있었다. 또한 이샨은 원래 그림 그리기를 좋아했지만 자존감이 낮아져 그림도 그리지 않았으나 니쿰브 선생님의 노력으로 다시 그림을 그리기 시작하였고 미술대회에서 큰 상을 받게 된다.

니쿰브 선생님은 이샨의 자존감을 높이기 위해 "너는 시의 진짜 의미를 말한 것이고 다른 아이들은 그냥 외운 것을 말한 것이야" "세상은 네가 만드는 것, 그것은 보는 사람의 눈에 달린 것, 네 마음을 자유롭게 해, 날개를 펴고 색깔을 마음껏 입히고 이제 네 꿈을 펼쳐 봐"라고 하였다.

이러한 니쿰브 선생님의 행동관찰은 이샨을 하늘의 별보다 더 빛나는 세상의 아이로 재탄생시켰다.

PART III

행동연구방법

“

네 장미가 소중한 이유는 네가 장미를 위해
들인 시간 때문이야.
- 생텍쥐페리 <어린 왕자> 중

출처: 영화 <어린왕자(The Little Prince)>(2015) 스틸컷. | IMDb

CHAPTER

08 조사연구

조사연구는 사회과학 분야에서 빈번하게 사용되고 있는 연구방법으로서 어떠한 현상에 대해 알아보기 위한 연구방법이다.

조사연구의 유래는 고대 이집트에서 농산물의 수확량의 현황을 파악하고 인구조사 후 세금 부여를 위한 목적으로 사용되었다고 알려졌으며, 이후 20세기 사회학자들이 자료의 수집, 수집된 자료를 통계적인 방법으로 분석, 결과의 논리적인 도출 및 해석으로서 조사연구의 방법을 발전시켜 현재까지 사용되고 있다.

조사연구는 사람들의 태도, 특성, 의견 등의 이전 경험들에 대한 정보를 수집하는 방법이며, 이에 대한 대표적인 방법으로 질문지법과 면접법이 있다. 따라서 조사연구의 여러 가지 연구방법들 중 가장 많이 활용되고 있는 질문지법과 면접법에 대해 알아보도록 하겠다.

1 조사연구의 절차

조사연구 수행의 자료는 연구대상의 응답에 의존하기 때문에 적절한 반응을 이끌어 내기 위한 질문을 하지 못했을 경우나 집단을 대표할 수 있는 연구대상의 선정이 이루어지지 못했을 경우 오류가 발생하게 된다. 그러므로 조사연구에서는 질문의 방법과 연구대상의 선정과정은 연구의 질을 결정하는 중요한 요소라 할 수 있다(이은해 외, 2006).

조사연구의 일반적 절차는 다음과 같다.

- 연구문제 확인: 먼저 연구자의 관심 분야에서 연구문제를 선정하고, 그에 따른 연구목적과 연구문제를 구체화하는 작업이 이루어져야 한다. 연구문제는 충분한 이론적 배경을 통해 도출되어야 하며, 이에 따라서 조사할 영역과 구체적인 조사의 내용이 정해진다. 그러므로 연구자는 자신이 연구하고자 하는 연구의 목적과 연구문제에 대해 충분한 검토가 이루어져야 한다.
- 조사설계 수립 및 연구대상 선정: 연구문제에 따라서 조사대상을 선정하고, 모집단의 선정이 어려우므로 표집대상의 선정에서 표집의 오류를 범하지 않도록 구체적인 표집방법을 계획하여 자료수집의 방법과 절차를 계획한다. 조사에 필요한 설문지나 면접지를 개발하고, 조사에 소요되는 시간과 경비, 일정을 계획한다.
- 측정도구의 선정 및 조사 실시: 연구자가 질문지를 개발하여 연구할 경우 연구변인에 대한 타당성과 신뢰도의 확보를 위하여 예비조사를 실시한 다음 본조사를 실시해야 한다. 또한 이 단계는 연구과정에서 가장 많은 시간과 노력이 소요되며, 질문지의 신뢰도를 높이기 위한 방법으로 응답자의 성실한 답변을 위한 적절한 독촉과 보상물이 필요하다.
- 자료분석 및 보고서 작성: 수집된 설문지 자료를 입력하고, 불성실한 답변이나 불완전한 자료의 검토가 수반되어야 하며, 연구문제에 따른 적합한 통계분석을 함으로써 연구문제를 검증한다. 마지막으로 분석된 결과에 기초하여 연구보고서를 작성하며, 보고서에는 조사결

과뿐만 아니라 연구의 목적, 연구문제, 연구방법 등이 모두 제시되어야 한다.

2 질문지법(questionnaire method)

질문지법은 조사연구에서 가장 많이 사용되고 있는 조사연구의 방법으로서, 제시된 일련의 질문들을 응답자 스스로 응답하도록 하고 이 자료를 수집하는 방법이며, 연구대상의 성격 등을 비롯하여, 가치관, 태도, 생각이나 삶에 대한 신념 등에 대한 자료를 수집할 수 있다.

1892년 교육 심리학자인 홀(Hall, G. Stanley)이 보스턴에서 '입학할 당시 아동의 심리적 내용'에 관한 연구를 하면서 사용하기 시작했으며, 이는 교육 심리 분야뿐만 아니라 사회 조사, 심리 검사 전반에 널리 사용되고 있다.

질문지법은 실시함에 있어 다수를 대상으로 단시간에 조사가 가능하다는 편리성 때문에 다른 연구방법(관찰이나 실험 등)과 함께 병행되어 사용되기도 한다.

질문지법을 통한 연구를 진행하기 위해서는 사전에 질문 문항 제작을 위한 기본적인 지식을 갖추어 이에 따른 충분한 조사가 이루어진 후 사용해야만 타당하고 객관적인 자료를 얻게 된다(조성연, 이정희, 황혜정, 2008).

구체적으로 고려해야 할 사항은 다음과 같다.

- 질문지를 통한 자료의 수집이 연구에 필요한 정보인가의 명확성
- 연구하는 목적에 적합한 모집단을 대표하는 표본집단의 선정
- 연구목적에 대한 충분한 설명과 적극적인 참여유발을 독려

- 질문지의 앞장에는 응답자의 협조를 구하는 협조문(연구의 목적과 의의에 대한 간략한 설명, 적극적인 응답이 연구의 가치를 높임을 서술)과 마지막 장에는 감사의 뜻을 전하는 말들을 포함시키며, 전체 시간을 30분 이내로 구성

■ 질문지의 문항들은 짧고 명확한 문장과 이해하기 쉬운 어휘로 작성
- 질문지는 응답자가 이해하기 쉽게 지면의 문항 수를 적절히 배치, 적당한 여백이 필요하다.
- 응답하기 쉬운 문항을 먼저 제시하고 어렵고 복잡한 질문을 뒤로 배치한다.

■ 예비조사를 통한 질문 문항의 수정 및 보완

■ 응답의 내용들은 연구목적을 위해서만 사용될 것이고, 전체 문항들은 정답과 오답이 없음을 밝힌다.
- 설문지에는 개인정보가 포함되지 않도록 주의하고, 필요시에는 연구자만 볼 수 있도록 관리할 수 있도록 해야 함(통계법 제3조와 제4조의 개인정보 보호 및 조사를 위해서만 사용한다는 내용을 조사대상자들이 알 수 있도록 한다).

■ 일관성 있는 질문지로 설계된다면 측정 오차는 보다 줄어든다는 점을 인식해야 한다.

TIP 사전조사(pretest)란?

본조사의 실시에 앞서 본조사와 똑같은 조건 하에서 소규모로 구성된 대상자들에게 실질적인 자료를 수집함으로써 설문지의 개선 및 타당성 확보에 용이하며, 보통 학교 학생들을 대상으로 하는 경우 몇 개 학급을 대상으로 실시하여 설문지의 문제점을 학생들에게 물어보고, 통계량을 통해 설문지를 수정한 후 본조사를 실시한다.

〈질문지 표지 예시 1〉

질 문 지

여러분, 안녕하세요?

이 설문지는 여러분이 일상생활에서 경험하는 생각, 태도, 감정 및 심리상태를 알아보기 위한 것입니다. 이 설문지는 시험이 아니며, 맞거나 틀린 답이 없습니다.

그러므로 여러분의 느낌이나 생각에 가장 가까운 답을 하나만 골라 'V' 표를 해 주시면 됩니다.

여러분이 응답한 내용은 선생님이나 부모님, 친구 등 다른 사람들이 절대 알 수 없으며, 개인적인 정보와 사생활에 대한 비밀이 철저하게 보장될 것입니다. 응답 중 단어의 뜻을 모르거나 이해가 안 되는 것이 있으면 손을 들어 언제든지 질문해 주세요.

여러분의 솔직한 대답은 아동의 심리적 어려움 해결에 도움을 줄 수 있는 귀중한 자료로 활용될 수 있도록 최선을 다하겠습니다. 다시 한번 감사드립니다.

0000년 00월
00대학교 00대학원 000전공
연 구 자 000
지도교수 000
E - mail:
010-1238-4567

★ 대답하는 방법 ★

1. 평소 여러분이 생각하고 느낀 자신과 부모님에 대해 가장 가까운 내용에 'V' 표시하세요.
2. 한 문제도 빠뜨리지 말고 해주세요.
3. 문제를 꼼꼼히 읽고 답해주세요. 감사합니다.☺

〈질문지 표지 예시 2〉

한국아동패널

2020년도 한국아동패널 조사 및 참여혜택 안내

안녕하세요, 한국아동패널 조사팀입니다.
한국아동패널 조사가 여러분의 많은 관심과 응원으로 올해 13년차를 맞았습니다.
패널 여러분의 적극적인 참여가 한국 아동의 건강한 성장과 발달을 위한 정책 수립에 큰 기여를 해왔습니다.
지속적으로 조사에 참여해 주셔서 진심으로 감사드리며,
2020년 7월부터 시작되는 한국아동패널 13차년도 조사에도 패널 여러분의 많은 참여 부탁드립니다.

01. 조사 진행 절차

- 본 조사는 담당 조사원이 개별적으로 유선 연락을 드린 후 귀 댁을 방문하여 진행할 예정입니다. 방문에 앞서 우편으로 보내드린 '어머니 질문지', '아버지 질문지'를 미리 작성하셔서 조사원이 방문할 때 전달해 주시기 바랍니다.
- 아동에게 중요한 환경인 학교생활에 대한 조사를 위해 담임 선생님의 조사 참여가 필요합니다. 담당 조사원이 방문할 때, 보호자께서 동의해주시면 담임 선생님께서 온라인으로 조사에 참여할 수 있도록 안내해드리겠습니다.

※ '어머니 질문지'와 '아버지 질문지'의 경우, 배우자와 서로 상의·공유하지 마시고, 다른 가족의 도움 없이 스스로 작성해주시기 바랍니다.

02. 조사 참여 혜택

- 지난 5~6월 사전 연락을 드리고, LG생활건강의 핸드워시·손소독제·소독용티슈 세트를 보내드렸습니다.
- 본 조사시 아동 다요인 지능검사(M-FIT)를 진행하며, 검사결과를 제공해 드립니다.
- 조사 참여에 대한 감사의 의미로 보호자께 3만원권, 아동에게 1만원권 상품권을 드리며, 조사에 참여해주시는 담임 선생님께도 1만원권 모바일 상품권을 드립니다.
- 조사에 참여해주신 모든 분들께 연말 선물을 보내드리고 있으며, 추가로 경품 추첨을 진행하여 선정된 50분께는 푸짐한 상품도 보내드립니다(작년 경품 : 1등 아이패드, 2등 미니 공기청정기, 3등 분리세척 가습기 등)

핫라인(010-9772-2133 : 전화, 문자, 카카오톡)을 통해 이사 정보를 알려주시는 분께는 독일 스테들러사의 트리플러스펜(20색) 세트를 보내드립니다.

연구기관	육아정책연구소 서울시 중구 소공로 70 포스트타워 9층 한국아동패널 연구팀 TEL) 02-398-7729	조사기관	한국갤럽조사연구소 서울시 종로구 사직로 70 한국갤럽 4층 한국아동패널 조사팀 TEL) 02-3702-2612 핫라인) 010-9772-2133

※ 본 조사를 통해 얻어진 정보는 연구 이외의 다른 목적으로는 절대 사용되지 않을 것이며, 개인정보는 통계법(제33조 및 제34조)에 따라 철저하게 보호됩니다.
※ 한국아동패널 홈페이지(http://panel.kicce.re.kr/)에서 자녀 양육에 대한 다양한 정보와 한국아동패널 소식을 확인하실 수 있습니다.

출처: 육아정책연구소(2020). 한국아동 성장발달 종단연구 2020(한국아동패널 II).

1) 질문지법의 자료수집방법

〈표 8-1〉 자료수집방법

질문지법의 자료수집방법	
방 법	내 용
면접조사	면접원이 응답자를 직접 찾아가 조사하는 방법
전화조사	전화를 이용한 자료수집방법(특히 시사적 쟁점이나 여론조사가 널리 사용)
우편조사	질문지를 우편으로 보낸 후, 동봉한 반송용 봉투를 이용하는 방법
집단조사	한 장소에 모여 질문지 교부 후 응답자 직접 기재의 방법
전자조사 (온라인조사)	응답자가 전자설문(고객만족도 조사 등)을 통한 응답 후, 응답한 내용이 조사기관의 서버에 전달되어 체계적으로 기록되도록 하는 방식 ※ 최근 가장 많이 사용하는 방법

2) 질문지법의 형식

질문지의 형식은 응답 형식에 따라 자유기술형, 선택형, 체크리스트형(checking method), 분류형, 등위형(ranking method), 평정척도형(rating scale method), 상호 비교형(method of paired comparison)으로 나눌 수 있다.

(1) 선택형

선택형(choice type) 질문지법은 질문지법의 형식에서 가장 흔하게 사용하는 방법이며, 한 문항에 두 개 이상의 선택지를 주고 응답자에게 적당한 선택지를 선택하도록 하는 방법이다.

선택형 형식은 다수의 문항을 고루 질문이 용이하므로 응답자들의 부담이 다른 질문지법보다 상대적으로 적어서 협조요청이 비교적 쉬우며, 문항표집의 대표성이 높다고 할 수 있다. 그러나 좋은 문항을 제작하는 과정에 시간과 노력이 많이 소요된다는 단점이 있다.

선택형의 예

- 관심 있는 분야(과목)에 체크하세요. (중복체크 가능)
  ☐ 음악 ☐ 미술 ☐ 문학 ☐ 체육 ☐ 사회 ☐ 과학 ☐ 수학

- 검색결과의 유형설정
  ☐ 통합검색 ☐ 국내학술논문 ☐ 학위논문 ☐ 해외학술논문 ☐ 학술지
  ☐ 단행본 ☐ 연구보고서 ☐ 공개강의 ☐ 해외전자자료 ☐ 해외학술지

- 귀하가 배우자를 선택할 때 가장 중요하게 생각하는 것은 무엇입니까?
  ☐ 학력 ☐ 직업 ☐ 성격 ☐ 집안 ☐ 기타( )

- 책을 읽다 보면 마음에 드는 문구들이 있을 텐데요, 여러분은 책을 읽다가 마음에 드는 문구를 발견하면 어떻게 하시나요?
  ☐ 접어 놓는다 ☐ 책갈피로 표시한다 ☐ 따로 적어 놓는다 ☐ 밑줄을 친다
  ☐ 사진을 찍어둔다 ☐ 아무것도 하지 않는다 ☐ 기타

(2) 자유기술형

자유기술형(open or free respond type)은 응답의 형태가 제한이 없이 응답자의 자유로운 표현방식으로 기술하는 방법으로서 이 형식은 대규모 조사보다는 소규모 조사를 위한 조사에 사용되는 방식이라 할 수 있다. 자유기술형 방식은 응답자의 최대한의 자유와 보다 넓은 정보를 취할 수 있다는 장점이 있으나, 이를 객관화하기에 어려움이 있으며 해석 시 편견이나 오류가 작용할 수 있고, 응답자로부터 무응답의 반응이 있을 수도 있다는 단점이 있다.

자유기술형의 예

- 교사로서 교수효능감을 높이기 위해 필요한 교사의 역량은 무엇이라고 생각하나요?

★____

- 교사로서 사회교육의 적령기는 언제이며, 사회교육을 가르쳐야 하는 이유는 무엇이라고 생각하나요?

★____

(3) 평정척도형

평정척도형(rating scale type)은 미리 정해 놓은 문항의 척도에 응답자가 답하도록 만든 방법으로 응답자의 신념, 가치 및 태도 등과 같은 잠재변인을 측정할 때 사용된다. 또한 이 형식은 평가하기 어려운 행동의 특성들을 비교적 쉽게 평가할 수 있다는 장점을 가지며, 다양한 대상에 적용할 수 있고, 노력과 시간이 비교적 적게 들기 때문에 자료수집 조사에 많이 활용되고 있다.

평정척도의 예

- 나는 다른 사람과 가까워지는 것이 매우 편안하다.
  ① 전혀 그렇지 않다　② 그렇지 않다　③ 보통 정도이다
  ④ 대체로 그렇다　⑤ 매우 그렇다

- 당신은 현재 살고 있는 삶에 만족하십니까?
  ① 전혀 그렇지 않다　② 그렇지 않다　③ 보통 정도이다
  ④ 대체로 그렇다　⑤ 매우 그렇다

■ 유아와 함께 놀이할 때 그 유아가 가진 흥미나 관심을 고려하여 상호작용하였다.
① 전혀 그렇지 않다 ② 그렇지 않다 ③ 보통 정도이다
④ 대체로 그렇다 ⑤ 매우 그렇다

■ ○○(이)가 하루 중 어른 없이 집에 혼자 있거나 형제자매끼리만 있는 경우는 몇 시간입니까?
① 없음 ② 1시간 미만 ③ 1시간 이상 2시간 미만
④ 2시간 이상 3시간 미만 ⑤ 3시간 이상 4시간 미만 ⑥ 4시간 이상

출처: 육아정책연구소(2020). 한국아동 성장발달 종단연구 2020(한국아동패널 II) 어머니대상 질문지.

■ 예술경험 영역의 예술적 표현하기 문항내용입니다.

간단한 노래를 듣고 따라 부른다.	상	중	하
리듬악기로 간단한 리듬을 표현한다.	상	중	하
신체를 이용하여 주변의 움직임을 자유롭게 표현한다.	상	중	하
다양한 미술활동을 경험하고, 미술재료와 도구에 관심을 가지고 사용한다.	상	중	하
일상생활의 경험을 극놀이로 표현한다.	상	중	하
예술활동에 참여하여 표현과정을 즐긴다.	상	중	하

(4) 체크리스트형(checklist type)

체크리스트형은 응답자에게 어떤 특성이나 행동을 목록화하여 체크하도록 하는 방법이다. 체크리스트형은 문항들의 세심한 검증을 거쳐 만들어져야 하며, 이 검증을 거쳐 제작된 질문지는 적절성의 여부의 단계를 거쳐서 완성된다. 사용이 간편하고, 짧은 시간 내에 응답이 가능하다는 장점을 지닌다.

체크리스트형의 예

- ○○은 스마트폰이나 휴대폰 등이 있습니까?
  ① 예　　　　② 아니오

출처: 육아정책연구소(2020). 한국아동 성장발달 종단연구 2020(한국아동패널 II) 어머니대상 질문지.

- 나는 처음 만난 사람에게
  적극적으로 다가간다. □　　　　시간을 두고 알아간다. □

- 초등학교 입학준비 체크리스트
  □--- 1. 40분 앉아 있기　　　　□--- 2. 자기 물건 챙기기
  □--- 3. 혼자 화장실 이용하기　　　□--- 4. 책 읽는 습관 만들기

체크리스트		해당란에 ○ 표시		비고
		예	아니오	
협력체계(1)				
■ 비상연락체계 (격리시설-관할 보건소-관할 시·군·구 및 시·도)	마련 및 현행화하였는가			
	눈에 잘 띄는 곳에 비치되어 있는가			
인력 배치 및 관리(4)				
■ 감염관리책임자가 지정되어 있는가				
■ 모든 아동 및 보육교직원에 일일 건강체크를 시행하고 있는가 (발열, 호흡기 증상 등)				
■ 모든 아동 및 보육교직원 대상 감염병예방관리 교육을 수행하였는가				
■ 격리실이 구비되어 있는가				
위생 및 방역 관리(4)				
■ 어린이집은 자체 소독 지침에 따라 매일 소독하고 있는가				
■ 어린이집은 수시로 환기를 하고 있는가				
■ 손세척제와 휴지 등이 충분히 비치되어 있는가				
■ 어린이집 내 마스크, 체온계 등 감염예방 필수물품을 충분히 비치하고 있는가				

기타 특이사항
(자유기술)

* 출처 : 중앙육아종합지원센터(2020). 어린이집 문서 서식 양식.

(5) 등위형

등위형은 순위형이라고도 하며 제시된 보기 중에 일정한 기준에 따라 등위를 매기도록 하는 방식의 질문지법이다. 제시된 보기의 항목이 너무 많으면 응답자가 응답을 하기가 어렵고 오히려 신뢰성이 낮아질 수 있으므로 문항은 10개 이내가 적합하다.

등위형의 예

- 선생님이 생각하시기에 유아사회교육에서 가장 중요하다고 생각하는 것부터 괄호 안에 순서를 매겨주세요.
  ( ) 지식 ( ) 기술 ( ) 태도 ( ) 가치

- 다음 중 귀하가 가장 선호하는 영화장르를 차례대로 순서를 매겨주세요.
  ( ) 코믹 ( ) 공포 ( ) 로맨스 ( ) 액션 ( ) 스릴러 ( ) SF

- 귀하가 배우자를 선택할 때 가장 중요하게 생각하는 것을 차례대로 순서를 매겨주세요.
  ( ) 학력 ( ) 직업 ( ) 성격 ( ) 집안 ( ) 기타( )

- ○○가 스마트폰, PC(인터넷) 등으로 많이 사용하는 것을 차례대로 순서를 매겨주세요.
  ( ) 학습 ( ) 정보검색 ( ) 게임
  ( ) 엔터테인먼트(음악감상, 동영상 감상 등)
  ( ) SNS(카카오톡, 페이스북, 인스타그램, 트위터 등)

출처: 육아정책연구소(2020). 한국아동 성장발달 종단연구 2020(한국아동패널 II). 어머니대상 질문지, 재구성.

(6) 선별형

선별형은 응답자에게 해당하지 않거나 필요하지 않은 질문을 피하기 위해 고안된 질문 형태라 할 수 있다. 이 형태는 응답자에게 있어 불필요한 질문을 피할 수 있다는 장점은 있으나, 선별형 문항이 많을 경우 수집된 자료의 신뢰성에 문제가 있을 수도 있음을 유념해야 한다(정옥분, 2008).

선별형의 예

▪ 1. ○○이는 취미로 연주하는 악기가 있습니까?
① 있다 ⇨ GO 2번　　② 없다 ⇨ GO 3번

▪ 2. ○○이가 연주하는 악기의 종류는 무엇인가요? (모두 선택)
① 피아노　② 바이올린　③ 첼로　④ 우쿨렐레　⑤ 클라리넷
⑥ 플루트　⑦ 오카리나　⑧ 드럼　⑨ 가야금　⑩ 기타 (　　　)

출처: 육아정책연구소(2020). 한국아동 성장발달 종단연구 2020(한국아동패널 II) 어머니대상 질문지.

선택형의 예

▪ 학생부 종합 전형의 학교 현장 대응력을 높이기 위해 현재 가장 역점을 두고 있는 것은 무엇입니까?
① 수행평가 확대와 세부 능력 및 특기 사항 기록
② 선택 과목 다양화 등 교육과정 편성
③ 동아리 활동을 비롯한 창의적 체험 활동
④ 진로 상담 및 체험 프로그램 운영
⑤ 기타 (의견:　　　　　　　　　　)

▪ 질문을 하지 않는 이유는 무엇인가요?
① 관심이 없어서　　② 뭘 물어야 할지 몰라서
③ 나서는 것을 싫어해서　　④ 창피를 당할까 봐
⑤ 답을 듣지 못할까 봐

※ 기타 의견 :

3) 질문지법의 장단점

〈표 8-2〉 질문지법의 장단점

장점	▪ 질문지법의 특성상 면접법보다 시간이나 비용, 노력이 적게 들며, 면접법과 같이 절차상의 기술이 필요하지도 않다. 또한 필요에 따라서는 우편이나 전화, 온라인으로도 조사가 가능하며, 동시에 많은 사람을 집합시켜서도 가능한 방법이다. ▪ 질문지법은 면접법처럼 표준화된 언어의 구성이라든지 질문순서, 지시 등으로 인한 상황에 따라 변하지 않고 질문의 일관성을 유지할 수 있다. ▪ 면접법의 경우 익명성을 보장받기가 어려워 자유롭게 응답하는 것에 장애를 받는 데 반해 질문지법은 응답자가 익명으로 응답이 가능하므로 두려워하거나 꺼려지는 문항이나 견해를 자유롭게 표현하기가 용이하다. ▪ 면접법에서는 응답자의 즉각적인 반응이나 응답을 요하므로 압박감을 느낄 수도 있는 반면, 질문지법은 시간적으로 여유가 있으므로 심사숙고한 결과로 정확한 응답을 할 수 있다. ▪ 관찰법에서는 현재 나타난 행동에 관해서 조사할 수 있으나 질문지법은 응답자의 과거 행동이나 사적인 행위에 대해서 정보를 얻는 것이 가능하다. ▪ 질문지법은 보다 넓은 범위에 걸쳐 보다 쉽게 응답자에게 접근이 용이하다.
단점	▪ 응답자가 보고할 의사를 가지고 있고, 또 보고할 수 있는 소재에 대해서만 원만한 성과를 거둘 수 있다. ▪ 무응답 처리가 많은 결과물에 대해서 통제할 수 없다. ▪ 읽고 쓸 수 있는 능력이 없는 사람이나 이에 따른 장애를 가진 사람에 대해서는 조사가 불가능하다. ▪ 필기에 의한 응답만을 취급하므로 아주 어린 영유아나 비언어적 행위나 개인적인 특성은 자료로 활용될 수 없다. ▪ 필요에 따라서 요지를 설명할 수 없으므로 융통성이 결여되어 있다. 특히 질문지법의 적용 방법 중 하나인 우편조사나 배포조사의 경우 응답자가 질문 내용에 대해 의문을 가지더라도 이를 물어볼 수 있는 기회가 없으므로 정확한 응답을 기대하지 못할 수 있다. ▪ 질문지 회수율이 낮을 경우에 표집의 대표성을 확보하기 어려우며, 응답자가 거짓으로 응답하거나 사회적으로 바람직한 방향으로 응답할 수도 있다.

▶▶ 질문지 작성의 실제

질 문 지

학생 여러분, 안녕하세요?

이 설문지는 여러분이 일상생활에서 경험하는 생각, 태도, 감정 및 심리 상태를 알아보기 위한 것입니다. 이 설문지는 시험이 아니며, 맞거나 틀린 답이 없습니다.
그러므로 어린이 여러분의 느낌이나 생각에 가장 가까운 답을 하나만 골라 'V' 표를 해 주시면 됩니다.
어린이 여러분이 응답한 내용은 선생님이나 부모님, 친구 등 다른 사람들이 절대 알 수 없으며, 개인적인 정보와 사생활에 대한 비밀이 철저하게 보장될 것입니다. 응답 중 단어의 뜻을 모르거나 이해가 안 되는 것이 있으면 손을 들어 언제든지 질문해 주세요.

여러분의 솔직한 대답은 어린이의 심리적 어려움 해결에 도움을 줄 수 있는 귀중한 자료로 활용될 수 있도록 최선을 다하겠습니다. 다시 한번 감사드립니다.

20★★년 ★★월
00대학교 일반(교육)대학원 00전공
연 구 자 000
지도교수 000
E - mail

A. 대답하는 방법

1. 평소 여러분이 생각하고 느낀 자신과 부모님의 관계에 대하여 가장 가까운 내용에 'V' 표시하세요.
2. 한 문제도 빠뜨리지 말고 해주세요.
3. 문제를 꼼꼼히 읽고 답해주세요. 감사합니다.

학년		성별	
5 □	6 □	남 □	여 □

화가 나거나 분노를 느낄 때	전혀 그렇지 않다	그렇지 않다	잘 모르 겠다	그렇다	항상 그렇다
나는 1. 화를 참는다.					
나는 2. 화난 감정을 표현한다.					
나는 3. 말을 하지 않는다.					
나는 4. 사람들에게 인내심을 갖고 대한다.					
나는 5. 뚱해지거나 토라진다.					
나는 6. 사람들을 피한다.					
나는 7. 소리를 지른다.					
나는 8. 냉정을 유지한다.					
나는 9. 문을 쾅 닫아버린다.					
나는 10. 상대의 시선을 피한다.					
나는 11. 나의 행동을 자제한다.					
나는 12. 다른 사람들과 말다툼을 한다.					
나는 13. 아무에게도 말하지 않았지만, 마음속으로는 앙심을 품는 경향이 있다.					
나는 14. 목소리를 높인다.					
나는 15. 화가 나더라도 침착하게 자제할 수 있다.					
나는 16. 속으로 다른 사람을 비판한다.					

화가 나거나 분노를 느낄 때	전혀 그렇지 않다	그렇지 않다	잘 모르겠다	그렇다	항상 그렇다
나는 17. 나 자신이 인정하고 싶은 것보다 화가 더 나 있다.					
나는 18. 대부분의 사람들보다 진정을 빨리 회복한다.					
나는 19. 욕을 한다.					

★ 다음은 여러분의 생각과 경험에 관한 질문입니다. 각 문항의 내용을 잘 읽고 자신의 생각과 가장 비슷한 항목에 'V' 표를 해주시기 바랍니다.

☀ 여러분의 **성실하고 정확한 답변**이 필요해요! ☀

B. 부/모의 의사소통

★ 다음은 여러분의 부모님과의 의사소통에 관한 질문입니다. 각 문항의 내용을 잘 읽고 자신의 생각과 가장 비슷한 항목에 'V' 표를 해주시기 바랍니다.

가정에서 우리 엄마는	전혀 그렇지 않다	그렇지 않다	잘 모르겠다	그렇다	항상 그렇다
1. 주저하거나 망설이지 않고 엄마에게 나의 생각을 말하는 편이다.					
2. 때때로 엄마의 말씀이 믿기지 않을 때가 있다.					
3. 엄마는 나의 이야기를 잘 들어주시는 편이다.					
4. 내가 원하는 것을 엄마에게 말씀드리기가 때때로 조심스럽다.					
5. 우리 엄마는 내가 뻔히 알고 있는 것도 굳이 이야기해서 내 기분을 상하게 하는 편이다.					
6. 엄마는 내가 어떤 기분 상태인지 잘 짐작하신다.					
7. 나는 엄마에 대한 나의 감정을 솔직히 말씀드릴 수 있다.					

가정에서 우리 엄마는	전혀 그렇지 않다	그렇지 않다	잘 모르겠다	그렇다	항상 그렇다
8. 나에게 고민거리가 생긴다면 어려워하지 않고 엄마와 의논할 수 있다.					
9. 나는 엄마에게 엄마에 대한 나의 감정을 솔직히 말씀드릴 수 있다.					
10. 엄마와 내가 문제가 생기면 나는 말을 하지 않는 편이다.					
11. 나는 엄마와 이야기하는 것이 망설여진다.					
12. 나는 엄마에게 말대꾸를 하는 편이다.					
13. 내가 무엇을 물어보면 엄마는 솔직하게 대답해 주시는 편이다.					
14. 엄마는 나를 이해하려고 노력하시는 편이다.					
15. 엄마에게 나의 고민을 의논드리지만 의논드리고 싶지 않은 이야기도 있다.					
16. 고민이나 걱정거리가 있을 때 어려워하지 않고 엄마에게 말씀드릴 수 있다.					
17. 나의 속마음을 엄마에게 터놓고 말씀드릴 수 있다.					
18. 엄마는 나에게 잔소리를 많이 하시는 편이다.					
19. 엄마는 나에게 화를 내실 때면 모욕감을 주면서 꾸중하신다.					
20. 어떤 사실에 대해 나의 솔직한 감정을 엄마에게 이야기하기 어렵다.					

★ 이번에는 아빠에 관한 문항입니다.

가정에서 우리 아빠는	전혀 그렇지 않다	그렇지 않다	잘 모르겠다	그렇다	항상 그렇다
1. 주저하거나 망설이지 않고 아빠에게 나의 생각을 말을 하는 편이다.					
2. 때때로 아빠의 말씀이 믿기지 않을 때가 있다.					
3. 아빠는 나의 이야기를 잘 들어주시는 편이다.					
4. 내가 원하는 것을 아빠에게 말씀드리기가 때때로 조심스럽다.					

가정에서 우리 아빠는	전혀 그렇지 않다	그렇지 않다	잘 모르겠다	그렇다	항상 그렇다
5. 우리 아빠는 내가 뻔히 알고 있는 것도 굳이 이야기해서 내 기분을 상하게 하는 편이다.					
6. 아빠는 내가 어떤 기분 상태인지 잘 짐작하신다.					
7. 나는 아빠에 대한 나의 감정을 솔직히 말씀드릴 수 있다.					
8. 나에게 고민거리가 생긴다면 어려워하지 않고 아빠와 의논할 수 있다.					
9. 나는 아빠에게 엄마에 대한 나의 감정을 솔직히 말씀드릴 수 있다.					
10. 아빠와 내가 문제가 생기면 나는 말을 하지 않는 편이다.					
11. 나는 아빠와 이야기하는 것이 망설여진다.					
12. 나는 아빠에게 말대꾸를 하는 편이다.					
13. 내가 무엇을 물어보면 아빠는 솔직하게 대답해 주시는 편이다.					
14. 아빠는 나를 이해하려고 노력하시는 편이다.					
15. 아빠에게 나의 고민을 의논드리지만 의논드리고 싶지 않은 이야기도 있다.					
16. 고민이나 걱정거리가 있을 때 어려워하지 않고 아빠에게 말씀드릴 수 있다.					
17. 나의 속마음을 아빠에게 터놓고 말씀드릴 수 있다.					
18. 아빠는 나에게 잔소리를 많이 하시는 편이다.					
19. 아빠는 나에게 화를 내실 때면 모욕감을 주면서 꾸중하신다.					
20. 어떤 사실에 대해 나의 솔직한 감정을 아빠에게 이야기하기 어렵다.					

C. 자아탄력성 척도

문 항	전혀 그렇지 않다	그렇지 않다	잘 모르겠다	그렇다	항상 그렇다
1. 나는 내 친구들에게 친절하게 대한다.					
2. 나는 갑작스러운 문제에 놓이더라고 금방 괜찮아지고 그것을 잘 이겨낸다.					
3. 나는 새롭고 평소 잘 해보지 않았던 일을 해보는 것을 좋아한다.					
4. 나는 사람들에게 좋은 인상(호감)을 주는 편이다.					
5. 나는 전에 맛보지 못했던 새로운 음식을 먹어보는 것을 즐긴다.					
6. 나는 매우 기운(에너지)이 넘치는 사람인 것 같다.					
7. 나는 늘 가던 장소에 갈 때에도 다른 방법으로 길 찾는 것을 좋아한다.					
8. 나는 대부분의 사람들보다 호기심이 많다.					
9. 나는 내가 만나는 대부분의 사람들이 좋다.					
10. 나는 보통 행동하기 전에 깊이 생각한다.					
11. 나는 새롭고 다양한 일을 하는 것을 좋아한다.					
12. 내 일상생활은 흥미로운 일들로 가득하다.					
13. 나는 나 자신이 꽤 어려움을 잘 견뎌내는 성격을 가진 사람이라고 자신 있게 말할 수 있다.					
14. 나는 다른 사람에게 화가 나도 상당히 빨리 화를 누그러뜨린다.					

★ 다음은 여러분의 자신에 관한 질문입니다. 각 문항의 내용을 잘 읽고 자신의 생각과 가장 비슷한 항목에 'V' 표를 해주시기 바랍니다.

D. 적응적 인지적 정서조절전략 척도

예1) 다른 사람에게는 알리고 싶지 않은 비밀 이야기를 친한 친구에게 한 적이 있다. 그런데 오늘 다른 친구들에게 그 이야기가 새어나갔다는 사실을 알게 되었다.
예2) 시험을 잘 치기 위해서 시험공부를 열심히 했다고 생각했는 데, 너무 낮은 점수를 받았다.

★ 모든 사람들은 위와 같이 기분 나쁜 일을 경험할 수 있습니다. 어린이 여러분이 위와 같은 일을 경험할 때, 떠오르는 생각을 문항의 내용을 잘 읽고 자신의 생각과 가장 비슷한 항목에 'V' 표를 해주시기 바랍니다.

문 항	전혀 그렇지 않다	그렇지 않다	잘 모르겠다	그렇다	항상 그렇다
1. 그 일이 그만하길 다행이라고 생각한다.					
2. 그 상황에 대처할 수 있는 최선의 방법을 생각한다.					
3. 나에게 일어난 일 대신 다른 즐거운 일을 생각해 본다.					
4. 그 일을 통해 교훈을 얻어야 한다고 생각한다.					
5. 그 문제의 긍정적인 측면을 찾아본다.					
6. 그 일은 내가 어쩔 수 없는 일이라고 생각한다.					
7. 즐거웠던 일을 생각한다.					
8. 내가 할 수 있는 최선의 계획에 대해 생각한다.					
9. 그 상황에 긍정적인 측면도 있다고 생각한다.					
10. 다른 사람들은 그보다 더한 일도 겪는다고 생각한다.					
11. 그 일과 아무 상관없는 즐거운 일을 생각해 본다.					
12. 그 상황으로부터 배울게 있을 것이라고 생각한다.					
13. 다른 일에 비해 그 일이 그렇게 나쁘지 않다고 생각한다.					
14. 그 상황을 받아들여야 한다고 생각한다.					
15. 내가 할 수 있는 최선의 것을 생각해본다.					
16. 그 일로 인해 내가 더 강한 사람이 될 수 있을 거라 생각한다.					
17. 살다보면 더 나쁜 일도 있다고 스스로에게 말한다.					
18. 상황을 변화시킬 방법에 대해 생각한다.					
19. 그 일이 일어났다는 사실을 받아들여야 한다고 생각한다.					
20. 내가 겪은 것보다 더 기분 좋을 것을 생각해본다.					

☀ 끝까지 정성껏 답해 주셔서 **감사합니다**. ☀

<u>빈칸이 없는지 한 번 확인해 볼까요?</u>

출처: 표은진(2019). 학령기 아동의 분노표현과 관련변인들 간의 구조적 관계. 대구가톨릭대학교 일반대학원 박사학위논문.

3 면접법(interview method)

면접법은 사회과학 분야나 행동과학 분야의 연구에 있어 관찰법 및 질문지법과 함께 가장 오래, 널리 사용되는 자료수집의 방법이다. 면접법은 훈련을 받은 면접자와 면접대상자 간의 언어적 반응 즉, 대화를 통한 면접대상자와 관련된 생활사나 감정, 태도, 기대 및 인지적 영역뿐만 아니라 표정이나 말투, 자세 등의 비언어적 행동들의 자료를 수집하는 데 용이한 방법이다.

특히, 면접법은 아동연구에서 많이 활용되고 있는 방법이기도 하다. 면접대상자의 연령이 어려서 문장이해능력이 필요한 질문지법이 부적절한 경우에도 활용이 가능하며, 다른 연구방법에 비해 응답률이 높고, 면접대상자가 이해가 잘 안 되는 부분에 대해 추가적인 설명이나 질문이 가능하나(김석우, 2015) 면접자의 능숙한 기술과 훈련이 요구되는 방법이기도 하다.

1) 면접법의 절차

면접은 면접대상자와 면접자 간의 상호작용으로 이루어지기 때문에, 면접 실시 전 세심한 사전준비와 진행과정에 대한 주의가 필요하다. 면접을 실시함에 있어 첫 번째는 사전준비로서 면접자를 선정하고 훈련하는 일이다. 연구자가 직접 면접을 행하는 것이 아니라면 반드시 사전에 면접에 대한 훈련을 받아야 하며, 특히 두 사람 이상의 면접자가 면접을 하는 경우는 면접자 간 차이가 연구의 결과에 영향을 주지 않도록 주의하여야 한다. 훈련과정은 다음과 같은 방향으로 진행된다(이은해, 이미리, 박소연, 2006).

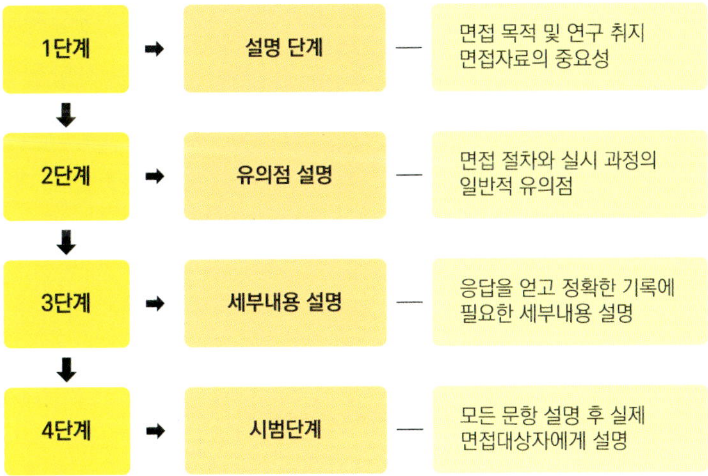

[그림 8-1] 면접법의 절차

1단계는 면접의 목적과 연구의 취지, 면접자료의 중요성에 대해 설명한다. 면접자가 적극적인 자세로 면접에 임할 수 있으려면 면접자는 연구의 목적이 무엇이며 어떤 목적으로 면접을 하려는 것인지를 알아야 한다.

2단계는 면접의 절차와 면접을 실시할 때의 일반적 유의점을 설명하여야 한다. 높은 신뢰도의 자료를 얻기 위해서 면접자는 질문의 내용을 정확하게 파악해야 하며, 필요한 상황에 적절한 질문을 하는 것, 면접자의 응답내용에 대한 정확한 기록, 면접시간에 대한 정확성, 면접내용과 결과를 연구 이외의 목적으로는 절대 공개하지 않는 것 등의 유의사항에 대해 논의한다.

3단계는 준비된 면접문을 한 문장씩 천천히 읽어 가며 응답을 얻고 정확히 기록하는 데에 있어 필요한 세부내용을 설명한다. 처음에는 연구자가 첫 번째 문항을 크게 읽고 난 후 그 문항의 목적이 무엇인지 설명한 후 그 문항에 대한 면접자의 질문과 의견을 받고, 그 문항에 대한 충분한 논의를 한 후 다음 문항으로 넘어간다.

4단계는 연구자가 모든 문항의 설명을 끝낸 후 실제 면접대상자와 시범을 보인다. 이 과정에서 연구자는 면접 중 발생할 수 있는 사항들을 파악하고 면접대상자가 할 수 있는 예상 질문에 대한 대처능력을 파악한다. 마지막 단계는 면접문의 질문내용을 충분히 숙달한 후 실제 면접대상과 비슷한 대상을 선정하여 면접을 실시한다.

① 면접을 실시함에 있어 무엇보다 중요한 것은 면접자와 면접대상자가 서로 면접에 대해 어떠한 의미를 부여하고 있느냐를 파악하는 일이다. 다시 말해, 면접자는 면접대상자에게 어떤 의도와 목적으로 면접을 하고자 하는 것이며, 면접대상자는 어떤 의도로 면접에 응하게 되었느냐를 파악하는 과정이 필요하다는 것이다.

② 면접대상자에 대한 사전조사를 하고 난 후에 면접자는 가장 정확하고 쉽게 자료를 얻을 수 있는 면접시간과 장소를 정해야 한다. 면접에 응하지 않을 경우도 있으므로 미리 면접자의 신분이나 면접의 목적, 면접대상자의 선정이유, 면접에 필요한 장소나 시간 등을 미리 알려주어야 한다.

③ 사전준비를 마쳤다면 면접을 진행한다. 면접대상자가 자신의 생각을 솔직하고 편안하게 응답할 수 있도록 안정된 분위기를 조성해야 한다.

2) 면접법 유형

면접법은 면접대상자, 면접의 구조화 정도, 면접자가 면접대상자를 대하는 방법, 면접대상자의 수 등에 따라서 몇 가지 유형으로 분류할 수 있다.

(1) 면접 상황의 구조화 정도에 따른 분류

방 법	내 용
구조화 면접	표준화된 면접이라고도 하며, 면접을 진행하기 전 체계적으로 정해진 순서에 따라 질문의 내용을 진행하는 방법이다. 면접자의 행동이나 순서가 정해져 있으므로 객관성과 신뢰도를 확보할 수 있으며, 면접자의 훈련이 쉬우므로 이에 따른 오류를 줄일 수 있다는 장점이 있는 반면, 융통성이 없으므로 면접계획에 없는 내용들이나 새로운 자료를 얻을 수 있는 가능성이 적다는 단점이 있다.
비구조화 면접	비표준화된 면접이라고도 하며, 면접계획은 세워져 있으나 면접목적에서 벗어나지 않는 한도 내에서는 질문의 순서나 면접상황을 면접대상자의 반응에 따라 융통성 있게 진행하는 방법이다. 그러므로 구조화된 면접방법보다는 자유로운 분위기를 연출할 수 있고, 목적하는 정보를 깊고, 다양하게 얻을 수 있으나, 면접자의 면접기술이 필요하며, 면접결과를 객관적으로 분석하기 어렵다는 단점이 있다.
반구조화 면접	반구조화된 면접법은 실제 영유아를 대상으로 하는 면접에서 가장 많이 사용되고 있는 방법이며, 면접계획 면에서는 구조화된 면접방법, 면접의 진행 면에서는 비구조화된 면접방법으로 진행되므로, 두 가지 면접법의 장점을 절충한 형태라 할 수 있다.

(2) 면접자가 면접대상자를 대하는 방법에 따른 분류

방 법	내 용
직접면접	대인면접이라고도 하며, 거의 대부분의 면접법은 직접면접으로 실시되며, 면접자는 면접대상자의 질문에 대한 응답내용과 더불어 비언어적인 행동에 대한 자료(응답 방식, 태도, 표정 등)도 함께 수집하여 해석과 결과에 활용한다.
간접면접	간접면접은 전화면접, 화상면접 등이 여기에 속하는 데, 직접 대면하지 않으므로 직접면접에 비해 비용과 시간이 적게 들며, 지역에 구애받지 않지만, 저조한 응답률 등의 어려움이 있다.

(3) 면접대상자 수에 따른 분류

방 법	내 용
개별면접	면접자와 면접대상자가 일대일로 면접을 보는 것으로서 단독면접이라고도 한다.
집단면접	집단면접은 면접자든 면접대상자든 어느 한쪽이 2명 이상인 경우, 양쪽 모두가 2명 이상으로 구성된 경우를 말하며, 여러 사람으로부터 많은 정보를 수집하는 장점이 있으나 개개인에게 상세한 질문은 어려울 수 있다.

3) 면접법의 장단점

구분	내 용
장점	▪ 면접법은 대면을 통해 이루어지므로 자료의 정확성이 있다. ▪ 부정확하거나 모호한 반응에 대한 질문은 다시 물어볼 수 있다는 장점이 있다. ▪ 연구와 직접적 관련은 없으나 부차적으로 자료를 얻을 수 있다는 장점이 있다. ▪ 면접대상자의 표정 및 태도를 관찰하므로 연구의 신뢰성을 높일 수 있다. ▪ 대화형식으로 자료를 수집하기 때문에 문장 독해력이 없는 사람에게도 활용할 수 있다. ▪ 면접법은 자기보고식과 같은 검사지로 얻기 힘든 심층 자료수집이 가능하다.
단점	▪ 면접대상자의 익명성이 보장되지 않는다는 단점이 있다. ▪ 면접대상의 선정, 면접장소의 선정이나 면접시간, 면접내용에 대한 준비 등과 같은 사전 준비사항이 많으며, 이에 따른 경제적 부담이 있을 수 있다. ▪ 면접자의 면접기술에 따라 자료수집 정도에서 결과까지 영향을 받을 수 있다. ▪ 면접내용의 결과를 수량화하여 분석 및 해석에 어려움이 있을 수 있다. ▪ 면접자의 주관적 판단이나 편견을 완전히 배제하기 어렵다는 단점이 있다.

면접연구의 실제

※ 자료수집

본 연구의 자료는 2019년 9월부터 10월까지 참여자들과의 **개별면담**을 통해 이루어졌으며, 추가로 참여교사들의 학급에서 이루어진 놀이 장면 영상과 이에 대한 교사들의 관찰기록과 교육계획 등 참조자료들을 수집하였다. 면담은 참여자별로 각 2회씩 진행되었으며 매 면담의 소요 시간은 약 1시간 30분 정도였다. 면담은 사전에 준비한 가이드 질문으로 시작하여 참여자들의 대답에 따라 연결되는 즉석 질문을 하는 등 **반구조화된 형태**로 이루어졌다. 연구자는 면담에 대한 참여자의 부담감을 최소화하고 라포를 형성하기 위해 유아교사로서의 경험을 참여자와 공유하면서 편안하게 대화를 할 수 있도록 노력하였다. 참여자들이 촬영한 유아들의 놀이 모습 영상과 사진은 면담 과정에서 구체적인 사례를 묘사하는 데 주로 활용되었으며, 관찰기록과 주간계획안 등의 문서를 수집하여 분석과정에서 함께 검토하였다.

1차면담에서는 참여교사가 생각하는 놀이와 놀이중심교육과정에 대한 전반적인 인식과 경험을 중심으로 이야기를 나누었다. 누리과정이 유아중심 · 놀이중심으로 개정된다는 것을 어떻게 알게 되었고 그때 어떤 생각이 들었는지에 대한 열린 질문으로 1차면담을 시작하였다. 연구참여의 동의를 얻는 과정에서 참여자들이 밝힌 개정누리과정에 대한 긍정적 견해와 해당 유치원의 분위기 등이 자연스럽게 면담의 시작점이 되기도 하였다. 참조자료로 수집한 유아들의 놀이 모습이 담긴 영상과 사진을 통해 요즘의 교실 분위기는 어떤지, 교사로서 어떤 느낌인지 등에 대한 이야기들을 이어나갔으며 참여자들의 대답에 대해 경험했던 사례나 본인의 생각 및 느낌의 근거나 계기 등에 대해 추가적으로 질문하였다. 2차면담에서는 연구참여 교사들이 놀이중심교육과정의 실천을 위해 노력하는 부분으로 관찰기록과 간소해진 주간계획안 등의 문서들을 통해 교사의 역할 등 세부적인 실천 모습을 탐색하였다. 예전의 교실과 달라진 부분, 최근에 목격한 놀이 장면 중 인상적인 것과 그 이유, 교사로서 가장 노력하는 부분과 여전히 어려운 부분, 변화하고 싶은 것 등에 대해 이야기를 나누었으며 구체적인 사례들을 이야기해 줄 것을 요청하였다. 참여자들이 언급하는 놀이 사례들에 대해 어떤 느낌, 생각이 들었는지, 그것이 유아중심 · 놀이중심의 측면에서 어떤 의미라고 생각하는지 등 참여자들의 해석을 듣고자 하였다. 모든 면담은 사전에 참여자의 동의를 얻어 녹음하였으며 최대한 빠른 시간 내에 전사하였다. 면담 전사 자료의 총 분량은 A4용지 약 75매였다.

출처: 정주인, 권귀염(2020). 놀이중심교육과정 시대: 변화를 위한 유아교사들의 시도. 유아교육연구, 40(3), 93-118.

CHAPTER

09 실험연구

실험연구는 현상에 대한 인과관계를 검증하기 위해 어떤 현상이 일어나기를 기다리지 않고 통제된 조건하에서 사상을 인위적으로 일어나게 해서 자료를 수집하는 연구방법이다(한국교육심리학회, 2000). 다시 말해 실험연구방법은 주로 연구대상들에게 어떠한 개입이나 처치를 진행한 후 그것에 대한 효과성이 있는지를 확인하는 연구라고 말할 수 있다. 즉, 연구자가 관심을 가지고 있는 변인에 대한 효과를 알아보고자 한다면 연구자가 직접 변인을 조작하여 실험성의 효과를 검정하여 인과관계를 알아보고자 하는 연구방법이다. 이종승(2009)은 하나 이상의 요인을 변화시키고 나머지 모든 요인에 대해서는 일정하게 될 수 있도록 엄격히 통제된 상황에서 발생시킨 현상에 대해 객관적으로 관찰하는 연구라고 정의하였다. 이때 연구자가 의도적으로 통제하는 환경적 조건을 독립변인이라고 하며, 이러한 독립변인에 의해 변화되는 어떤 행동의 변화를 종속변인(dependent variable)이라고 한다. 또한 독립변인의 인위적인 조작을 실험처치라 한다. 예를 들어 사회학습 프로그램이 아동의 사회성 발달에 미치는 효과에 대한 연구를 하고자 한다면, 아동의 각각의 집단들에 대한 교수방법을 달리하여 각 교수방법에 따라 아동의 사회성이 어떻게 달라지는가에 대한 연구를 진행한다면 이는 실험적 방법을 적용한 예라고 할 수 있다. 그리고 사회학습 프로그램은 독립변인 혹은 처치변인이 되고 아동의 사회성은 종속변인이 된다. 그러므로 실험연구에서는 통제와 조작은 필수적이라 볼 수 있다.

1 실험연구의 절차

실험연구의 일반적인 절차는 다음과 같다(안선희 외, 2015; 황해익, 2019).

① 연구의 주제를 선정하고, 연구에 대한 목적을 명료화시켜야 한다.

② 문헌고찰을 통해, 연구자가 선정한 주제에 대한 선행연구를 검토하고, 어떤 연구들이 이루어졌으며, 어떠한 연구가 미개척되었는지를 파악한 후, 연구문제를 보다 구체화시킬 수 있다.

③ 연구를 하고자 하는 문제의 내용을 구체화하여 가설을 명확하게 진술하고, 이때 독립변인, 종속변인(필요에 따라 매개변인)을 명확히 제시해야 한다.

④ 실험설계를 선정하고 외재변인을 통제한다. 가능하다면 진실험설계 방법을 통해 외재변인을 통제하여 종속변인에 영향을 줄 수 있는 방법을 선정한다.

⑤ 실험도구를 선정하여 사전사후검사에 필요한 검사도구를 선정한다.

⑥ 사전연구를 실시하여, 선정된 검사도구와 이에 따른 실험방법이 연구대상에게 적절한 것인지 판단한다.

⑦ 실험자 훈련을 통해 사전연구를 통해 나타난 문제점을 참고하여 검사도구, 실험방법을 수정한 후 실험자에 대한 훈련을 실시한다.

⑧ 실험집단을 선정하여 실험을 실시하며, 이때 실험집단은 연구결과를 일반화시킬 수 있는 표본을 선정한다. 이때 실험집단과 통제집단을

무선 배정하는 것이 중요하다.

⑨ 연구결과에 대한 자료를 수집하여 통계적으로 처리하고 결과를 분석한다. 이때 연구목적에 적절한 통계분석방법을 사용하여 결과분석을 해야 한다.

⑩ 연구결과를 해석하여 보고서를 작성한다. 연구결과를 통해 밝혀진 내용들을 바탕으로 결과가 가지는 의미에 대한 논의를 작성한다.

[그림 9-1] 면접법의 절차

TIP

- 연구문제: 그림책의 제시 방법에 따라 아동의 그림책 이해도에 차이가 있을 것인가?
- 연구가설: 그림책의 제시 방법에 따라 아동의 그림책 이해도에 차이가 있을 것이다.

출처: 문수백(2013).

조건의 통제

실험연구는 독립변인을 조작하여 종속변인에 미치는 영향을 밝히는 것이 목적인 연구이기 때문에 연구결과에 영향을 미치는 가외변인을 얼마나 통제하는가가 매우 중요하다. 이는 실험연구에서 독립변인 이외의 가외변인이 종속변인에 영향을 주게 되면, 이 실험연구는 신뢰할 수 없는, 즉 타당성이 없는 연구가 되는 것이다.

자연적인 상황에서는 독립변인 이외의 모든 변인을 완벽히 통제하기는 사실상 불가능하다. 이는 인간의 특성이나 행동에 영향을 미치는 변인은 셀 수 없이 많으며 모두 밝혀지지도 않았기 때문이다. 그러므로 연구자가 모든 영향력 있는 변인들을 파악할 수 없으며, 변인을 통제할 때 윤리적인 문제에 부딪히기도 한다. 따라서 모든 변인을 통제하기는 어렵더라도 종속변인에 영향을 미치는 변인들을 파악, 이 변인들을 가능한 한 엄격히 통제해야 한다.

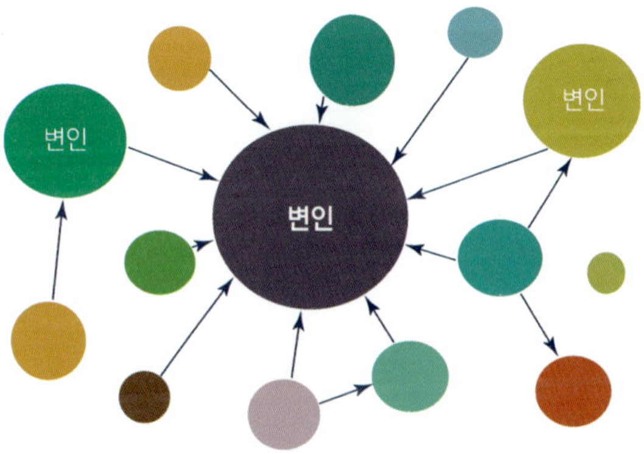

[그림 9-2] 조건의 통제

2 실험연구의 타당도

실험연구의 타당성은 내적 타당도와 외적 타당도 두 가지로 나눌 수 있으며 이는 연구의 타당성을 높이기 위해 모두 필요하다.

1) 내적 타당도

내적 타당도란 실험연구의 결과가 실험처치의 산물인지 다른 가외변인의 영향인지에 대한 여부를 말하는 것으로서, 이 실험연구로 인해 인과관계를 밝힐 수 있는가의 문제이다. 다시 말해, 독립변인 외의 외재변인이나 다른 이유로 인하지 않고 독립변인(실험처치)에 의한 실험 결과를 얻었다고 확신할 수 있는 정도를 말한다.

(1) 내적 타당도를 저해하는 주요 요인

요인	내 용
역사 (history)	처음과 다음 측정 사이에 있었던 여러 가지 사건을 의미하는 것으로 실험이 진행되는 중에 발생하게 되는 천재지변이나 특정 사건, 예기치 않은 사건 등이 실험 결과에 영향을 미치게 되어 결과적으로 타당성을 저해할 수 있는 요인이다.
성숙 (maturation)	실험이 진행되는 동안 연구대상자가 시간 경과로 인하여 실험 결과에 영향을 미치는 것을 말한다. 예를 들어, 그림책을 활용한 교수방법이 아동의 언어능력에 미치는 영향 연구에서 3월에 사전검사를 한 후 12월에 사후검사를 실시한다면, 그림책을 활용한 교수방법 이외 시간적 경과(자연성숙)로 아동의 언어능력이 향상될 수 있음을 말한다.
검사 (testing)	사전검사를 받은 경험이 사후검사에 영향을 미치는 것으로 동일한 검사를 두 번 이상 실시할 때 문제가 될 수 있음을 말한다. 이는 사전검사로 인한 기억의 효과나 연습으로 인한 효과가 나타날 수 있으므로 실제 실험처치의 영향력을 정확하게 파악하는 데 어려움이 있어 이로 인한 연구의 타당성에 영향을 미칠 수 있다.

요인	내 용
측정도구 (instrumentation)	사전검사에서 사용한 측정도구와 사후검사에서 사용한 측정도구의 변동이 있을 때 혹은 측정자나 채점자가 바뀔 시에 적용하는 기준이 달라지면 이에 따른 실험의 결과도 달라질 수 있다. 이로 인한 위협요인을 제거하기 위하여 다른 측정도구를 사용했을 시에 얻은 결과가 실험처치의 효과인지 측정도구의 차이인지를 구별하는 것인지에 대한 어려움이 발생할 수 있으므로 연구의 타당성에 영향을 미칠 수 있다.
통계적 회귀 (statistical regression)	실험연구의 대상을 극단적인 (집단의 점수가 너무 낮거나 너무 높은 집단) 측정치를 갖는 집단을 선정할 경우에 나타나는 요인이며, 이 경우 이후에 시행되는 검사에서 자연적으로 결과점수가 독립변인의 효과에 관계없이 전집의 평균에 가까운 점수를 받는 경향을 통계적 회귀라고 한다.
피험자의 선정 및 탈락 (selection of respondent & experimental mortality)	피험자를 선정할 때 발생 가능한 오류로 선정할 때는 실험집단과 통제집단을 동질적이지 않도록 배치하는 것을 말한다. 즉, 실험집단과 통제집단이 실험처치 이전부터 이미 서로 다른 특성을 가지고 있음을 의미하는 것이다. 이러한 차이는 실험처치에 의한 것이 아니라, 집단이 원래부터 가지고 있는 특성에 대한 차이일 수 있음을 유의해야 한다. 이를 피하기 위한 방법 중 하나는 무선배정을 통한 선정으로서 집단을 구분하거나 사전검사를 통한 결과에 따라서 연구참여자를 실험집단과 통제집단에 배정하는 방법이 있으며, 또는 사전검사의 차이를 통계적인 분석에 의한 방법으로 조정을 하는 등의 방법을 사용할 수 있다. 반면, 피험자의 탈락 요인은 실험연구가 진행되는 동안에 연구참여자의 개인적인 사유 등의 이유로 인한 탈락은 실험집단이나 통제집단의 동질적 조건에 변화가 생김으로써 실험결과의 영향을 초래할 수 있다. 이는 두 집단 간의 동질화의 원래의 조건을 유지하지 못한 상태에서 얻은 결과는 처치의 효과라고 보기 어려우므로 연구참여자가 탈락하지 않도록 유의하여야 한다.
실험처치의 확산 (experimental treatment diffusion)	실험집단과 통제집단이 엄격히 통제되지 않고, 분리되지 않았을 경우 확산효과가 나타나기 쉽다. 한 유아기관에서 실험집단과 통제집단이 있는 경우에는 확산이 더 쉽게 발생할 수 있다. 예를 들어, 유아의 요리활동이 유아의 창의성에 미치는 영향에 대한 연구를 한다고 가정해 보자. 통제집단에서는 누리과정을 이용한 활동이 이루어지고 실험집단에서는 요리활동을 활용한 수업이 이루어진다면 몇몇의 교사들은 실험이 진행되는 동안 새로운 교육과정에 대해 토론을 할 수도 있고, 시간이 경과할수록 실험처치는 통제집단으로 확산될 우려가 있을 것이다. 따라서 실험집단과 통제집단 사이의 접촉을 최소화하도록 유의하여야 한다.

2) 외적 타당도

외적 타당도(external validity)란 연구결과를 일반화시킬 수 있는 가능성의 정도를 말하는 것으로, 실험연구의 결과해석에 따른 문제를 말하는 내적 타당도와 구분되는 것으로 실험에서 얻은 결과를 다른 상황이나 집단, 다른 시기에서도 동일한 결과를 얻을 수 있는지에 대한 것으로서 일반화할 수 있는 정도가 클수록 외적 타당도는 높다고 할 수 있다.

(1) 외적 타당도를 저해하는 주요 요인

① 모집단 타당도(population validity)

모집단 타당도란 대표성의 여부에 대한 것으로서 실험집단으로 선정된 표본이 모집단의 특성을 충분히 반영하고 있는지에 대한 것으로 선정한 표본이 모집의 일부 특성만을 가지고 있다면 이러한 실험에서 얻은 결과는 모집단의 일반화에 영향을 미칠 수 있다.

② 생태학적 타당도(ecological validity)

생태학적 타당도란 연구 환경에 관련된 것으로서 실험처치에 관계없이 실험집단의 연구참여자나 통제집단의 연구참여자가 스스로 종속변인을 변화시키는 것을 말한다. 이들은 연구목적을 의식함으로 인해 자연스러운 행동이나 반응보다는 평소와 다른 행동을 하고 다른 심리적 반응을 보임으로써 연구결과에 영향을 미치게 되는 것을 말한다.

요인	내 용
연구대상자 선정과 실험처치 간 상호작용	연구대상자 집단의 어떠한 고유한 특성이나 유형에 따라 실험처치의 영향이 서로 다르게 나타날 수 있는 경우를 말하며, 예를 들어 발달장애 아동에게 실시되는 교육프로그램이라 하더라도 대상의 지능에 따라서 그 영향력은 달라질 수 있음을 의미하므로 같은 실험처치라 하더라도 연구대상자 집단의 유형이나 특성에 따라 실험처치의 영향이 서로 다르게 나타날 수 있음을 말한다.
실험상황에 대한 반동적 효과	실험상황이 자연스러운 일반적인 상황과 차이가 많이 나는 경우에 발생되는 여러 가지 영향을 뜻하며, '호손효과(Hawthorne effect)'라고도 한다. 미국 호손 전기회사에서 작업환경 변화가 생산성에 미치는 영향을 연구한 데서 유래하였으며, 작업환경의 변화를 주기 위하여 통제집단에는 원래의 조도를 유지하고, 실험집단에는 작업장 조도를 높인 결과 실험집단의 생산성이 더 증가하였는 데, 이러한 결과는 실험집단 노동자들이 작업장의 조도가 높아지자 연구목적을 인식하게 되어 더 열심히 노동함으로써 생산성을 증가시켰기 때문으로 처치의 효과이기보다 연구참여자들 스스로를 변화시켜 연구결과에 영향을 미친 것을 말한다. 그러므로 이와 같은 실험에서 얻은 결과도출은 일반화시키는 데 문제점을 가지며, 실험처치가 인위적이고 복잡할수록 반동효과는 커질 수 있다.

요인	내 용
중다 실험처치 간섭효과	동일집단의 연구대상자에게 여러 가지 처치를 해야 할 경우에 전에 받은 처치의 영향이 계속적으로 영향을 주는 것을 말하며, 처치들이 상호작용함으로써 서로 영향을 주고받으므로 중다처치의 결과를 독립적인 처치의 결과처럼 일반화시키는 데에 대한 문제점을 중다처치 간섭효과라 한다.

3 실험연구설계유형

실험연구를 진행함에 있어 실험을 위한 연구설계가 필요하며, 독립변인과 종속변인 간의 관계에 대해 타당한 결과를 도출할 수 있도록 실험연구의 내·외적 타당도를 높여주는 것이 필수적이라 할 수 있다. 따라서 연구자는 자신이 연구하고자 하는 바를 주어진 상황에서 최대한 타당도를 높일 수 있는 방법으로서(무선화가 이루어졌는지에 따라) 진실험설계와 준실험설계로 크게 구분할 수 있다.

무선화

실험적인 상황에서 독립변수와 종속변수의 관계를 엉뚱하게 만드는 모든 변수들을 통제하는 기법. 무선화는 무작위로 관찰되는 대상들을 실험집단과 통제집단으로 나눔으로써, 즉 모든 대상에게 두 집단 각각에 같은 확률을 부여함으로써 이루어짐. 이러한 절차는 종속변수와 독립변수의 관계를 무질서하게 하는 할당된 대상들(나이, 성, 인종 등)과 연관된 특성들이 모든 실험조건과 통제조건에 일정하게 분포되는 안정된 확률을 갖도록 하는 것.

출처: 고영복(2000). 사회학사전.

실험설계에서 사용하는 기호

X: 실험처치를 실시한다는 의미
O: 관찰 또는 측정을 실시
R: 실험처치를 무선적으로 배정함

1) 진실험설계

진실험설계(true-experimental design)는 실험에 있어 이상적인 조건을 잘 갖춘 설계를 말하며, 조건 통제가 완벽히 통제된 설계를 말한다.

(1) 사후검사설계

사후검사설계는 통제집단과 실험집단을 무선으로 배치하여 사전검사를 굳이 하지 않아도 이 두 집단이 동질화되었다는 가정하에 사후검사만을 실시하는 방법으로서, 무선화가 잘 되었다는 가정으로 사전검사를 하지 않는 설계이다. 그러므로 노력과 시간을 줄이고 전후검사에 비해 간편한 설계라는 점의 장점이 있으나, 실험처치의 효과에 대한 크기를 정확히 알 수 없다는 단점이 있다.

(2) 전후검사설계

전후검사설계는 진실험설계 중 가장 많이 사용되며, 동질화된 통제집단이 있고 사전사후검사를 모두 실시하기 때문에 내적 타당도를 위협하는 대부분의 요인들을 통제 가능하기 때문에 실험의 효과를 타당하게 검증할 수 있다는 장점이 있다.

(3) 솔로몬 4집단 설계

외적 타당도를 높이기 위하여 솔로몬이 고안한 방법으로서, 전후검사설계에 덧붙여서 집단을 네 집단으로 구성하는 것이 특징이다. 연구대상자를 실험집단과 통제집단에 무선으로 배치하여 동질화하며, 외적 타당도를 위협하는 요인을 제거함과 동시에 동질한 통제집단의 선정, 사전검사를 실시하여 내적 타당도 역시 확보한 방법이라 할 수 있다. 그러나 네 집단을 무선 배치하는 일이 쉽지 않으며, 연구대상자의 수도 많이 확보해야 한다는 단점이 있다.

2) 준실험설계

준실험설계(quasi-experimental design)는 실험의 이상적인 조건을 잘 갖추지 못한 설계로 실험상황을 충분히 통제하지 못한 설계로서 사전검사를 실시하지 못하였거나 실험집단과 동질화된 통제집단이 없어 검사결과의 타당성이 높지 않은 설계이다. 실제적인 제약이 따라 진실험설계를 할 수 없을 때를 대신하여 사용하는 방법이며, 연구자는 어떠한 조건들이 통제되지 않았는지를 정확히 알아야 한다.

(1) 단일집단 사후검사설계

한 집단에 실험처치, 한 번 측정으로 결과를 얻어내는 방법이며 연구의 타당성이 가장 낮은 실험설계라 할 수 있으며, 이 설계는 통제집단을 구하지 못할 경우나 검사도 한 번밖에 못하는 경우에 사용된다.

(2) 단일집단 전후검사설계

실험집단은 하나이지만 실험처치 전후 사전사후검사를 실시하여 사전검사와 사후검사의 효과성의 증가량으로 검증하는 방법이며, 통제집단을 구할 수 없을 때 사용하는 방법이다.

단일집단 전후검사설계는 실험의 기본적 요소는 충족하지 못하나 측정한 검사가 표준화되어 있어 발달적 규준이 있는 경우나 독립변인의 효과성이 아주 클 것으로 예상되는 경우에 사용된다.

4 실험연구의 장단점

실험연구는 엄격히 통제된 상황에서 한 가지 혹은 그 이상의 변인을 조작하여 조작된 변인에 따라 변화되는 현상을 객관적으로 관찰하는 방법으로 장점과 단점은 다음과 같다(황혜정 외, 2019).

1) 실험연구의 장점

처치변인을 조작하여 정확한 인과관계를 규명할 수 있으며, 상황을 적극적으로 만들어서 처치효과를 알아볼 수 있으므로 실제 문제에 대한 명확한 해답을 구할 수 있다.

2) 실험연구의 단점

연구에 대한 많은 노력과 지원이 필요로 하며, 변인에 대한 조작과 처치가 가능할 때에만 연구를 실시할 수 있다. 또한 변인을 제한·조작하여 연구하므로 실제 상황에 적용하는 데에는 한계가 있다.

5 실험연구의 예시

▶▶ 실험연구의 예시 1

Ⅲ. 연구방법 및 절차

1. 연구대상

본 연구에서는 경기도 B시에 소재한 S초등학교 3학년 학생들을 대상으로 그림책을 활용한 마인드셋 증진 프로그램 실시 여부에 따라 마인드셋, 그릿의 변화를 알아보는 실험연구를 실시하였다.

3학년 두 학급인 총 39명을 연구대상으로 선정하였고, 이 중 연구자가 담임을 하지 않은 20명을 실험집단으로, 실험집단과 동질성이 확보된 나머지 19명을 통제집단으로 배정하였다.

2. 연구설계

본 연구는 마인드셋 증진 프로그램을 통하여, 프로그램을 실시한 실험집단과 실시하지 않은 통제집단 간의 사전·사후 마인드셋, 그릿 검사 결과를 비교함으로써 마인드셋 증진 프로그램의 효과를 검증하였다. 실험설계 모형을 표로 제시하면 다음 표와 같다.

〈표〉 실험집단 및 통제집단 설계 모형

실험집단	O_1	X	O_2
통제집단	O_3		O_4

O_1, O_3: 사전검사(마인드셋, 그릿 검사)
O_2, O_4: 사후검사(마인드셋, 그릿 검사)
X: 실험처치(그림책을 활용한 마인드셋 증진 프로그램 실시)

출처: 박은지(2020). 그림책을 활용한 마인드셋 프로그램이 초등학교 저학년의 마인드셋과 그릿에 미치는 영향. 경인교육대학교 교육전문대학원 석사학위논문.

▸▸ **실험연구의 예시 2**

Ⅲ. 연구방법

1. 연구대상

자기중심적 사고 특성이 강한 유아기의 발달 특성을 고려하여 사회적 조망수준이 발달하기 시작하는 만 6세(Selman, 1980)에 근접한 만 5세 유아를 대상으로 프로그램을 실시하기 위해, K광역시에 소재한 사립 어린이집 만 5세 유아 30명을 연구대상으로 선정하였다. 실험집단과 비교집단은 각각 15명이었다.

·

·

·

3) 본조사

(1) 사전검사

전래동화를 활용한 정서중심 이야기 나누기 활동과 협동적 게임 활동이 만 5세 유아의 정서지능 향상에 유의한 영향을 미치는지 살펴보기 위해 실험집단과 비교집단 유아들의 정서지능을 담임교사가 평정토록 하였다. 연구자가 대상 어린이집에 방문하여 담임교사에게 연구의 목적과 질문지 응답 요령을 설명하였고 담임교사는 충분히 숙지한 상태에서 유아의 정서지능에 관한 질문지에 응답하였다.

(2) 실험처치

16회기로 구성된 프로그램은 매주 2회기씩 총 8주에 걸쳐 실시되었다. 실험집단의 유아들은 동화 읽기 시간에 전래동화를 읽고 정서중심 이야기 나누기 활동에 참여하였다. 그리고 다음 날 전날 읽고 이야기 나누었던 전래동화 이야기를 회상한 다음 전래동화 내용을 활용한 협동적 게임 활동에 참여하였다. 한편 비교집단의 유아들은 원의 기존 교육계획에 따라 누리과정에 입각하여 계절 및 생활주제에 맞는 동화를 선정하여 동화 읽기 활동 및 이야기 나누기 활동을 실시하였다. 비교집단의 이야기 나누기 활동에는 전반적인 동화 내용 회상 및 인물의 기분, 표정 등에 관한 정서적 내용이 포함되었다.

(3) 사후검사

사후검사는 프로그램 활동이 종료된 후 실험과 비교집단 유아들의 담임교사에 의해 이루어졌다. 담임교사는 사전검사에서 실시하였던 내용 및 방법과 동일하게 유아의 정서지능에 관한 질문지에 응답하였다.

4. 자료분석

전래동화를 활용한 정서중심 이야기 나누기 활동과 협동적 게임 활동이 유아의 정서지능에 미치는 효과를 알아보기 위해 SPSS Win 19.0 프로그램을 이용하여 평균 및 표준편차를 알아보고, 공변량분석(ANCOVA)을 실시하였다.

출처: 강보배, 민하영(2019). 전래동화를 활용한 정서중심 이야기 나누기 활동과 협동적 게임 활동이 유아의 정서지능에 미치는 효과. 한국아동심리치료학회지, 14(2), 97-112.

▸▸ **실험연구의 예시 3**

1. 연구대상

이 연구의 대상은 충청북도 S초등학교 5학년, O초등학교 5학년, B초등학교 2학년 학생으로 구성하였다. S초등학교 5학년 A반 학생 18명, O초등학교 5학년 B반 학생 27명, B초등학교 2학년 C반 학생 25명을 실험집단으로 하였으며, S초등학교 5학년 D반 학생 19명, O초등학교 5학년 E반 학생 27명, B초등학교 2학년 F반 학생 23명을 통제집단으로 선정하였다.

2. 실험설계

이 연구의 실험설계는 이질 통제집단 전후검사 설계의 방법을 사용하였다. 실험집단과 통제집단에 동일한 사전검사를 실시하였으며, 실험처치 이후에도 동일한 사후검사를 실시하였다. 실험설계 모형을 구체적으로 나타내면 다음 표와 같다.

〈표〉 실험설계 모형

	사전검사	실험처치	사후검사
실험집단(70명)	O_1	X	O_2
통제집단(69명)	O_3		O_4

실험처치(X): 공감 6단계 동화 프로그램
사전검사(O_1,O_3): 공감능력 척도, 인성수준 척도, 사회정서역량 척도
사후검사(O_2,O_4): 공감능력 척도, 인성수준 척도, 사회정서역량 척도

〈표〉 연구단계별 주요 내용과 연구시기

연구단계	주요 내용	연구시기
조사	선행 연구 및 연구문제 설정	2018년 6월
프로그램 구안	회기별 목표설정, 프로그램 설계 및 구성	2018년 7월
연구대상자 선정	실험집단과 통제집단 선정 및 연구 참가 동의서 작성	2018년 8월
사전검사 및 집단 간 동질성 검증 실시	공감능력, 인성수준, 사회정서역량 사전검사를 통한 두 집단의 동질성 검증	2018년 8월
프로그램 실시	공감 6단계 동화 프로그램 적용(실험집단)	2018년 9,10월
사후검사 실시	사전검사와 동일 검사 실시	2018년 10월
결과분석	연구 문제 확인 및 검사지 분석, 연구보고서 작성	2018년 10월

4. 연구절차

출처: 권슬아(2019). 초등학생용 공감 6단계 동화 프로그램 개발. 청주교육대학교 교육대학원 석사학위논문.

CHAPTER

10 사례연구

사례연구는 특정한 집단이나 개인 혹은 기관을 대상으로 하여 어떤 문제나 특성을 심도있게 조사 및 분석하는 연구이다. 또한 연구하고자 하는 목적과 주제에 따라 다양한 형태로 이루어지는 연구로서, 자연스러운 상황에서 연구대상에 관한 다양하고 상세한 정보를 얻을 수 있다.

1 사례연구의 개념

사례연구는 질적 연구의 방법 중 하나로서, 어떠한 현상의 특정한 개인 및 집단이나 기관을 대상으로 특정한 상황, 기록, 사건, 대상, 개념 등에 대해 집중적으로 자세하게 조사하고 분석하는 연구방법이다(안선희 외, 2015). 사례연구는 심리학이나 의학분야에서 환자의 특별한 상황에 관한 연구를 의미하며, 법학에서는 판례법의 예가 되기도 한다. 또한 사회과학에서는 인류학자들이 특별한 지역에 관한 연구를 하기도 하는 많은 학문분야에서 사용되어 왔으며, 지금까지도 많이 사용되는 연구방법이다. 이러한 사례연구방법은 어떤 특정 맥락 안에서 상세하게 조사하는 연구로(Bogdan & Biklen, 2011) 사례는 개인이나, 사건, 개념이 특정 대상이 될 수 있다(Yin, 2011). 유아를 대상으로 한 연구에서는 한 명의 유아가 될 수 있으며, 유아기의 어떤 현상이나 특성이 사례가 될 수 있다. 특히, 유아를 대상으로 하는 연구의 경우, 유아는 실험실 환경 같은 인위적인 곳에서 살지 않으며 의미 있는 맥락 속에서 일어나는 행위 그 자체가 더 가치 있기 때문에 자연스러운 연구 상황 안에서 연구를 시작해야 한다.

다수보다는 소수를 대상으로 상세한 특성을 파악하고, 구체적이며, 심도 있는 정보들을 밝히는 것이 목적인 사례연구의 특성상 질적 연구의 한 유형으로 보는 경우가 대부분이나, 사례연구가 반드시 질적 연구만을 의미하지는 않는다. 특정 사례에 관한 양적 자료를 수집 및 분석한다면 양적 연구가 될 수도 있고, 양적 자료와 질적 자료를 함께 수집하여 사례연구를 하는 경우도 있다(이은해 외, 2006).

연구자는 사례 선정 시 우선 연구하고자 하는 현상의 특성을 가장 잘 나타낼 수 있는 사례를 선택하는 것이 좋으며, 이때에 대상에 대한 심층적 조사와 분석을 필요로 한다. 이러한 대상을 선정할 때에는 제한된 사례 수로 연구할 수밖에 없으므로 대상의 가장 일반적인 특성이거나 가장 예외적인 특성을 가지는 사례들을 주로 선택하게 된다. 예를 들어, 유아 교육기관에서의 부적응 행동에 관한 연구를 하고자 할 경우, 그 학급 내의 부적응 행동을 보이는 유아를 지속적인 면담이나 관찰, 행동분석을 통해 심층적인 연구를 조사할 수 있게 된다. 그럼으로써 이 연구는 대상 유아의 부적응 행동에 대한 원인과 해결방안 등을 마련하는 데에 일조를 할 수 있을 것이다.

사례연구는 통제집단이나 비교집단이 없고, 직접적인 연구의 대상은 모집단이 되므로 사례연구의 목적은 가설이나 명제를 검증하는 데 있는 것은 아니며, 관심 있는 대상에 관한 탐구를 통해 얻은 결과를 바탕으로 다른 사례들을 이해하는 데 있으므로 연구결과의 일반화를 목적으로 하지는 않는다.

일반적으로 사례연구의 목적은 다음과 같다(김석우, 최태진, 2007).

- 사례연구는 어떠한 현상에 관한 사실을 있는 그대로 '기술'하는 것을 목적으로 한다. 현상에 대한 상황과 맥락에 대한 진술과 상세한 묘사를 통하여 그 상황에 내포되어 있는 의미와 그 의도를 전달하고자 한다.
- 사례연구는 현상에 관한 '설명'을 목적으로 한다. 사례연구는 어떠한 사례들에 존재하는 현상과 다른 현상들 간에 존재하는 상호 관계성이나 서로에게 미치는 영향과 같은 형태로 나타날 수도 있다.
- 사례연구는 현상에 관한 '평가'를 목적으로 한다. 사례연구를 통한 특정한 교육과정이나 프로그램 및 영유아에 대한 평가 등이 가능하다.

2 사례연구 절차

사례연구는 소규모의 조사를 심도있게 수행하나 다수의 변인을 포함하기 때문에 자료수집이나 분석에 있어 양적 방법 혹은 질적 방법 같이 특정 방법론을 주장하지는 않으며, 연구사례의 선정 방법에 있어서도 고정되어 있지 않다(김석우, 최태진, 2007).

사례연구에서 중요한 것은 적절한 사례를 선정하는 일이며, 사례연구를 함에 있어 고려해야 할 내용들의 절차는 다음과 같다(Gresell, 1998).

① 연구자가 연구할 내용이 어떠한 사례연구의 유형이 유용한가, 어떠한 사례연구의 유형이 가장 가능성이 있는가에 대한 사항을 고려해야 한다. 사례연구의 유형에는 하나의 사례만을 연구하는 단일사례연구와 동일한 연구 안에 둘 이상의 사례를 연구하는 다중사례연구가 있다(Bogdan & Biklen, 2006).

② 자료수집자에 대해 고려해야 한다. 자료수집은 광범위하게 이루어지며 관찰, 문서, 시청각자료, 면접과 같은 다중적인 정보를 포함한다.

인(Yin, 2003)의 연구에서는 문서, 문서기록, 면접, 직접관찰, 참여관찰, 물리적 인공물 등의 6가지 정보의 유형을 추천하고 있다.

③ 수집한 자료를 어떠한 방법으로 분석하고 제시를 할 것인지에 대한 사항을 고려해야 한다.

인(Yin, 2003)은 사례의 구체적인 측면에 대하여 삽입된 분석, 사례 전체에 대한 총체적 분석으로 자료분석을 결정할 수 있다고 하였으며, 스테이크(Stake, 1995)는 연구자에 의해 이슈들이나 주제에 대한 분석과 사례에 대한 주장이나 해석을 통해 자료를 제시할 수 있다고 하였다.

이와 같이 사례연구는 연구가 진행되는 동안 진행과정에 대해 자세한 기록을 하여야 하며, 그 기록은 구체적이고 정확해야 하며, 객관적이어야 한다. 또한 기록에 대한 내용의 용어나 문체에 대해서도 일관성이 있어야 한다.

3 사례연구의 장단점

1) 사례연구의 장점

사례연구의 장점은 다음과 같다.

- 사례연구는 어떤 현상에 대한 특정의 집단이나 사람의 개입을 통해 어떠한 변화가 있었는지 파악할 수 있게 해주므로 특정 상황 속에서 상호작용이 이루어지고 있는 사람을 이해하는 데에 많은 도움을 준다(안선희 외, 2015).
- 다양한 자료출처를 통하여 현상을 연구하기 때문에 보다 가치 있고 풍부한 정보를 제공한다.
- 기술적, 설명적, 평가적, 탐색적 연구유형과 같이 여러 목적의 연구가 가능하므로 교육 분야 연구에 적절한 연구설계를 제공해 줄 수 있다.

2) 사례연구의 단점

사례연구의 단점은 다음과 같다.

- 많은 양의 자료를 수집하므로 이에 따른 경비와 시간이 많이 소요된다.
- 특정 사례에 관한 연구이기 때문에 연구결과를 일반화하는 데 한계가 있다.
- 사례연구를 수행하기 위해서는 전문적인 경험과 통찰력, 식견이 필요하며, 현실 문제에 관한 구체적인 처방 도출의 한계가 있다.

4 사례연구의 예시

▶▶ 사례연구의 예시 1

1. 연구설계

본 연구는 유아의 스마트폰 과다사용에 관한 부모변수를 설명한 연구결과를 종합하기 위해 수행한 체계적 문헌고찰과 메타분석연구이다.

2. 연구대상

본 연구의 대상논문은 국내외 문헌 중에서 유아의 스마트폰 과다사용과 관련한 부모요인을 보고한 조사연구들이다. 문헌검색을 위한 검색어 선정은 Population, Intervention, Comparison, Outcome, Study design(PICOS)를 기반으로 하였다. 구체적으로,

1) 연구대상(P)은 0세에서 6세에 해당하는 유아[6]를 양육하는 부모이다.
2) 종속변수인 결과(O)변수는 유아의 스마트폰 사용수준을 측정한 연구이며, 본 연구에서는 근거 수준이 높은 결과의 도출을 위해, 객관적 측정도구를 사용하여 결과 값을 제시한 연구를 분석대상으로 하였다.
3) 연구설계(S)는 전향적 코호트 연구 및 서술적 횡단적 조사연구로 스마트폰 과다사용과 연관된 부모관련 선행요인을 보고한 연구이다. 배제기준은 실험연구, 질적 연구, 사례연구, 초록만 게재한 문헌, 고찰연구, 증례보고이다.

연구결과의 신뢰성을 높이기 위하여, 동료-심사 학술지에 출판된 문헌만을 대상으로 하였다.

본 연구는 Preferred Reporting Items for Systematic Reviews and Meta-Analysis(PRISMA) 그룹의 체계적 문헌고찰 보고 지침[18]을 따랐다.

출처: 이금희, 김성재, 유혜진(2020). 유아의 스마트폰 과다사용과 관련한 부모요인 규명: 체계적 고찰 및 메타분석. 한국간호과학회, 50(3), 349-368.

▸▸ **사례연구의 예시 2**

1. 연구방법

본 연구는 지역아동센터 시설장들의 다문화교육 경험을 탐색해 보고 지역아동센터 내의 다문화교육 문제점들을 도출해 보며, 이에 대한 개선방안 및 시설장의 다문화교육 역량강화를 위한 방안을 모색해 보고자 서울 ○○구에서 지역아동센터 5년 이상의 운영 경험을 가진 시설장 7명을 대상으로 하였으며, 심층면담을 실시하였다.

2. 자료수집

자료수집은 2020년 1월부터 3월까지 2개월간 진행되었으며 1인당 1시간 3회 인터뷰와 시설관찰을 진행하고 필요에 따라 추가 인터뷰를 진행하였다.

인터뷰를 진행하고 연구참여자와의 심층 면담을 통한 녹음, 현장노트기록, 참여관찰을 주요 자료로 수집하였다. 면담 일정과 장소는 연구참여자들과 협의하여 조율하였으며 주로 연구참여자들이 운영하는 지역아동센터의 사무실이나 빈 학습실, 카페 등에서 이루어졌다. 면담 진행 시 연구참여자의 동의하에 녹음을 하였고, 녹음된 면담의 음성파일은 한글파일에 전사하였다. 녹음된 내용을 반복하여 들으며 연구참여자가 이야기하려는 의도를 그대로 기록하고자 노력하였다. 전사하다가 부족한 내용이나, 추가로 할 질문이 있을 경우 전화나 카카오톡으로 진행하였다.

출처: 이현숙(2020). 지역아동센터 시설장들의 다문화교육 경험과다문화교육 역량강화에 관한 사례 연구. 경인교육대학교 교육전문대학원 석사학위논문.

▶▶ 사례연구의 예시 3

II. 연구방법

1. 연구방법

본 연구는 유아들의 조형활동에서 나타나는 놀이양상과 이에 대한 교사의 반응을 알아보는 데 목적이 있다. 이러한 연구목적을 위해 질적 연구방법 중 하나인 사례연구방법을 선택하였다. 이는 만 5세 유아가 또래와 함께 경험하는 특정 활동인 조형활동에서 어떻게 놀이가 이루어지는지, 그리고 그러한 놀이에 대해 교사는 어떻게 반응을 하는지를 맥락 안에서 살펴보기 위해서이다. 사례연구방법은 어떤 특정 맥락 안에서 상세하게 조사하는 연구로(Bogdan & Biklen, 2011) 사례는 개인이나, 사건, 개념이 특정 대상이 될 수 있다(Yin, 2011). 유아를 대상으로 한 연구에서는 한 명의 유아가 될 수 있으며, 유아기의 어떤 현상이나 특성이 사례가 될 수 있다. 특히, 유아를 대상으로 하는 연구의 경우, 유아는 실험실 환경 같은 인위적인 곳에서 살지 않으며 의미 있는 맥락 속에서 일어나는 행위 그 자체가 더 가치 있기 때문에 자연스러운 연구상황 안에서 연구를 시작해야 한다.

본 연구를 사례연구방법으로 진행하려는 이유는 만 5세 한 반의 특정 상황과 그 속에서 특정 활동인 조형활동에서 나타나는 놀이에 관한 연구이기 때문이다. 특히 조형활동에서 나타나는 놀이에 교사는 어떻게 반응하는지 유아의 놀이가 이루어지는 맥락적 상황에서 구체적으로 알아보면서 의미를 찾아내기 위해 사례연구방법이 적합하다고 판단하였다.

2. 연구대상

연구대상은 경기도에 위치한 시립 어린이집 만 5세 구름반 유아 18명과 교사 1명이다. (생략) 구름반에는 남아 9명, 여아 11명으로 총 20명의 유아들이 있다. 이 중에서 연구참여에 동의한 유아는 총 18명이다.

3. 자료수집 및 분석

예비연구는 2014년 4월 7일부터 4월 25일까지 경기도에 위치한 어린이집 만 5세 구름반에서 이루어졌다. 예비연구 기간 동안 총 12회의 참여관찰, 2회의 원장면담, 3회의 교사면담, 비형식적인 방법의 유아면담을 진행하였다. 예비연구를 통해 기관선정과 연구대상의 적합성을 확인하였고, 연구방법에 대한 기초를 마련할 수 있었다.

출처: 전효훈(2016). 조형활동에서 나타나는 유아의 놀이양상과 교사의 반응에 관한 사례연구. 유아교육연구, 36(4), 93-125.

▸▸ 사례연구의 예시 4

본 연구는 만 2세 영아의 식습관에 대한 문제점을 인식하고 해결방안을 모색, 실행, 평가하는 순서로 진행하였으며, 연구기간은 2020년 영아의 까다로운 식습관 및 지도의 어려움에 대한 문제를 인식하기 시작한 7월을 포함하여 연구가 끝난 12월까지 약 6개월이다. 연구자는 수시면담일지, 부모상담일지, 1,2학기 영아 체크리스트 및 발달 평가서, 영아관찰일지의 관련 자료를 통해 영아들의 식습관의 문제를 인식하였으며 그에 따른 질적 연구를 계획하였다. 연구기간 동안 오전, 오후 두 차례의 간식시간과 점심식사 시간에 참여관찰과 동영상 촬영이 이루어졌다. 연구자는 연구기간 동안 하루 일과 중 일부를 동영상 촬영을 통한 전사 분석, 동료 교사와의 심층면담, 부모면담, 딸기반의 식습관에 관한 회의, 반성적 저널쓰기가 이루어졌다. 본 연구는 연구자가 영아의 부모들을 대상으로 연구의 목적과 수행내용에 대하여 자세히 설명을 한 후 자발적으로 참여하고자 하는 영아의 어머니를 대상으로 연구참여와 영아의 비디오 촬영에 대한 동의서를 받아 수행하였다.

출처: 박신영, 엄미향, 계승희(2021). 어린이집 교사가 경험한 유아의 까다로운 식습관 인식 및 지도의 어려움에 대한 질적 연구. 학습자중심교과교육연구, 21(7), 365-380.

▸▸ 사례연구의 예시 5

4. 연구절차

본 연구는 사례연구로 혁신유치원 만 5세 바다반의 교육과정 변화과정을 알아보고 이에 대한 의미를 찾는 데 목적이 있다. 교육과정은 연, 월, 일 단위로 계획을 하지만 유아들의 분위기 및 요구, 흥미, 경험에 따라 융통성 있게 변화되기 때문에 형식적인 틀보다 변화되는 과정 자체를 이해할 필요가 있다. 사례연구가 지닌 독특한 점, 특수성, 복잡성에 대해 이해하는 것을 적용하여 혁신유치원 만 5세 반의 교육과정 재구성 사례에 대한 맥락을 이해하는 데 유용하므로(고여훈, 2012) 본 연구에 적용하였다.

본 연구에 적용한 사례연구 모형은 Stake(2000)의 사례연구 과정과 방법인 계획, 설계, 준비, 수집, 분석, 공유의 단계로 본 연구의 절차를 구성하였다. 첫째, '연구계획' 단계에서는 교육과정을 수립하기 전, 교사로서의 역량과 함께 공유해야 할 가치에 대해서 교사연수를 수행하였고, 이러한 고민을 연간교육계획안과 월간교육계획안에 통합하였다.

둘째, '연구설계' 단계에서는 연구주제에 맞게 사례연구를 설계한 후 유아교육 전문가 2인의 내용적합성 여부에 대하여 검증을 받았다. 전문가 1인은 유치원 교사로 30년 근무한 유치원 원장이고, 다른 전문가는 유치원 교사경력을 가진 유아교육과 교수이다. 셋째, '자료수집' 단계에서는 연구참여 기관, 교사들에게 연구방법과 기간, 연구내용 등을 구체적으로 소개하고 연구동의절차를 거치는 과정을 진행하였다. 이후 교사 스스로의 저널과 협의 시 기록, 유아면담은 비구조적으로 수업시간에 진행되었다. 방법은 면대면, 수업시간의 상호작용, 포트폴리오평가, 유아 관찰, 사진 등을 사용하였다. 관찰은 수업시간을 활용하였으며 사진을 통해 남기고 상호작용을 기록하였다. 연간, 월간, 일일계획안, 교사저널, 사후 활동안, 협의록 등의 문서수집도 수행하였다. 넷째, '분석 및 글쓰기' 단계에서는 사실적이고 구체적으로 글쓰기를 하였으며, 자료를 분석하는 과정을 통해 자료를 체계적으로 정리하고 범주화하였다. 다섯째, '공유' 단계에서는 연구결과를 교사들과 연구기관과 함께 공유하였다. 직접 합의된 가치를 통해 교육과정을 운영하는 교사들과 평가 및 피드백을 하는 시간을 가졌다.

5. 자료분석

연구자료는 교사 협의, 수업 중 상호작용, 유아 개별 면담, 참여관찰을 통해 수집되었다. 이러한 자료들을 수집하는 방법으로 녹음과 녹화 방법을 사용하였으며, 질적인 분석을 하기 위해서는 날짜별로 자료를 분류하고 분석하였다. 녹음과 녹화자료는 전사하며 정리하였으며, 연구참여자들의 행동과 말투, 표정 등 비언어적인 부분까지도 자세하게 기록하였다. 연구자가 계획한 장면과 면담 외에 우발적인 상황이 발생했을 때에도 곧바로 녹음을 하거나 기록을 하였다. 교사 협의를 통해서는 유치원과 교실의 분위기 변화나 학급의 교육과정 운영 상황, 공동의 도전 과제 등에 대해서 논의를 하였다. 이러한 협의를 통해서 유치원과 교실의 문화와 교육과정 흐름의 방향을 알 수 있었다. 유아는 개별 면담을 통해 유아들의 목소리가 반영되는 교육과정에 대한 대답을 들을 수 있었으며, 참여관찰 중에도 유아들의 생각에 대해서 자연스럽게 알 수 있었다.

출처: 홍새봄(2019). 혁신유치원 만 5세 바다반의 교육과정 변화에 관한 질적 사례연구. 성결대학교 교육대학원 석사학위논문.

▸▸ 사례연구의 예시 6

연구주제 선정

초보 아동 중심 놀이치료자의 학습공동체 참여 경험

⬇

문헌고찰 및 연구문제 설정

⬇

연구계획서 작성(프로포절)

⬇

숙명여자대학교 생명윤리위원회(Institutional Review Booard) 승인

⬇

연구참여자 선정

초보 아동 중심 놀이치료자 4인 선정

⬇

자료수집

사전 1회, 사후 2회 개별 면담, 학습 공동체(10회) 녹화영상, 참여자 성찰일지, 그림 등 인공물

⬇

자료분석

자료를 지속적 비교 분석하며 범주 및 주제 도출

타당성 검증

연구참여자 4인 검증
전문가 3인의 검증

⬇

결과 및 논의

출처: 박현아(2020). 초보 아동중심 놀이치료자 학습공동체 참여경험에 대한 사례연구. 숙명여자대학교 박사학위논문.

▶▶ **사례연구의 예시 7**

본 연구의 목적은 Work Sampling System 활용 포트폴리오평가체계를 구성해 만 5세반에서의 현장 실행과정을 장기간에 걸쳐 면밀히 살펴보고 평가 실행과정에서 나타난 교사의 변화를 분석하는 것이다. 이를 위해 연구자는 질적 연구법을 사용해 Work Sampling System 활용 포트폴리오평가 참여자인 교사의 적용과정과 인식, 맥락적 의미 등을 이해하고자 하였다. 또한 교사의 평가 방안 적용과정과 실행 및 사고에서의 변화를 좀 더 심도 있게 분석하고자 다수의 연구대상이 아닌 한 교사의 경험과정과 인식변화에 대한 자료수집 및 분석을 실시하였다.

2. 연구절차

기간	내용
2011년 3월~8월	1) 문헌연구 2) 예비조사연구: 포트폴리오 평가 운영 현황 및 교사요구도 조사
2011년 9월~12월	3) Work Sampling System 활용 포트폴리오 평가 방안 구성 4) 연구참여자 선정
2012년 1월~2월	5) 연구 참여 교사 사전 교육 6) 교사 조력 시스템 구성
2012년 2월~12월	* 연구 참여 교사 및 학부모 사전 면담 * 평가 적용 과정 관찰 및 조력 / 교사 수시 심층 면담
2013년 1월~8월	* 연구 참여 교사 및 학부모 사후 면담 * 연구 참여 교사 추가 면담 * 연구 결과 최종 정리 및 타당화 작업

[그림 Ⅲ-1] WSS 활용 포트폴리오평가 연구 절차

출처: 이지수(2014). 만 5세반 교사의 Work Sampling System 활용 포트폴리오평가 실행연구. 덕성여자대학교 대학원 박사학위논문.

CHAPTER

11 아동검사

아동검사는 영유아의 성향이나 태도 및 능력 등의 심리적 특성을 파악하기 위한 측정 방법으로서, 아동의 행동 및 발달을 객관적이고 과학적으로 파악하기 위한 측정 방법이기도 하다. 그러므로 아동의 행동을 측정하기 위한 적절한 검사도구를 선택해야 한다.

검사는 그 내용에 따라 영유아의 사회적, 정의적, 인지적 특성의 현재 수준에 대한 이해가 가능하며, 검사를 시행하여 얻은 여러 가지 정보를 토대로 영유아의 발달과 성장을 지원하는 데 활용이 가능하다(김혜윤 외, 2018).

1 아동검사의 개념 및 특성

아나스타시(Anastasi, 1988)는 검사는 행동의 표본을 표준화된 방식으로 측정하는 기법으로 정의하였다. 검사에 있어서 표준화의 과정은 매우 중요하다고 볼 수 있는 것으로 검사의 특징은 다음과 같다(안선희 외, 2015).

- 검사는 검사자가 측정·추론하고자 하는 행동특성을 반영한 문항으로 구성되며, 검사를 통한 결과가 실제 행동적 특성을 추론하고 예측할 수 있어야 한다.
- 검사는 표준화되고 체계적인 절차에 따라 실시되어야 하며, 검사자가 검사하고자 하는 행동특성에 적합한 문항으로 구성되어 체계적으로 실시한다. 또한 동일한 검사문항으로 모든 대상에게 동일한 방식으로 실시되어 일관성 있는 방식으로 실시하여야 한다. 이러한 표준화된 검사를 실시함에 따라 개인 및 상황적 변인이 검사 점수에 미치게 되는 영향을 최소화시킬 수 있다.
- 검사에 따른 결과는 아동의 심리적 특성을 측정한 후 그 결과를 수량화하여 제시하므로 아동의 행동과 발달 연구를 효과적으로 할 수 있도록 도와준다.
- 검사는 표준화되고 체계적인 절차에 따라 이루어지므로 효율적이고 경제적인 정보를 제공해 준다. 이를 통해 얻는 정보는 면접이나 관찰을 통해 얻은 정보보다 유용한 자료를 확보하도록 도와준다.

2 검사의 유형

1) 발달검사

발달검사는 크게 발달선별검사와 발달진단검사로 구분되며, 아동발달검사는 외국에서 개발된 도구를 국내 아동을 대상으로 표준화시킨 발달검사와 국내에서 개발된 검사도구가 있다.

(1) 발달선별검사

발달선별검사는 종합적 진단을 요하는 아동을 대상으로 조기에 판별하기 위하여 실시되는 검사이다(McLean, Bailey, & Wolery, 1996). 일반적으로 발달선별검사는 문항이 간단하여 짧은 시간 내에 이루어지며, 대체로 간단한 체크리스트나 부모면담을 토대로 진행된다.

(2) 발달진단검사

발달진단검사는 발달선별검사와는 달리 심도 있고 포괄적인 문항으로 구성되며, 선별검사의 결과에 따라 선별된 아동의 발달적 상태나 장애, 유형을 정확히 판단하기 위한 검사이다. 따라서 표준화된 절차에 따라 검사결과에 따른 다른 아동과의 객관적인 비교가 가능하여야 한다. 특히 영유아일 경우에는 아동의 발달적 특성에 따라 문항의 난이도 등 융통성 있는 검사를 실시하는 것이 좋다.

K-ASQ 아동발달검사

- 표준화: 허계영(2006) / 4개월-60개월
- 장애아동을 조기선별하기 위하여 부모가 작성하는 영유아 모니터링 시스템
- 의사소통, 대근육운동, 소근육운동, 문제해결, 개인-사회성 등 5가지 발달영역 각 6문항씩 구성

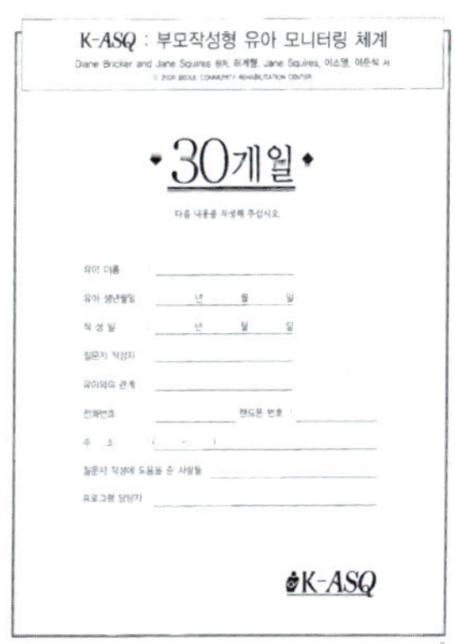
K-ASQ : 부모작성형 유아 모니터링 체계

30개월

K-ASQ

K-CDI 아동발달검사

- 표준화: 김정미, 신희선 / 15개월-만 6세
- 아동의 사회성, 자조행동, 대소근육운동, 표현언어, 언어이해, 글자 숫자영역 전체 발달을 포함하는 300개의 문항으로 진단하며 부가적으로 문제행동을 보고하도록 구성
- 검사결과는 영유아기 아동의 조기발달적 문제나 장애 여부 선별에 유용한 자료 제공

출처: 학지사 심리검사연구소. https://inpsyt.co.kr/

한국판 영유아 언어 및 의사소통발달검사(K-SNAP)

- 6개월~36개월까지의 영유아를 대상
- 간편하게 언어 및 언어발달수준을 살펴볼 수 있는 도구
- 52개 설문문항 주 양육자가 "예, 아니요" 중 하나를 택하여 답
- 52개의 문항은 발성과 제스처, 단어 사용, 문장과 문법 사용 정도
- 다양한 의사소통 상황에서 화용적으로 어떻게 상호작용하는지 살펴보는 문항들로 구성

(배소영, 윤호진, 설아영, 2017.)

한국 영유아 발달선별검사 도구 (Korean Developmental Screening Test for Infants & Children, K-DST)

한국 영유아 발달선별검사는 보건복지부가 우리나라 영유아의 특성과 문화적 배경을 반영하여 독자개발한 도구로서, 부모가 직접 작성할 수 있는 부모작성형으로 구성하였으며, 평가도구의 응답법도 '예', '아니오'의 단순응답에서 4가지로 세분화하여 검사신뢰도를 높일 수 있게 하였다.

- **한국형 영유아 발달선별검사 도구개발 및 타당성 평가 연구('12.4.2-'14.4.1, 고려대 은백린 교수)**
  - ○ 평가하는 발달영역당 8문항으로 구성되어 있으며, 18개월 미만의 아동(세트 1~7)까지는 40문항, 18개월~71개월의 아동(세트 8~20)은 48문항으로 구성
    - 18개월 미만의 아동(세트 1~7): 대근육운동, 소근육운동, 인지, 언어, 사회성 등 총 5개의 발달영역 평가
    - 18개월~71개월의 아동(세트 8~20): 자조 영역이 포함된 총 6개의 발달영역을 평가

○ 총 6개의 핵심적인 발달영역(대근육운동, 소근육운동, 인지, 언어, 사회성, 자조)을 평가(발달영역당 8문항으로 구성) 하고, 기본적인 움직임과 관련된 영역부터 인지발달과 그 외의 적응기능을 포괄적으로 평가

○ 각 질문지는 양육자가 이해하기에 간단하며 직접적인 용어를 사용한 문항으로 구성되어 있으며, 일부 문항의 경우 양육자가 질문을 보다 쉽게 이해할 수 있도록 그림을 제시

〈K-DST의 그림문항 예시(세트 3의 대근육운동 문항)〉

6	가구를 붙잡은 상태에서 넘어지지 않고 자세를 낮춘다. 

○ 각 영역의 발달과 관련된 문항뿐만 아니라, 발달과정에서 매우 중요하기에 별도로 고려되어야 하는 항목과 발달의 양적인 지연이 뚜렷하지 않으면서도 질적으로 변형된 발달을 보이는 신경발달장애를 탐지할 수 있는 항목을 다루는 추가질문(critical question)을 포함

출처: 국민건강보험공단 홈페이지(www.hi.nhis.or.kr).

〈 한국 영유아 발달선별검사 도구 주요내용 〉

▲ **우리나라 문화 및 언어 환경에 적합하고 쉬운 언어로** 문항 구성
▲ **세분화된 4점 척도 응답법을 적용**하여 결과의 **정확성 향상**
▲ **정서 및 행동문제를 검사**하는 질문 추가 구성
▲ **부모작성형**으로 **시간 단축**
▲ **웹(Web) 구현**(시스템 구축 예정)으로 **수요자 접근성 향상 및 시간 단축**
▲ **우리나라 영유아 선강검진 월령주기(4~71개월) 무두 포함**

영유아건강검진 시 K-DST 한국 영유아 발달선별검사

K-DST 한국 영유아 발달선별검사 영역별 평가내용

평가 내용	발달지연 관련성
① 대근육운동 영역	
팔, 다리와 고개, 몸통 등을 움직이는 행동, 즉 목 가누기, 기기, 걷기, 달리기, 차기 등을 평가	중추신경계나 말초신경계, 혹은 근골격계의 정상적인 발달에 문제가 있을 때 나타나는 운동장애와 직접적으로 관련
② 소근육운동 영역	
팔, 손, 손가락을 사용하는 미세한 운동과 사물의 조작능력, 협응운동 발달을 알 수 있는 잡기, 블록 쌓기, 쓰기, 그리기, 자르기 등의 미세운동 평가	소근육운동 발달은 몸이 균형을 잡게 되는 시기부터 더욱 활발하게 진행되며, 이후 지능발달에도 밀접한 연관
③ 인지 영역	
주변 환경과의 관계에 대한 시청각적, 통합적 지각, 사고, 추리, 비교와 분류, 기억 및 모방, 수 개념, 공간개념, 문제해결 등과 관련된 행동 평가	인지발달은 초기에는 운동발달과 밀접한 연관을 갖게 되며, 언어발달과 사회성 발달에 많은 영향을 주며 점차 상호작용을 하게 되고, 인지발달이 지연될 경우 정신지체 보일 수 있음
④ 언어 영역	
옹알이, 말하기, 듣기 등 의사소통 능력을 포괄적으로 평가	청각이나 조음기관의 문제가 있을 때는 언어발달상의 문제 발생 가능
⑤ 사회성 영역	
타인과 상호작용하는 데 필수적으로 요구되는 기술들을 포함 눈 맞춤, 공동주시(joint attention), 모방행동, 타인의 감정 파악, 규칙이 있는 놀이하기, 상상 놀이 등의 행동 평가	기타 운동발달이나 인지발달상의 지연이 관찰되지 않음에도 불구하고 사회성 영역의 두드러진 지연이 나타난다면 자폐범주성장애 의심 가능
⑥ 자조 영역	
아동이 환경에의 적응과 생존을 위해 독립적인 일상생활을 하는 데 필요한 기술들을 포함 식사하기, 대소변 가리기, 옷 입고 벗기, 청결과 위생 등의 행동 평가	자조능력을 개발하기 위해서는 어느 정도의 대근육운동 및 소근육운동 발달이 선행되어야 하며, 자조능력의 발달은 대인관계 및 사회활동의 바탕이 됨

K-ASQ, DENVER-II와 K-DST 비교

구분	한국형 DENVER-II	한국형 Ages and Stages Questionnaires 발달선별검사 (K-ASQ)	한국 영유아 발달선별검사 (Korean Developmental Screening Test for Infants & Children, K-DST)
검사자	아동건강전문가	부모작성형	부모작성형
대상아동	0세~6세	4개월~60개월	4개월~71개월
평가 영역	4개 영역: 전체운동, 미세운동-적응, 언어, 개인-사회성	5개 영역: 의사소통, 대근육운동, 소근육운동, 문제해결, 개인-사회성	6개 영역: 대근육운동, 소근육운동, 인지, 언어, 사회성, 자조
문항 수	미세운동 및 적응 발달: 27문항 운동발달영역: 27문항 언어발달영역: 34문항 개인사회 발달영역: 22문항	영역별 6개 문항으로 구성	영역별 8개 문항으로 구성
응답법	① 예 (유아가 행동을 수행할 때) ② 아니오 (아직 행동을 수행하지 못할 때)	① 예(유아가 행동을 수행할 때) ② 가끔(행동을 보이기 시작할 때) ③ 아니오 (아직 행동을 수행하지 못할 때)	① 전혀 할 수 없다 ② 하지 못하는 편이다 ③ 할 수 있는 편이다 ④ 잘 할 수 있다
장점	검사의 재검사 신뢰도 0.9	민감도 0.67~1.00, 특이도 0.76~1.00로 신뢰도 높음	**※ 주요 개선사항** (장·단점을 구분하지 않음) 검사-재검사 신뢰도 0.77 ~ 0.88로 시간적 안정성 보임 민감도 0.88, 특이도 0.95로 타당도 높은 검사 웹(web)상 구현 가능 71개월까지 포괄 우리나라 문화 및 언어 환경에 맞고, 일반적 교육수준으로 이해 가능한 쉬운 언어로 작성 18개월부터 자조능력 항목 추가, 정서 및 행동문제를 나타내는 신경발달장애(예, 자폐 스펙트럼 장애, 반응성 애착장애 등)를 탐지할 수 있는 추가질문 포함
단점	검사자의 직접 시행으로 시간 소요가 상대적으로 길어, 외래 진료에서 모든 아동에게 적용하기에는 어려움 사회성 발달 항목이 개인-사회성 발달 위주로 구성되어, 정서사회적인 면의 평가 항목 부족	매뉴얼/kit 별도 구매 필요 저작권에 의해 웹(web)상 구현 불가 중간단계 판정 저조 · 모든 문항에 '예'로 대답하여야만 자신의 아동이 '정상'으로 판정되리라 생각하여, 애매한 문항도 모두 '예'로 대답하는 경향 이해하기가 어렵거나 명확하지 못한 문항 존재 사회성 발달 항목이 개인-사회성 발달 위주로 구성되어 정서사회적인 면의 평가 항목 부족	

K-DST 결과표

결과표 (4~5개월용)

아이 이름		(남, 여)	작성일	년 월 일
생년월일	년 월 일 (조산아인 경우 출산 예정일 : 년 월 일)			
설문 응답자		□어머니 □아버지 □할머니 □할아버지 □기타( )		

결과 요약

영역 \ 분류	1	2	3	4	5	6	7	8	총점	절단점		
										가	나	다
대근육운동										10	15	22
소근육운동										12	17	23
인 지										12	16	22
언 어										10	16	22
사 회 성										11	15	21

평가 결과

점수화

1. 점수화를 위한 채점 단계는 다음과 같이 4단계로 구성됩니다.
   (잘 할 수 있다 = 3점, 할 수 있는 편이다 = 2점, 하지 못하는 편이다 = 1점, 전혀 할 수 없다 = 0점)
2. 각 영역별로 문항별 점수를 합하여 총점을 기록합니다.
3. 총점에 대한 평가는 각 영역별로 제시된 절단점에 근거하여 다음과 같이 네 가지로 평가합니다.
   ① 심화평가 권고 ② 추적검사 요망 ③ 또래 수준 ④ 빠른 수준

작성일자: ____________________

작 성 자: ________________ 서명

2) 지능검사

지능검사는 아동의 지적인 능력을 평가하는 검사도구로서 검사방식과 문항구성은 지능을 어떻게 정의하느냐의 관점에 따라 달라진다. 대표적인 아동 지능 검사도구로는 KABC-II(한국 카우프만 아동 지능검사2), K-WISC-V(한국 웩슬러 아동 지능검사 5판), K-WPPSI-IV(한국 웩슬러 유아지능검사 4판) 등이 있다.

KABC-II 한국 카우프만 아동 지능검사2

- 표준화: 문수백
- 대상: 만3세-18세 (60-90분)
- 인지적 강점 및 약점의 파악/ 치료계획, 배치계획 설정
- 광범위한 인지능력 측정(순차처리, 동시처리, 학습력, 추리력, 결정성 지적능력 등을 포함하는 광범위한 인지능력 측정)
- 아동과 청소년의 정보처리와 인지능력의 측정을 위해 개발된 개인지능검사로서 심리, 임상, 심리교육, 신경심리적 평가를 위한 목적으로 개발
- 비언어성 척도를 포함하고 있어 비언어성 척도의 하위검사에서 검사자가 몸짓으로 문항을 제시, 피검사자는 언어가 아닌 동작으로 반응할 수 있도록 하여 장애로 인해 제한된 언어능력을 가진 다문화가정의 아동들을 보다 타당하게 평가가능
- KABC-II 척도구성

하위척도	내용
순차처리(Gsm)	수회생, 단어배열, 손동작
동시처리(Gv)	블록세기, 관계유추, 얼굴기억, 형태추리, 빠른길찾기, 이야기완성, 삼각형, 그림통합
학습력(Glr)	이름기억, 암호해독, 이름기억-지연, 암호해독-지연
계획력(Gf)	형태추리, 이야기완성
지식(Gc)	표현어휘, 수수께끼, 언어지식

출처: 학지사 심리검사연구소. https://inpsyt.co.kr/

KBIT2 한국 카우프만 간편지능검사 2

- 만 4세-90세까지 아동 · 청소년 · 성인의 언어성 및 비언어성 지능 측정
- 한국판 저자: 문수백
- 검사 실시절차가 간단
- 폭넓은 연령에 활용
- 언어성과 비언어성 하위검사로 구성(다문화가정 아동이나 비문해 수검자도 융통성 있게 검사)
- 기존 주요 인지능력검사 및 지능검사의 결과 해석에 유용한 정보로 활용
- 영재성 판단이나 특정 학습장애 여부를 파악하기 위한 인지기능 측정용

영역	내용
언어지식	자연, 지리, 예술, 과학 등 세상사와 관련된 폭넓은 일반상식과 수용적 어휘력 측정
관계유추	보기로 제시되는 5개 그림 중 자극 그림과 가장 잘 어울리는 그림을 선택하여 비언어성 영역을 측정
수수께끼	제시된 물음에 대해 한 단어로 대답을 유도하여 언어능력 및 기본 지식을 확인

출처: 학지사 심리검사연구소. https://inpsyt.co.kr/

K-WISC-V (한국 웩슬러 아동 지능검사 5판)

- 표준화: 곽금주, 장승민
- 아동이 지닌 인지기능의 전반적인 평가 및 강점과 약점 파악
- 만 6세-만 16세 11개월
- 전체척도

언어이해	시공간	유동추론	작업기억	처리속도
공통성	토막짜기	행렬추리	숫자	기호쓰기
어휘	퍼즐	무게비교	그림기억	동형찾기
상식				
이해				

출처: 학지사 심리검사연구소. https://inpsyt.co.kr/

K-WPPSI-Ⅳ (한국 웩슬러 유아지능검사 4판)

- 표준화: 박혜원, 이경옥, 안동현
- 아동이 지닌 인지기능의 전반적인 평가 및 강점과 약점 파악
- 약 30분-1시간
- 만 2세 6개월-7세 7개월
- 검사구성

	소검사	설명
1	토막짜기	제한시간 내에 제시된 모형 또는 토막그림을 보고, 한 가지나 두 가지 색으로 된 토막을 사용하여 똑같은 모양을 만든다.
2	상식	그림문항의 경우, 일반상식에 관한 질문에 가장 적절한 보기를 선택한다. 언어문항의 경우, 일반상식에 관한 광범위한 주제를 다루는 질문에 답한다.
3	행렬추리	완성되지 않은 행렬을 보고 행렬을 완성시키기 위해 적절한 보기를 선택한다.
4	동형찾기	제한시간 내에 제시된 벌레그림과 같은 벌레그림을 보기 중에서 찾아 표시한다.
5	그림기억	일정시간 동안 1개 이상의 그림이 있는 자극페이지를 보고 난 후, 반응페이지의 보기 중에서 해단 그림을 찾아낸다.
6	공통성	그림문항의 경우, 제시된 2개의 사물과 같은 범주의 사물을 보기 중에서 선택한다. 언어문항의 경우 공통된 사물이나 개념을 나타내는 2개의 단어를 듣고 공통점을 말한다.
7	공통그림찾기	2줄 또는 3줄의 그림을 보고, 각 줄에서 공통된 특성을 지닌 그림을 하나씩 선택한다.
8	선택하기	제한시간 내에 비정렬 또는 정렬된 그림을 훑어보고 목표그림을 찾아 표시한다.
9	위치찾기	일정시간 동안 울타리 안에 있는 1개 이상의 동물카드를 보고 난 후, 각 카드를 보았던 위치에 동물카드를 배치한다.
10	모양맞추기	제한시간 내에 사물의 표상을 만들기 위해 조각을 맞춘다.
11	어휘	그림문항의 경우, 검사 책자에 있는 그림의 이름을 말한다. 언어문항의 경우, 검사자가 읽어 준 단어의 정의를 말한다.
12	동물짝짓기	제한시간 내에 동물과 모양의 대응표를 보고, 동물그림에 해당하는 모양에 표시한다.
13	이해	그림문항에서 일반적인 원칙이나 사회적 상황을 가장 잘 나타내는 보기를 선택한다. 언어문항에서 일반적인 원칙과 사회적 상황에 대한 이해를 기초로 질문에 답한다.
14	수용어휘	검사자가 읽어주는 단어를 가장 잘 표현하는 보기를 선택한다.
15	그림명명	그림에서 제시된 사물의 이름을 말한다.

출처: 학지사 심리검사연구소. https://inpsyt.co.kr/

3) 아동검사 시 유의사항

표준화된 발달검사의 사용과 관련하여 유의해야 할 사항은 다음과 같다(안선희 외, 2015; 황해익 외, 2020).

- 검사환경의 구성 시 물리적 환경(검사대상자의 시선이나 주의를 끌지 않는 환경, 적절한 조명과 조용한 공간)과 심리적 환경(편안하고 안정감 있는 온화한 분위기)이 모두 갖추어진 곳에서 실시하는 것이 좋다.
- 검사의 선택은 그 프로그램의 철학과 목적 및 이론에 알맞아야 한다(검사자는 검사매뉴얼을 숙지하고 제시된 실시절차에 따르는 것이 중요).
- 표준화된 검사를 과도하게 사용할 경우, 검사결과에만 의존하는 오류를 범할 수도 있다. 검사는 발달을 정확하게 평가하기 위한 수단으로서의 방법이며, 이 자체가 목적이 되어서는 안 된다. 그러므로 진단 및 평가는 실제 생활에서의 지속적인 관찰을 통해 누적된 자료와 다양한 평가방법을 통하여 종합적으로 이루어져야 한다.
- 검사는 모두 신뢰로워야 하며 타당하여야 한다.
- 검사는 그 검사가 원래 의도하였던 목적이 증명된 범위 내에서만 사용하여야 한다.
- 검사결과의 해석은 정확하고 객관적으로 해석해서 제공되어야 한다.
- 검사자와 검사대상 간의 라포(신뢰감)형성은 검사과정 및 검사결과에 결정적인 영향을 미칠 수 있으므로, 긴장을 풀어 중압감이나 불안감을 느끼지 않도록 도와주어야 한다.
- 검사자가 검사를 지속적으로 거부할 경우에는 다음에 재검사를 실시하거나 검사를 중단하여야 한다.

CHAPTER

12 포트폴리오평가

포트폴리오는 한 개인의 기술, 아이디어, 흥미 및 성과물을 담아두는 보관함을 뜻하는 'folio'라는 말에서 나왔으며, 포트폴리오(portfolio)는 자료 묶음이나 서류가방을 뜻한다. 이는 오래전부터 미술, 문학, 의류 분야에서 활용되어 온 것으로 작업이나 수행의 결과, 작품 등을 모아 놓은 것이다(김혜윤 외, 2019).

포트폴리오는 표준화된 검사와 같은 전통적인 방법과는 달리 광범위한 맥락에서 아동을 관찰하여 정보를 수집한다. 포트폴리오는 아동이 수행한 작업, 아동의 발달과 학습을 평가하기 위하여 비형식적으로 이루어진 평가나 수행평가로부터 얻은 교사의 자료를 수집할 수 있다. 즉, 아동이 무엇을 배우고, 질문하고, 사고하고, 분석 · 종합 · 생산하는지 또한 다른 사람과 지적, 정서적, 사회적으로 상호작용하는지를 기록하는 것이다. 이러한 포트폴리오는 시간의 흐름에 따른 학습자의 발달과 학습을 기록하는 증거를 조직적이고 목적을 가지고 모아 놓은 것을 통해 아동 자신의 수행 능력에 대한 판단을 내리며 창의적 문제해결을 개발시킬 수 있다.

포트폴리오는 교사가 조직하며 관찰 보고서, 행동목록, 작업표본, 지시된 과제의 기록, 면접 그리고 그 밖의 성취도를 포함한다(조윤경, 김경혜, 2013).

1 포트폴리오의 개념과 특징

포트폴리오의 내용이 어떻게 사용되는가는 목적에 따라 다르다. 이는 작업 결과나 작품 혹은 어떤 수행의 결과를 모아 놓은 자료집이나 서류철로(황해익 외, 2009), 아동에 대한 평가와 사정, 자기평가와 반영 그리고 경과를 보고하기 위해 사용된다.

1) 평가와 사정을 위한 포트폴리오

포트폴리오 수집물은 일정 기간 이상 아동이 수행한 활동의 총체적인 양상을 발달시키는 데 사용된다. 이는 아동이 작업한 다양한 작품에서 개념을 이해하고 있는가, 기능을 지니고 있는가, 무엇을 이해하고 있는가에 대한 다양한 평가를 제공하는 것이다. 아동의 작업을 평가하는 것 이외에 포트폴리오는 교사를 평가할 수도 있고, 아동은 교사에게 피드백을 제공하는 기회를 가진다.

예를 들어 초등학교에 입학한 3월부터 한 학기를 마치는 7월까지 아동이 수행한 활동에서 교사가 제시한 활동 방법이나 교수목표 등이 적합하였는지를 확인하는 것이 가능하다.

2) 자기평가와 반영을 위한 포트폴리오

몇 년 이상의 기간 동안 사용되는 포트폴리오는 아동의 작업표본과 그림들을 종단적으로 비교하고 분석함으로써 자신의 성장과 진행과정을 되돌아볼 수 있게 해준다(Hebert & Schultz, 1996). 아동을 담당하고 있는 많은 교사들은 학기 초에 아동에게 자화상을 그리도록 한 후 각 보고 기간 초에 아동은 또 다른 그림을 그리고 이를 통해 자신을 되돌아볼 수 있고 자신의 노력이 얼마나 향상되었는지를 알 수 있다.

3) 진행보고를 위한 포트폴리오

포트폴리오는 포괄적 보고방법으로 이를 통해 부모가 자녀의 일 년 동안 교사와 함께 무엇을 학습하고 활동했는지에 대한 검토를 할 때 작품들과 사용했던 평가들을 알 수 있다. 예를 들어, 아동의 포트폴리오를 통해 일 년 동안의 작품들과 교사의 코멘트(평가방법) 등을 확인하면서 학교생활에 대한 진행보고를 받는 것이 가능하다.

2 포트폴리오평가의 장단점

〈표 12-1〉 포트폴리오의 장점과 단점

유형	내 용
장점	▪ 아동의 다양한 측면에서 활동자료, 평가지를 통해 개별 아동의 발달과정을 알 수 있다. ▪ 아동이 한 활동을 중심으로 평가할 수 있어서 과정 중심 평가라고 할 수 있다. ▪ 장시간에 걸쳐 이루어지는 것이기 때문에 단기간의 평가로 인해 간과할 수 있는 부분을 보완할 수 있다. ▪ 아동이 스스로 자신이 한 활동을 평가해 볼 수 있다. ▪ 일반적으로 단점보다는 장점을 발견하는 데 중점을 둔다.
단점	▪ 채점의 어려움으로 신뢰도가 낮다. ▪ 전체 과정에 대한 교사의 충분한 훈련이 요구된다. ▪ 평가, 채점기준, 아동과의 접촉에서 많은 시간이 소요된다.

3 포트폴리오평가 구성

포트폴리오는 다양한 영역에서의 아동의 성취능력, 노력, 성취정도 등을 파악하는 데 목적을 둔 자료수집방법이기도 하다. 개인작업 파일은 아동에 관해 많은 것을 알게 해주며 아동이 자기평가를 발달시키는 유용한 자료가 된다.

1) 포트폴리오의 유형

포트폴리오는 대상과 목적에 따라 개인 포트폴리오, 학습 포트폴리오, 인수 포트폴리오로 구분할 수 있으며, 작업 포트폴리오, 평가 포트폴리오, 전시 포트폴리오, 기록 포트폴리오의 네 가지 유형으로 교사, 교사와 아동, 아동에 의해서 구성되는 경우가 있다. 이러한 포트폴리오의 내용과 목적은 교사가 포트폴리오를 관리하고 사용할 것인가, 교사와 아동이 함께 포트폴리오를 다룰 것인가, 진행과정에서의 부모 역할은 무엇인가에 따라 포트폴리오의 유형이 결정된다.

통합 교과과정의 수행을 위해서 포트폴리오는 발달범주, 내용영역(주제)에 의해 구성될 수 있으며, 포트폴리오가 교과과정 계획에 부합되면 프로그램의 목적과 발달과 학습의 목표는 교육과 평가를 위한 토대로서의 역할을 한다.

교사가 인지와 발달에 대한 불시성[1)]에 대하여 이해함에 따라 수행해야 할 일은 갑자기 일어나는 발달 특징에 익숙해지며 그러한 발달 양상이 평가를 위해 수집할 수 있는 작업에 어떻게 반영되는지를 인식하는 것이다. 이러한 관점에서 교사가 아동의 발달과정을 어떻게 평가할 것인지에 대하여 이해하려면 발달의 원리와 특징을 이해하는 것이 필수적이다.

1) 인지와 발달이 어느 날 갑자기 발달하게 되는 현상

〈표 12-2〉 **포트폴리오 유형**

유형	내 용
개인 포트폴리오	▪ 아동의 병적, 부모의 전화번호, 교사의 일화기록, 면담기록 등 아동 가족의 개인적인 자료 ▪ 아동 개인과 부모에 대한 신상정보, 의료기록과 같은 개인정보
학습 포트폴리오	▪ 프로젝트에 대한 기록, 그림, 작업표본 등 ▪ 교육과정 운영에서 나타나는 활동과정과 결과에 대한 정보 수집 ▪ 학습활동, 자격증 등 활동에 대한 자료 모음
인수 포트폴리오	▪ 아동의 주요한 변화나 지속적인 문제들을 알 수 있는 작업표본을 모아 내년 또는 후임에게 전달하는 참고할 수 있는 자료
작업 포트폴리오 (Working portfolios)	▪ 앞으로의 평가를 위해 아이들이 작업한 작품들을 수집하는 것 ▪ 보고 기간 동안 아동 작품 모두 수집 ▪ 작업 포트폴리오 항목은 이후 다른 포트폴리오의 부분이 될 수 있음
평가 포트폴리오 (Evaluative Portfolios)	▪ 가장 일반적인 유형으로 아동발달과정에 관한 평가를 만들 수 있음 ▪ 교사는 아동발달이 어떻게 향상될 것인지 앞으로의 성장과 학습에 필요한 것이 무엇인지를 평가하는 자료로 사용 ▪ 부모에게 보고할 경우와 교과과정과 교수계획 시 사용되기도 함
전시 포트폴리오 (Showcase Portfolios)	▪ 아동 특성을 잘 나타내는 작품을 전시하는 데 사용 ▪ 대체로 아동 작품을 부모님께 보여주기 위해 사용 ▪ 다른 학급, 다른 연령 아동이 학습과 활동한 것에 대해 알기 위함 ▪ 주로 아동이 선택함
기록 포트폴리오 (Archival Portfolios)	▪ 포트폴리오가 해마다 아동을 따라서 다음 담당 교사에게 정보를 제공함(=차례 포트폴리오)

출처: 김혜윤 외(2019).

2) 포트폴리오의 구성

〈표 12-3〉 포트폴리오 구성

요 소	내 용
활동날짜와 작업표본	포트폴리오의 유형과 목적에 따라 결정되는 것으로 시간의 흐름에 따라 변화과정을 확인하는 것이 목적이지만 수집된 그 자체만으로도 아동발달에 중요한 기록이 된다. 작업표본에는 일정 기간 동안 아동의 변화과정을 살펴보기 위해 정확한 날짜를 기입하는 것이 중요하다.
활동 결과물 분류표	포트폴리오 표본은 다양한 영역에서 다양한 작품들이 포함되어 있으므로 교사가 찾기 쉽게 생활주제로 또는 교육과정 영역별 등으로 분류해야 작업이 끝난 후 재검토하는 일과 보는 사람이 쉽게 이해할 수 있다.
자기반영	아동 자신의 활동이 처음 생각한 바대로 잘 진행되었는지를 스스로 목표와 비교하여 반성하거나 느낀 점, 보완할 점 등을 평가하는 과정이다. 이 과정은 활동의 발전을 위한 포트폴리오 활동의 핵심이라고 할 수 있다.
논평	활동에 대한 자기논평, 또래논평, 교사논평, 부모논평으로 구분되는 것으로 자기논평은 자기 스스로 평가하는 것으로 자기 반영의 결과이고 또래논평은 협동적 평가 산물로 아동에게 새로운 목표와 지침이 된다. 교사논평은 부모에게 자녀의 발달과 여러 상황에 대한 이해를 돕고, 부모논평은 아동에 대해 교사가 인식하지 못했던 여러 부분에 대한 이해 자료가 된다.
내용목차	수집할 내용물을 미리 표를 만들어 새로운 활동 내용물을 넣을 때마다 날짜와 영역을 표시하는 요약표를 작성하여 포트폴리오 결과를 보는 사람이 쉽게 활동 정보를 확인할 수 있도록 하는 것으로 포트폴리오의 가장 앞부분에 제시하여 내용목차만 보고도 개별 아동의 발달이나 선호하는 활동과 영역활동에 대한 개략적인 파악이 가능하다.
학습일지	아동이 교사와 함께 아동의 활동 진행 과정이나 경험한 것을 정기적으로 기록하는 과정을 통해 교사와 아동 간의 면담 과정이 된다. 학습일지를 작성하면서 교사와 아동은 소통이 가능할 뿐만 아니라 여러 가지 문제점에 대하여 파악하고 아동과 함께 해결책을 모색하며 아동에게 필요한 지도와 조언을 할 수 있다.
관찰기록	교사가 아동의 활동과 결과물 등에 대하여 일화기록, 표본기록, 사건기록, 평정척도, 체크리스트 등의 다양한 기법들을 사용해서 기록하는 것이다.

3) 영역별 구성 내용

〈표 12-4〉 영역별 항목

영 역	내 용
신체 및 표현영역	▪ 놀이, 게임, 운동 등에 대한 아동의 움직임 관찰기록 및 자기보고 ▪ 매체를 보고 노래, 율동, 손유희 등 따라 하는 장면 기록 ▪ 방과 후 혹은 주말에 하는 활동 등에 대한 기록 ▪ 평소와 다르거나 독특하게 만든 쌓기물이나 프로젝트
언어영역	▪ 이해력, 개념, 어휘에 대한 증거 ▪ 책을 읽거나 보는 데 보내는 시간 ▪ 자신의 일이나 활동에 대하여 쓴 글이나 코멘트 ▪ 음악이나 이야기를 듣고 그린 그림 등
사회영역	▪ 친구관계와 놀이 등에서 상호작용하는 것에 대한 관찰기록 ▪ 소집단 프로젝트 수행 시 협동 여부 ▪ 아동의 독특함, 성격, 흉내, 성향에 대한 증거 ▪ 사회적 문제를 해결하는 능력 ▪ 다른 사람과의 관계에서 주도권 또는 추종자의 역할 여부 ▪ 자아개념에 대한 자기보고
탐구영역	▪ 분류, 패턴, 서열, 상징부호의 사용, 순서, 수 개념 등의 기본적인 사고과정을 수행하는 유아들의 능력을 보여 주는 예들 ▪ 기억 전략에 대한 자기 보고나 유도된 반응들 ▪ 사물의 변화나 일이 진행되는 순서에 대한 이해, 자기 보고, 유도된 반응 ▪ 프로젝트를 통해 얻어진 보고서, 전시한 것, 그림, 모델 등의 결과물 ▪ 자신의 생각이나 의사결정을 지지해 주는 보도 전략들 ▪ 개념적인 이해, 탐구, 가설 세우기, 문제해결하기 등에 대한 것

4 포트폴리오평가 설정

포트폴리오 수행 과정이 성공적이 되려면 학교는 변화를 지지할 수 있는 분위기를 형성하고 있어야 한다. 새롭고 복잡한 평가 접근을 하기 전에 포트폴리오평가의 목적과 학습과 교육의 원리들이 평가목적과 어떻게 연계되는지 교사는 이해하고 받아들일 준비가 되어야 한다.

1) 시작단계

시작단계에서 우선 교사는 포트폴리오 실시를 결정하여 변화를 받아들이는 것에 대한 이해를 하고 과정 시작하기 전 몇 가지 결정들을 내려야 한다.

첫째, 포트폴리오의 목적, 형식, 기록보존체계를 설정한 뒤 포트폴리오 내용 선택에 따라 무엇으로 포트폴리오를 구성할 것인지 결정한다.

둘째, 아동의 작품은 어떻게 수집 및 구성, 검토될 것인지에 대해 결정해야 한다.

셋째, 교사가 포트폴리오에 있는 내용을 어떻게 보고할 것인가에 대해서 결정해야 한다.

(1) 포트폴리오의 목적

포트폴리오 목적은 교사의 평가목적에 따라 결정되는 것으로 발달평가를 위한 목적이라면 발달에 대한 평가를 담은 형식이 선택되고, 학습목표를 수행해야 한다.

또한 자기평가 반영을 수행하도록 하는 것이 목적이라면 작업 포트폴리오가 선택이 될 것이다. 반면 포트폴리오가 평가의 주요 자료가 아니라 부모회를 위한 것이라면 전시 포트폴리오가 선택될 것이다.

교사는 포트폴리오를 위한 다양한 목적들을 결정하며 평가와 전시 두 가지를 위해 사용될 수 있으며, 교사와 아동이 함께 작업을 공유한다.

(2) 포트폴리오의 구성

포트폴리오의 구성은 왜, 어떻게 사용되어질 것인지에 대한 결정을 한 후 내용 구성을 결정한다. 아동의 연령이 어릴수록 시간 순서에 따른 구성이 아동발달과정을 보여주기 위한 최선의 방법이 될 것이다. 교사가 주제의 교과과정을 사용한다면 포트폴리오를 구성하는 내용은 주제별에 의해 구성될 것이며, 하나의 내용영역을 다루기 위한 평가체계라면 구성을 위한 형식적 접근 내용을 읽기, 쓰기, 기술 연습 등으로 구분할 수 있게 해준다. 난이도에 따른 구성은 수학 포트폴리오에 적합하다고 볼 수 있다.

(3) 포트폴리오 보관

포트폴리오 보관방법은 매우 중요한 결정으로 목적과 재료 유형은 보관 용기의 종류에 영향을 미친다.

포트폴리오의 보관방법은 확장이 가능한 파일폴더, 대형박스, 내부가 구분되어 있는 박스, 대형 편지봉투, 사무용품 박스, 서류가방, 파일폴더가 있는 상자, 플라스틱 상자, CD-ROM 등이 있다.

(4) 포트폴리오의 내용

포트폴리오는 목적과 형식에 기초해서 내용이 결정되는 데 아동발달단계와 포트폴리오의 목적에 따라 구성 내용도 달라진다. 너무 많은 소재를 수집하면 많은 예시가 필요하므로 평가단계에서 재검토를 위한 체크리스트 이용이 유용하다.

포트폴리오 구성 계획표

1. 포트폴리오에 포함될 것들은 무엇인가?
   - ☐ 작업표본 ☐ 일기
   - ☐ 교사평가 ☐ 자기평가
   - ☐ 가장 잘한 과제 예 ☐ 평가 진행과정 보고서

2. 포트폴리오를 어떻게 구성할 것인가?

____

____

3. 포트폴리오의 구성물을 어떻게 수집할 것인가?

____

____

4. 포트폴리오평가에 누구를 포함할 것인가?

____

____

5. 포트폴리오를 어떻게 공유할 것인가? 평가결과는 어떻게 보고할 것인가?

____

____

2) 자료수집과 구성

포트폴리오 과정이 진행 중인 경우 교사와 아동은 포트폴리오에 들어갈 내용을 어떻게 수집하고 구성할 것인지에 대한 결정을 해야 한다. 지정된 시간과 같은 때에 주기적으로 포트폴리오가 수집되기도 한다.

교사는 평가활동이나 검사, 행동목록, 평정척도와 다른 작업에서 해 왔던 것을 통해 포트폴리오 표본을 수집할 수 있으며, 여기에는 개인작업과 집단작업에 대한 교사의 지침이나 평가가 포함된다.

포트폴리오 마무리 단계에서는 교사, 아동 또는 교사와 아동이 함께 최종 선택을 하며, 일 년의 기간 동안 어떠한 자료를 남길 것인가 혹은 어떠한 자료를 대체했을 때 보다 나은 포트폴리오가 될 것인가에 대한 결정을 해야 한다.

포트폴리오가 기록의 목적이라면 다음 교사에게 무엇을 전달할 것인지 또는 뺄 것인지에 대한 결정이 필요하다. 크기와 양은 모든 포트폴리오 수집물에서 중요한 요소이지만 기록 포트폴리오는 신중한 선택이 요구된다.

자료수집 정리 고려 사항

① 보관함은 몇 부분으로 나누어 시기 동안 수집한 자료들을 구분할 수 있어야 한다.
② 보관함은 최소의 공간을 차지해야 한다.
③ 아동의 활동 결과물을 보관함 속에 포함할 수 있어야 한다.
④ 보관함은 저렴해야 한다.
⑤ 파일이나 바인더의 경우 내용물이 증가할 때마다 내용물 보관 속지를 보충할 수 있는 첨가형이 좋다.

3) 포트폴리오평가방법 선택

교사의 역할에서 중요도는 포트폴리오의 목적에 따라 어떠한 평가를 포함할 것인지 결정하는 것으로 진행과정과 결과물 사이의 균형이 잘 맞아야 한다. 이는 아동의 발달목표나 인지능력에 대한 아동의 발달 과정을 반영해야 함을 의미하는 것이며, 결과물은 아동이 성공적으로 작업을 수행해 나가는 과정의 마지막 단계이므로 평가의 두 가지 모두의 균형이 필요하다. 포트폴리오의 내용은 전통적인 평가측정, 수행평가와 관찰결과 등이 포함되어야 하며, 선택된 평가들은 사용목적에 부합해야 한다.

〈표 12-5〉 포트폴리오평가목적

영 역	내 용
작업표본	▪ 평가와 사정을 위해 ▪ 진단을 위해 ▪ 장기적 발달과정 평가를 위해 ▪ 자기평가를 수행하기 위해 ▪ 아동의 사고진행과정을 이해하기 위해 ▪ 중요한 과업에서의 자기 선택을 위해
일기	▪ 아동의 생각을 이해하기 위해 ▪ 발달진행과정을 추적하기 위해 ▪ 아동이 이해한 것을 표현하기 위해 ▪ 문제해결을 위해 ▪ 자기평가를 위해 ▪ 자기표현을 위해
인터뷰	▪ 구체적 피드백을 위해 ▪ 개념적 이해를 평가하기 위해 ▪ 사고과정을 관찰하기 위해 ▪ 기술을 평가하기 위해 ▪ 진행과정을 평가하기 위해
상호작용 일기	▪ 의사소통과 피드백을 위해 ▪ 또래와의 글쓰기 평가를 위해 ▪ 아동을 지지하기 위해 ▪ 창의성을 자극하기 위해 ▪ 문제해결을 위해

영 역	내 용
행동목록과 평정척도	■ 발달진행과정과 숙련도를 평가하고 보고하기 위해 ■ 발달과정을 평가하고 보고하기 위해 ■ 과업목록의 결과들을 기록하기 위해 ■ 앞으로 수행할 교육을 계획하기 위해 ■ 강의과정을 평가하기 위해
교사가 고안한 검사, 과제, 관찰	■ 기술을 평가하기 위해 ■ 인지발달과정을 평가하기 위해 ■ 발달진행과정을 기록하기 위해 ■ 특수 프로그램을 수행할 자격이 있는지를 결정하기 위해 ■ 선별을 위해 ■ ZPD를 확립하기 위해
계약	■ 행동관리를 위해 ■ 자기평가를 수행하기 위해 ■ 아동의 과제습관을 평가하기 위해 ■ 자기주도계획을 수행하기 위해 ■ 학습활동에서의 아동관리를 위해 ■ 아동의 관심사에 대한 피드백을 위해 ■ 기록유지를 위해
오디오/비디오/사진/컴퓨터에 의한 평가	■ 관찰을 통한 평가를 위해 ■ 발달진행과정을 측정하기 위해 ■ 학습발달과정을 평가하기 위해 ■ 자기평가를 위해 ■ 부모에게 보고하기 위해 ■ 기술을 설명하기 위해 ■ 전자 포트폴리오 관리를 위해
수행/준거에 근거한 과업	■ 전시를 수행하기 위해 ■ 맥락에 맞는 학습 응용을 수행하기 위해
십단(그룹)평가	■ 집단의 성과를 평가하기 위해 ■ 지시사항을 평가하기 위해 ■ 프로그램 진행과정을 평가하기 위해 ■ 기술을 평가하기 위해 ■ 언어학습에서 아동이 어떻게 배우는지를 평가하기 위해 ■ 집단학습에서의 발달진행과정을 평가하기 위해
설명적 요약	■ 아동의 발달진행과정에서의 교사의 생각을 반영하기 위해 ■ 요약적 평가를 위해 ■ 부모에게 보고하기 위해 ■ 특수 프로그램을 선별하기 위해

출처: 조윤경, 김경혜(2013).

아동 자신의 작품에 대하여 생각해 보게 하는 질문

① 어떻게 이 작품을 만들었나?
② 이 작품에서 무엇이 좋은가?
③ 무엇을 다르게 하고 싶은가?
④ 이것처럼 다른 것도 해볼까?

포트폴리오평가 시 고려 사항

- 초기 자료부터 완성품까지, 가장 잘(못)한 작품, 가장 전형적인 작품, 독특한 작품 등 다양한 자료를 수집한다.
- 지속적, 정기적으로 수집 및 평가한다.
- 있는 그대로의 사실을 진술하게 평가한다.
- 아동 개개인의 생각과 의문점들을 모은다.
- 교실 및 소집단 게임과 활동에 대한 아동의 작품과 관찰의 실제를 수집한다.
- 아동과 개별적으로 이야기 한다.
- 예측 가능한 다양한 발달적 정보를 감안하여 교수활동을 계획, 진행한다.
- 교사는 포트폴리오평가의 취지를 충분히 이해해야 한다.
- 아동에게 초점을 맞추고 아동과 친밀한 관계가 형성되어야 한다.
- 아동, 부모, 교사, 지역사회 간에 협조적 관계를 만들어야 한다.

5 포트폴리오평가의 절차 및 실제

포트폴리오평가는 비형식적인 평가이므로 방법과 절차가 특정하게 정해져 있지 않으며 다음과 같이 제시되어 있다. 이 장에서는 [그림 12-1]의 4단계의 절차를 제시하고자 한다(이혜정 외, 2018).

〈표 12-6〉 포트폴리오평가 모형

1단계	2단계	3단계	4단계	5단계
목적 및 목표 선정	포트폴리오 수집모델 개발	포트폴리오 자료수집 개발	포트폴리오 자료분석	포트폴리오 자료활용

〈표 12-7〉 포트폴리오평가 모형

1단계	2단계	3단계	4단계	5단계
기대되는 포트폴리오 결정	포트폴리오에 포함할 내용결정	포트폴리오 표본 사정과 작성	평가방법 적용	포트폴리오 활용방법 결정

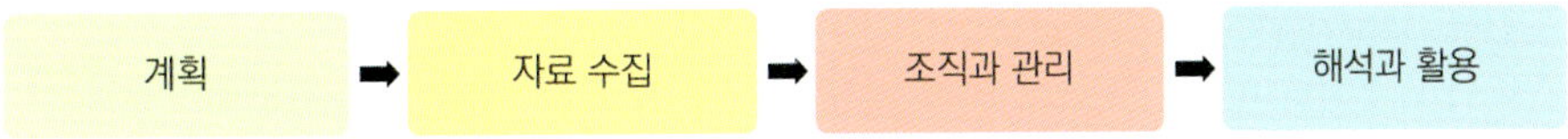

[그림 12-1] 포트폴리오평가 절차

1) 1단계: 포트폴리오평가 계획

계획단계에서는 포트폴리오평가를 위한 규정을 정하고 관련된 참여자들의 이해를 돕기 위해 포트폴리오평가에 대한 안내 및 연수를 제공하는 것이 바람직하다. 포트폴리오평가는 시전에 충분한 계획 없이 실시하면 단순한 자료수집으로 이루어져 신뢰성이 낮아질 수밖에 없다.

포트폴리오평가 규정

- 포트폴리오평가는 아동 발달수준 평가와 발달에 적합한 실제를 제공하기 위해 개별 아동에 대한 다양한 자료를 수집한다.
- 본 기관에서는 전반적인 포트폴리오 수행 과정과 방법에 대한 사항을 협의하기 위해서 포트폴리오 협의회를 둔다.
  - 포트폴리오 협의회는 연 2회를 기본으로 한다.
  - 기관의 여러 사정과 부모의 편의에 따라 일시와 장소는 변경될 수 있다.
  - 포트폴리오 협의회에는 원장, 교사, 부모, 아동을 포함시킨다.
- 포트폴리오에 수집될 항목은 교육과정에 따라 수집한다.
- 포트폴리오에서 수집될 항목은 연 3회(학년 초, 1학기 말, 2학기 말)에 걸쳐 수집하여 평가한다.
- 파일 하나에 시간의 흐름에 따라 수집될 내용을 추가해 나간다.
- 포트폴리오에 수집될 내용은 아동의 작품, 활동결과물, 활동사진, 비디오나 오디오 녹화물, 관찰기록지 등을 포함시킨다.
- 아동의 작품에는 아동, 교사의 논평을 첨가하고, 부모의 논평이 필요할 경우 아동의 작품을 가정으로 보내서 부모의 논평을 기록한다.
- 포트폴리오에 포함시킬 내용은 아동이 선정하는 것을 원칙으로 한다.
- 포트폴리오에 넣을 자료에 반드시 날짜를 기록한다.
- 다음 해로 인계할 포트폴리오에 넣을 항목은 아동, 교사 및 부모가 함께 결정한다.
- 교사는 학기 말에 포트폴리오의 내용을 서술적으로 요약하여 아동의 가정으로 보낸다.
- 학기 말에 아동의 학습활동 포트폴리오는 아동이 가정으로 가지고 가고, 인계할 포트폴리오는 학교에 보관한다.
- 아동의 개인 정보들은 공개되지 않아야 하므로 아동의 학습활동 포트폴리오와 메인 포트폴리오는 분리해서 보관한다.

출처: 이혜정 외(2018).

성공적인 포트폴리오평가를 위해서는 포트폴리오 제작 목적을 정하고 그 목적의 달성 여부를 알 수 있는 규정과 구성 방향, 활용 방안 등에 대한 체계적이고 조직적인 준거가 있어야 한다(Gronlund, 1998).

〈표 12-8〉 포트폴리오평가 계획 단계의 항목 및 내용

구 분	내 용
목적 설정	▪ 목표 설정을 정확하게 할 것. ▪ 성과물 수집목적을 명확하게 할 것. ▪ 포트폴리오 구성 주체와 수집 자료의 종류와 범위, 평가의 주체와 활용방안 등 결정.
구성 내용 선정	▪ 계획단계에서 수집할 자료 내용과 항목 고려. ▪ 수집 가능 범위 내에서 계획을 세우고 수집 과정에서 아동 참여 정도를 정하고 방법 고민. ▪ 다양한 수집 자료 유형은 포트폴리오의 목적에 따라 선정해야 함
수집 방법 계획	▪ 각각 자료수집방법 계획 수립 ▪ 자료 유형에 따라 아동과 가족 참여 수준이 달라질 수 있음. ▪ 자료수집 시기와 방법 및 수집 주체에 대한 계획.
평가 준거 선정	▪ 내용에 대한 준거 평가 계획에 따라 자료수집 결정. (예, 언어와 문해발달 파악을 위해 언어발달 준거를 듣기, 말하기, 읽기, 쓰기 네 가지 능력으로 정하고 이와 관련된 아동의 성과물 수집)
참여자에 대한 안내	▪ 교사, 아동, 부모들에게 포트폴리오평가에 대한 안내. ▪ 교사를 대상으로 아동발달 및 사고 등을 평가하는 비형식적이고 질적인 방법으로서의 포트폴리오평가에 대해 안내하고 평가과정, 평가방법, 도움이 되는 기록 방식 등에 대한 연수 실시. ▪ 아동 대상으로 학기 초에 포트폴리오의 의미와 자료수집방법에 대해 간단히 소개하고 스스로 포트폴리오 자료수집할 수 있도록 안내. ▪ 부모와 가족들에게 포트폴리오평가에 대한 안내로 구성과정에 적극적 참여를 이끎.

이와 함께 계획단계에서 포트폴리오 제작을 위한 수집 자료의 유형에 대한 고려가 필요하다(성미영 외, 2017).

포트폴리오 수집 자료 유형

- 아동 활동자료, 그림, 스케치, 3차원 작품, 관찰일지, 기록물, 다양한 작업 결과물, 견본, 블록 구성물 또는 사진, 아동의 놀이 장면에 대한 사진, 아동 발표에 대한 기록물, 이야기 나누기 시간의 아이디어 등.
- 교사의 관찰기록
- 일화기록
- 교사와 아동의 인터뷰
- 아동의 적응기록부 및 발달기록부
- 아동에 대한 발달체크리스트
- 미디어 자료, 주요 활동에 대한 동영상 자료, 활동사진, 녹음 기록 등
- 부모의 의견, 교사와 부모 협의 기록, 아동이 부모에게 보낸 그림이나 편지 등

2) 2단계: 포트폴리오평가 자료수집

포트폴리오에 들어갈 자료들을 실제로 수집하고 조직화하는 단계로 계획을 효율적으로 수행하기 위해서는 활동 시간에 따른 개별 아동의 활동 결과물을 포함한 다양한 평가 자료를 체계적으로 수집해야 한다.

포트폴리오 자료수집 시 교사의 고려 사항

- 포트폴리오 자료를 수집하는 목적은 무엇인가?
- 포트폴리오를 누구에게 보고할 것인가?
- 포트폴리오 자료를 언제 수집할 것인가?
- 포트폴리오에 들어가는 항목은 누가 선정할 것인가?
- 포트폴리오에 무엇을 포함시킬 것인가?
- 포트폴리오에 몇 개의 항목을 포함시킬 것인가?
- 포트폴리오를 어디에 보관할 것인가?

3) 3단계: 포트폴리오평가의 조직과 관리

포트폴리오 자료는 수집된 개별 영유아의 내용목록에 따라서 조직하여 관리하여야 하며, 효율적이고 체계적인 포트폴리오 실행을 위해 고려해야 할 사항은 다음과 같다(이정환, 박은혜, 2009).

포트폴리오 자료의 실행 시 교사의 고려 사항

- 포트폴리오의 조직을 위한 기준을 정한다.
- 내용마다 날짜를 기록한다.
- 개별의 유아마다 같은 포트폴리오를 가지는지에 대한 파악이 필요하다.
- 포트폴리오를 넣을 장소 및 도구로 적합한 보관함을 결정해야 한다.
- 교사 스스로 당장 할 수 있는 것부터 시작한다.
- 평가는 하루 일과의 일부가 되도록 한다.
- 학기 초부터 작품을 수집해 놓는 습관을 기르도록 노력해야 한다.

4) 4단계: 포트폴리오평가 해석 및 활용

포트폴리오 내용을 시간의 흐름에 따라서 체계적으로 살펴볼 수 있도록 하는 것이 좋으며, 교사는 포트폴리오를 영역별(누리과정 영역 혹은 발달영역)로 편집하여 정리하고, 개개인의 변화에 초점을 맞추어 작성해야 한다.

포트폴리오 요약서의 예시는 다음과 같다.

〈표 12-9〉 포트폴리오 예시

학급명	풀잎향기	유아이름	최★★
생년월일	20**년 *월 **일(만 4세)	기록일	
1차 관찰결과 및 해석내용			
신체운동-건강영역			
신체· 운동건강영역의 발달이 대체로 우수함. 신체 각 부분의 명칭에 대해 알고 있으며, 신체 기능에 따라 동작을 할 때 한 번에 정확하게 수행할 수 있음. 소근육을 조절하여 오리기 활동을 할 때, 형태에 따라 정교하게 수행할 수 있음. 대근육 활동에서 신체의 균형을 유지하고 속도를 조절할 수 있을 뿐 아니라 신체를 조절하여 순발력있게 움직일 수 있음. 공을 활용하여 간단한 활동을 할 때, 목적에 따라 정확하게 수행할 수 있으며 다양한 신체활동에도 흥미를 갖고 적극적인 태도로 지속성 있게 참여함. 대체로 식사 예절을 지켜 바른 태도로 식사하지만, 주변을 깨끗하게 정리하거나 치우는 데 좀 더 노력이 필요함. 하루 일과에 관심을 갖고 있으며 대부분의 활동에서 적극적으로 활발하게 참여함. 안전하게 놀이하기에 대한 인식과 태도가 형성되어 있으나, 스스로 안전하게 놀이하는 습관을 좀 더 기를 필요가 있음.			
의사소통영역			
의사소통영역의 발달이 매우 우수함. 이야기를 주의 깊게 듣고 주요 내용을 이해하고 답할 수 있으며 일과와 관련된 익숙한 활동이나 경험에 기초한 두 가지 지시사항을 이해하고 수행할 수 있음. 다른 사람의 이야기를 바른 태도로 주의 깊게 듣는 편임. 자신의 느낌, 생각, 경험을 풍부한 언어로 말함. 이야기를 할 때 차례를 지켜 말할 수 있음. 주변의 친숙한 글자를 읽을 수 있으며 관심 있는 몇 권의 책을 즐겨 봄. 자신에게 의미있는 간단한 단어들을 쓸 수 있고 교사의 지노가 있을 때 쓰기도구를 바르게 쥐고 사용하려 함.			
사회관계영역			
사회관계영역의 발달이 대체로 우수함. 자신을 자랑스러워하며 자신의 일을 스스로 하려고 함. 단순하게 자신의 감정을 표현하며, 자신의 감정을 대체로 조절할 수 있음. 다양한 친구들과 어울려 놀이하며 조화로운 친구 관계를 유지하고 있음. 약속과 규칙을 대체로 지키는 편임. 지역사회와 우리나라에 대해 관심을 갖고 있음.			
예술경험영역			
예술경험영역의 발달이 매우 우수함. 예술적 요소가 가지는 다양한 특징에 주의를 기울이고 이를 활용하여 자신만의 생각으로 표현할 수 있음. 노래 부르기와 미술활동을 즐겁게 참여하며, 자신의 생각과 느낌을 독창적이고 다양하게 표현할 수 있음. 움직임과 춤, 극놀이와 같은 다양한 표현활동을 즐기며, 자신의 생각과 느낌을 창의적으로 표현할 수 있음. 다양한 예술 감상활동에 관심을 가지고 적극적으로 참여함.			

자연탐구영역
자연탐구영역의 발달이 대체로 우수함. 주변 사물이나 자연세계에 대해 지속적으로 호기심을 가지고 탐구하려는 태도를 보임. 수세기를 통해 수량의 차이를 비교할 수 있음. 공간의 기초 개념을 알고 있으며, 앞과 뒤, 옆, 위와 아래와 같은 기본적인 구별이 가능함. 수학적 탐구 능력이 발달하여 비교하기, 순서짓기, 분류하기를 적절하게 할 수 있음. 생활 주변에서 기초적인 수학적 탐구 능력(규칙성 이해하기)을 활용할 수 있음. 과학적 탐구활동에 관심을 가지고 관찰하는 태도를 보임. 생활 속에서 날씨와 계절에 따라 기후가 변한다는 것을 알고 있음.
총평
5개 영역 가운데 관심 있는 영역에 대한 지식과 기능, 태도가 대체로 잘 발달되어 있고(양호하게 형성되어 있고), 관련 활동에 자발적으로 참여하는 수준임. 잘하고 있는 영역(의사소통, 예술경험)은 심화, 확장되도록 지원하고, 상대적으로 관심이 적은 영역은 관심을 유도하여 격려한다면 우수한 수준의 균형 있는 발달을 도모할 수 있을 것임.

〈표 12-10〉 **5개 발달영역별 포트폴리오 공통항목 기준**

의사소통	
학습 영역	**유아의 작업 및 표상**
생각 전달을 위해 상징(그리기, 발현하는 쓰기)을 사용	▪ 긁적임 ▪ 미술영역에서 쓴 이름이나 단어 ▪ 사진: 풀이나 젖은 모래 위에 쓴 글자나 기호 ▪ 샘플: 표상하여 그리기, 창안하여 글자 쓰기, 베껴 쓴 것의 표본
언어, 동작을 통해 생각과 사고를 표현	▪ 일화기록: 집단활동 시 교사와 친구들에게 표현한 이야기나 생각 ▪ 기록: 유아가 게임을 시작하거나, 분쟁을 조정하거나, 친구의 이해를 도울 때 사용했던 지도에 관한 내용
생각을 전하기 위해 쓰거나 받아씀	▪ 블록 쌓기에 만들어진 표시판 ▪ 역할놀이 영역에서 만들어진 쇼핑 목록 ▪ 친구나 가족에게 쓴 편지 ▪ 학급 행사에 초대하는 글 ▪ 그림이 있는 전해들은 이야기 ▪ 유아의 긁적임, 상징에 대한 설명 받아쓴 것 ▪ 유아가 쓴 저널의 일부분을 복사한 것
이야기를 이해하고 반응	▪ 일화기록: 유아가 친구에게 이야기를 다시 해주는 내용 ▪ 기록: 역할놀이 영역, 운동장에서 이야기를 극으로 표현하는 내용 ▪ 그림 그리기나 색칠하기를 통해 유아가 이야기를 전달하는 것 ▪ 일화기록과 사진: 그림을 이용해 유아가 이야기를 읽는 모습 ▪ 기록: 이야기에 대한 질문을 했을 때 유아의 반응 ▪ 녹음내용: 유아가 이야기를 다시 말하는 것을 녹음한 것
책에 대한 흥미와 이해를 보이고 읽기에 흥미를 가짐	▪ 기록: 건물과 성을 어떻게 쌓는지에 대한 정보를 얻기 위해 책을 이용하는 내용 ▪ 기록: 책과 이야기에 대한 다른 유아와의 대화 기록 ▪ 이야기에 대한 유아의 생각을 받아쓴 것
사회관계	
학습영역	**유아의 작업 및 표상**
가족과 지역사회에 대한	▪ 콜라주, 그림: 가족구성원에 대한 것 ▪ 그림: 병원, 경찰서 등 견학한 것

정보 수집, 해석	▪그림, 글: 가족 휴가에 대한 내용 ▪사진: 소꿉영역에서 가족구성원의 역할을 이야기하는 모습 ▪사진: 유아가 만든 공항, 집 또는 교회건축물에 대한 사진
지역사회 사람들의 역할에 대한 정보를 수집, 해석	▪기록: 유아가 원장, 의사, 가게 직원과 면담한 내용의 기록 ▪사람들의 직업에 대한 브레인스토밍 시간에 나타난 유아의 반응 ▪일화기록: 식품점 주인이나 약사를 방문하고 유아가 재현한 것에 관한 내용 ▪사진: 유아가 단위 블록을 사용해 만든 신발 가게, 의자와 큰 블록을 사용해서 만든 기차의 사진
자신과 가족에 대한 지식과 이해를 발달시킴	▪그림, 색칠: 가족이 일하고 놀이하는 것을 유아가 묘사한 내용 ▪이야기: 가족파티, 분쟁, 여행에 대해 전해들은 이야기 ▪책, 콜라주: 가족과 가족의 활동에 대한 내용 ▪일화기록: 어떤 일이 가정에서 어떻게 행해지는지에 대한 유아의 설명에 관한 것
사람 간 유사점과 차이점을 인식하고 이해함	▪그림: 서로 다른 친구를 그린 그림 ▪사람들 사이의 유사점, 차이점에 대한 경험을 나타낸 유아의 코멘트 ▪일화기록: 가족의 활동에서의 유사점과 차이점을 논의한 내용
예술경험	
학습영역	**유아의 작업 및 표상**
미술활동(또는 극놀이, 음악, 창의적 신체활동)에 참여함	▪색칠한 것: 수채화물감, 풀그림 등을 이용한 것 ▪사진: 진흙 또는 찰흙으로 만든 조각물 사진 ▪일화기록, 녹음내용: 유아가 만들어 낸 노래에 대한 일화기록 또는 녹음 ▪사진: 인형, 인형극들을 가지고 극놀이하는 유아 모습 ▪콜라주: 어떻게 만들었는지에 대한 설명이 있는 작품
생각을 나타내기 위해 예술을 활용함	▪그림이나 색칠한 것 ▪사진: 무용이나 동작으로 이야기를 들려주는 유아의 모습 ▪일화기록, 녹음내용: 유아가 이야기를 음악적으로 다시 말하는 것에 관한 내용 ▪녹음내용: 학급 또는 가족들의 일에 대해 유아가 부르는 노래
서로 다른 예술매체를 탐색	▪샘플: 다양한 매체를 이용한 유아의 작품 ▪콜라주: 콜라주에 대해 유아가 한 설명이 포함된 것 ▪샘플: 잡지에서 그림을 오린 것, 디자인을 만들기 위해 가위를 사용한 표본 ▪사진: 유아의 창의적 무용, 인형극 이야기에 대한 사진
하나의 예술 매체를 탐색하고 이용	▪샘플: 일정기간 이젤에서 색칠한 그림, 매직펜으로 그린 그림들 ▪일화기록, 사진: 무용, 극화를 통해 의사소통에 향상된 부분 ▪사진: 찰흙과 밀가루점토 놀이에서 만들어진 것 ▪일 년에 걸처 수집된 콜라주 작품 ▪녹음내용: 일 년 동안 노래 녹음한 것 ▪녹음내용: 리듬막대, 트라이앵글 등 악기 사용에 관한 녹음
자연탐구	
학습 영역	**유아의 작업 및 표상**
분류와 배열에 대해 이해하고 적용	▪기록: 구슬을 분류하는 유아에 대한 기록 ▪사진: 아동이 크기대로 막대기, 단추, 크레파스를 배열하는 모습, 크기, 모양, 용도에 따라 블록이나 다른 교구를 가져다 놓는 모습 ▪일화기록: 분류를 위해 사용한 규칙에 대한 유아의 코멘트나 간식시간이나 운동장에서 순서배열과 분류에 대한 이해를 나타낸 것 ▪그림: 분류 기술을 나타내는 그림 ▪콜라주: 항목별(모양, 색, 음식, 동물 등)로 범주화한 콜라주

수 개념을 이해, 문제 해결을 위해 수 개념을 사용	■ 일화기록: 유아가 간식시간에 컵과 냅킨을 배열하는 방법을 기술한 일화기록 ■ 기술: 모래놀이영역에서 다른 친구가 참여할 자리가 있는지 유아를 세어보는 것 ■ 기록: 활동을 위해 학급 물품을 분배하는 데 대한 질문에 유아가 제시한 해결책 ■ 기록: 대집단 시간에 유아의 수를 센 후, "남자보다 여자가 많다"라고 말한 내용
크기와 측정 개념을 이해하고 적용	■ 기록: 블록의 크기를 비교한 유아의 코멘트 ■ 사진: 자신의 키, 식물의 성장을 측정하고 기록하는 유아의 모습 ■ 일화기록: 친구나 자신의 키가 어떻게 비교되는지를 묘사한 내용 ■ 사진: 요리활동, 식물 심기, 찰흙놀이를 하는 동안 재료의 양을 측정하는 유아 모습 ■ 측정테이프: 블록 구조물 혹은 간식 테이블에서 길이를 측정하기 위해 유아가 만들어 낸 것(비표준화 도구) ■ 사진: 저울을 사용하는 유아 모습
구분, 분류, 패턴화하는 기술을 사용	■ 사진: 패턴 블록 또는 다른 조작물을 이용해 만들어진 패턴 ■ 일화기록: 학급 내 집단의 분류, 패턴에 대한 코멘트(빨간색 양말을 신은 사람만 앉기) ■ 기록: 박수 패턴이나 운동 패턴 ■ 사진: 특정 속성에 따라 분류된, 배열된 구슬, 막대기 또는 단추 ■ 사진: 풀그림 혹은 면도 크림을 가지고 만든 패턴 ■ 사진: 나무판 패턴 ■ 그림: 만들어진 패턴을 종이에 똑같이 그린 것
자연세계와 물리세계를 탐색하고 관찰하는 데 감각을 사용	■ 일화기록: 물놀이, 모래놀이, 찰흙놀이, 풀 탐색하기, 풀그림을 할 때의 일화나 유아의 코멘트 ■ 기록: 숲을 걸을 때 들었던 소리, 도서관을 거닐 때 봤던 것들을 회상하는 유아의 반응 ■ 기록: 애완동물, 싹, 자석판 등을 관찰할 때 유아가 이야기한 내용 ■ 사진: 새 둥지를 탐색하는 유아의 모습
조사하는 동안, 관찰 및 예측	■ 기록: 유아가 만든 차트, 식물이 자라기 위해 어떤 도움을 주어야 하는지에 관한 코멘트가 포함된 씨앗의 성장에 관한 기록 ■ 기록: 무엇이 가라앉고 뜨게 될지에 대한 추측(이유까지 포함하여 기록) ■ 기록: 물체의 무게에 대해 유아가 예측한 것 ■ 기록: 브레인스토밍을 할 때, 유아의 추측과 예측 ■ 인터뷰: 토끼가 무엇을 먹을 것인지에 대한 예측, 예측이 정확할 경우는 어떻게 알아냈는지에 대한 면담
탐색하는 동안 실험 진행 및 문제 해결	■ 차트: 기관의 애완동물이 일주일 동안 무엇을 먹고 마시는지, 다음 주에 무엇을 먹일 것인지를 결정하는 것을 설명하는 차트 ■ 차트: 햇빛, 물, 영양분의 양에 관한 실험을 포함하는 식물의 성장 관련 차트 ■ 기록과 사진: 크기가 다른 튜브가 준비된 물놀이영역에서 어느 것이 물이 많은지 실험하는 유아의 모습, 유아의 추측, 결과에 대한 유아의 설명
환경을 관찰, 설명	■ 그림: 유아가 수집한 나뭇잎 그림 ■ 그림과 기록: 학급 애완동물의 행동에 대한 관찰 ■ 사진과 일과기록: 청진기를 통해 어떤 소리가 들리는지, 돋보기를 통해 무엇이 보이는지를 관찰하는 유아의 모습, 일화 ■ 진흙을 가지고 놀 때의 느낌, 또는 크래커 과일의 맛에 대해 유아가 설명하는 것 ■ 사진과 기록: 거품을 불 때 유아의 관찰에 대한 사진과 기록

출처: 이지수(2014). 만 5세반 교사의 Work Sampling System 활용 포트폴리오평가 실행연구. 덕성여자대학교 대학원 박사학위논문.

6 포트폴리오 예시

예시 1) 미술작품 포트폴리오 예시(연령: 만 4세 남아)

예시 2) 관찰기록 예시(연령: 만 5세 여아)

아동관찰기록 만 5세(여)	
구 분	관 찰 내 용
기본 생활 습관	▪ 학기 초에 비해 잘 걸으며 주저앉거나 엎어지는 모습이 많이 줄어들었지만 자신이 원하는 곳으로 가지 않으려고 주저앉는 모습이 보임(교실 및 실외 활동 시) ▪ 학기 초에 비해 잠시 앉아 있기가 가능해졌으나 앉아 있는 시간이 짧고 집중하거나 기다리기 힘들어하며 일어나서 돌아다님 ▪ 교사 무릎에 앉으면 앉아 있기는 하나 기대지 않고 바닥에 앉아 있으면 한 손을 뒤로 짚고 기대듯이 비스듬하게 앉는 모습이 많음 ▪ 양말 벗기, 가방 정리 등을 스스로 하지 않고 가만히 있거나 할 생각을 하지 않고 바로 색 머핀 교구로 달려가서 놀이함 ▪ 오전 간식 먹기 전 손 씻으세요 하면 스스로 씻으러 세면대에 이동하지 않고 교사가 이끌어 주면 이동함 ▪ 교실 문을 열고 유희실로 종종 나감. 유희실로 나가면 3세 교실로 연결되어 있는 뽀로로 친구들을 바라보며 특히 패티에 관심을 보이고 뽀뽀도 하며 현관 쪽으로 향해서 나가려고 하기도 함 ▪ 이름을 부르고 눈을 마주보려고 해도 눈을 잘 마주치지 않고 부르는 사람에게 반응을 보이거나 그쪽으로 오지 않음 ▪ 감정을 읽기 어려우며 가끔 웃을 때 왜 웃는지 교사들은 의문임 ▪ 이름을 부르거나 "안 돼요" 등 교사가 부르는 소리나 제지하는 모습에도 표정의 변화나 행동의 변화가 없음 ▪ 교실에 붙어 있는 환경물을 떼어내거나 교구장 위의 교구를 바닥으로 던짐(모서리 보호대, 가족사진, 자석판 제목, 작품을 붙여놓은 자석 등) ▪ 울거나 소리를 낼 때 소리를 입 밖으로 내기보다 입을 다물고 '음~' 하는 소리를 많이 내며 옹알이 같은 말을 종종함 ▪ 앞에 있는 친구나 책상에 앉으면 책상을 발로 밀어냄 ▪ 상동행동이 있음 ▪ 보조 선생님이 거의 1:1 전담으로 보육을 하고 있으며 잠시 다른 아이들을 도와주면 제지할 상황이 생김
식습관	▪ 오전 간식 그릇을 담아서 주면 교사 책상 쪽으로 오다가 주저앉아서 받지 않고 스스로 들고 자리에 가지 않음 ▪ 오전 간식 중 수프, 죽 류는 어느 정도 먹으나 과일은 거의 먹지 않음 ▪ 점심 준비시간에 친구들이 책상에 앉아서 물 마시며 점심 배식을 기다리는 동안 자리에 앉아 있지 않고 돌아다니거나 교구를 만짐 ▪ 음식을 보면 손으로 음식을 잡음 친구의 도시락에 있는 음식을 손으로 집어서 먹으려고 함 손으로 먹지 않고 숟가락을 사용하는 것이라고 이야기해줘도 손으로 먹으려고 함 숟가락에 밥을 떠서 손에 쥐어주면 먹으나 먹고 나서 숟가락을 떨어뜨리듯 내려놓고 스스로 수저 사용하기 어려움(숟가락을 힘있게 잡지 못함) ▪ 먹여주면 밥은 잘 먹으나 입에 맞지 않는 음식은 혀로 밀어내거나 입에 넣고 뱉어냄(과일, 치킨너겟, 백김치 등) ▪ 교사가 옆에서 계속 도와주고 자세를 잡아주어야 식사가 가능함

놀이	▪ 색이 화려한 교구를 좋아함(모양 색 머핀, 색 돋보기, 와플블록, 맥포머스) ▪ 좋아하는 몇 개의 교구를 반복하여 놀이함(학기 초 모양 색 머핀으로만 놀이함) ▪ 놀이하는 장소가 한정적이고 고정적임 ▪ 교구를 입에 잘 넣음 ▪ 놀이를 반복하면서 규칙이 생김
활동 참여도	▪ 교사와 소개해주는 놀이나 활동에 크게 관심을 보이지 않음 ▪ 대그룹 활동시 잘 앉아 있지 않고 돌아다니거나 좋아하는 놀이를 함 ▪ 교사가 데리고 와서 함께 앉아 있어 보려고 하면 대그룹 활동보다 옆에 있는 교구나 다른 곳에 관심을 보임(최근 조금씩 관심을 보이지만 시간이 짧음) ▪ 친구들이 앉아 있을 때는 돌아다니고 친구들이 돌아다니는 신체활동 시 앉아 있는 경우가 많음 ▪ 아이들과 함께 어울리지 않고 같이 있다가도 떨어져서 혼자 있음
교우 관계	▪ 친구들이(김00 등) 많이 챙겨주려고 하며 옆에 앉으라고 하지만 반응이 없어 친구들의 관심이 줄어들었음 ▪ 이00 등 다른 아이들이의 단독 행동(밥 먹을 때 혼자 놀이하기, 모이지 않고 돌아다니기 등)에 신경쓰며 함께하려고 하거나 못하게 말리는 모습이 보임 ▪ 대형을 이탈하거나 교실 밖으로 가면 친구들이 "★★야" 하며 외치거나 "안 돼" 하고 ★★에게 말하며 반응함 ▪ 열매반 친구들이 또래와 함께 어울리기보다 동생에게 대하듯 챙겨주는 모습이 보임
국공립 코오롱하늘숲 어린이집	

자석 블록으로 놀아요. 하늘2반(만2세)

- 날짜: 2020.07.31(금)
- 참여대상: 김00, 김00, 도00, 우00, 정00, 조00

- 자석 블록을 탐색해보고 자석을 서로 밀어내고 붙는 성질에 관심을 가져본다.
- 자석 블록을 이용해서 다양한 만들기를 하며 상상력과 창의력을 길러본다.
- 손의 힘을 이용해서 자석블록을 다양하게 탐색하며 영아의 소근육을 발달시킨다.

이는 다양한 모양의 자석블록을 서로 붙여 '공룡'을 만들었어요. '이거는 공룡이에요.'라고 말로 표현해요. 자석블록 판에 있던 얼굴모양 자석을 떼어와 얼굴에 대고 00와 역할놀이를 해요. '친구들 오늘 날씨는 어때요?'라고 말하며 선생님이 아침 인사하는 흉내를 내는 00이에요.

는 선생님의 도움을 받아 자석블록으로 기차를 만들었어요. 옆에 있던 친구가 기차를 몇 개 가져가자 선생님에게 와서 '00 기차 없어.' 라고 말해요. 선생님이 친구에게 기차를 받아서 돌려주자 웃으며 다시 기차를 만들어 보는 00에요. 기차 놀이 후 긴 네모 자석블록만 찾아서 높이 높이 쌓아 봐요.

는 자석블록으로 기차를 만들었어요. 기차를 만들어 놀이하던 00는 기차를 옆에 있는 친구들에게 양보하고 동그란 공 모양 자석블록을 가지고 놀이해요. 동그란 공 모양 자석블록을 옷안에 넣어 보는 00에요. 옷안에도 넣어보고 통을 가져와 통 안에 넣어 가지고 다니며 놀이해요.

여러가지 모양 자석블록으로 수도꼭지를 만들었어요. '이거는 수도꼭지야.'라고 말하며 선생님에게 손을 씻어 보라고 말해요.

바깥놀이 가요.

하늘2반(만2세)

• 날짜: 2021.1.5(화) • 참여대상: 도00

- 겨울철 날씨, 바깥놀이 관전에 대해서 영아들과 이야기를 나누어 본다.
- 영아들에게 바깥 놀이를 제안하고 영아들이 스스로 바깥 놀이에 나갈 준비를 해본다.
- 실외로 이동하여 놀이 전에 간단하게 준비운동을 하고 자유 놀이를 한다.

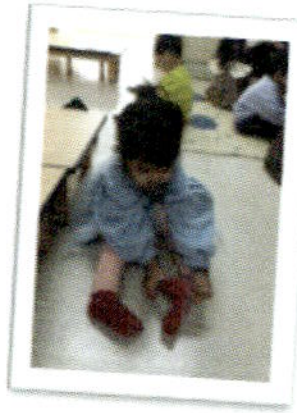

양말을 스스로 신어 봐요.

선생님이 00이에게 양말을 주며 '신어 볼까?'라고 말하자 00이는 '이거 핑크색'이라고 말해요. 선생님이 다시 '신어 볼까?'라고 말하자 '안돼요.'라고 말해요. 선생님이 양말을 발끝에 살짝 씌어주며 '00이가 올려볼까?'라고 말하자 양말을 두 손으로 잡고 올려봐요. 두 번째 양말은 00이가 스스로 발에 신어 보려고 해요. 양말이 잘 들어가지 않자 '도와주세요.'라고 말로 표현하는 00이에요.

마스크를 스스로 껴봐요.

00이는 마스크 줄을 양손으로 잡고 입에 가져다 데어봐요. 마스크 줄을 귀에 걸지 못해요. 선생님의 도움을 받아 마스크를 착용해봐요.

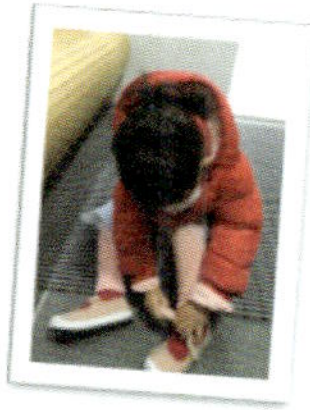

신발을 스스로 신어 봐요.

00이는 신발장에서 00이의 신발을 찾아 가져와요. 현관 바닥에 신발을 내려놓고 00이도 바닥에 앉아서 신발을 신어 봐요. 신발에 발을 넣고 찍찍이도 스스로 붙여보는 00이에요.

신나게 바깥 놀이해요.

☆☆이와 함께 신나게 술래잡기 놀이해요.
거미줄 모양의 놀이기구를 통과해봐요.
미끄럼틀을 타요.
친구와 시소를 타요. ☆☆ 이가 탄 시소를 **이와 함께 흔들어 줘요.

신나는 바깥 놀이 후 교실로 돌아와 옷을 스스로 정리해봐요.

00이는 외투를 선생님의 도움을 받아 벗어봐요. 마스크와 양말을 스스로 벗어 가방에 정리해요. 선생님의 도움을 받아 벗은 외투를 바닥에 내려놓고 00이 스스로 예쁘게 접어서 선생님에게 줘요.

손을 깨끗하게 씻어요.

선생님의 이야기 없이도 바깥 놀이 후 손을 씻어야 한다는 것을 알아요. 양말, 마스크, 외투를 정리하고 세면대로 가서 스스로 물을 틀고 비누를 짜서 깨끗하게 손을 씻는 00이에요. 손을 다 씻은 후 핸드타올로 손에 물기를 깨끗하게 닦고 쓰레기통에 정리해요.

하늘2반(만2세)

눈 놀이(봉지 눈사람 만들기)

• 날짜: 2021.1.7(목) • 참여대상: 도00

- 영아들과 눈에 대한 경험을 이야기 나누어 본 후 종이를 찢어 제공해준다.
- 영아들과 자유롭게 눈을 뿌리며 대근육 활동을 해본다.
- 눈 놀이 후 사용한 눈을 비닐봉지에 담아 눈사람을 만들어 보고 자유롭게 꾸며 나만의 눈사람을 만들어 본다.

00이 눈사람 ☆☆이 눈사람 **이 눈사람♡

첫 번째,
눈은 무슨 색깔일까요?
보민이는 '하얀색'이라고 대답해요.

두 번째,
바닥에 누워서 눈을 맞아 볼까요?
선생님의 제안에 ☆☆ 이는 처음에는 바닥에 눕지 않아요. 옆에서 놀이하던 00이가 교실 바닥에 눕는 모습을 보고 **이도 ☆☆ 이와 친구들을 따라 바닥에 누워 선생님이 뿌려 주는 종이 눈을 맞아봐요.

세 번째,
하나, 둘, 셋하고 눈을 뿌려볼까요?
00이는 선생님이 뿌려 주는 종이 눈을 맞으며 통통 뛰거나 뒤로 몸을 살짝 젖히며 '꺄르르' 소리 내어 웃어요. 선생님이 종이 눈을 모아 00이 손에 올려주자 00이도 선생님처럼 종이 눈을 던져봐요. 활동이 익숙해지자 보민이도 스스로 두 손으로 눈을 모아 던져보기도 해요. 처음에는 그냥 종이 눈을 던지다가 '하나, 둘, 셋'하고 선생님처럼 숫자를 함께 세며 눈을 던져보는 00이에요.

네 번째,
종이 눈을 비닐봉지에 담아 볼까요?
선생님이 비닐봉지를 제공해주자 00이는 한 손에 비닐봉지를 들고 다른 한 손으로 바닥에 있는 종이 눈을 담아요. 다른 친구들에게 '많이 담아'라고 말해주는 00이에요.

다섯 번째,
비닐봉지 눈사람을 만들어 볼까요?
00이가 종이 눈을 모아 담은 비닐봉지와 선생님이 만든 비닐봉지를 서로 묶어 비닐봉지 눈사람을 만들었어요. 선생님이 만들어준 비닐봉지 눈사람을 제공해주자 '우와 눈사람이다.'라고 말하며 꼭 안아줘요.

여섯 번째,
비닐봉지 눈사람을 예쁘게 꾸며 볼까요?
선생님의 도움을 받아 눈사람에게 눈을 붙여줘요. 00이는 분홍색 네임펜을 골라 꾸미기를 시작해요. 눈사람의 몸에 네임펜으로 동그라미 모양으로 색칠해요. 선생님이 무엇을 그리는지 물어보자 '단추'라고 말해요. 선생님이 눈사람의 입은 어디에 있는지 물어보자 눈사람 얼굴에 일자 모양의 입을 그려줘요.

몸으로 놀이해요. · 날짜: 2020.05.29(금) · 참여대상: 김00, 김00, 도00, 우00, 정00, 조00

하늘 2반(만2세)

▶ 몸으로 동물 흉내를 내어 보아요.

영아들에게 친근한 동물들의 사진을 보며 이야기를 나누어 보고 동물 친구가 되어 직접 동물의 움직임이나 특징을 신체로 표현해보았다.

토끼는 어떻게 뛸까? / 토끼 귀는 어떻게 생겼지? / 토끼가 되어 볼까?
강아지 처럼 뛰어 볼까? / 코끼리 코는 어떻게 생겼을까? / 공룡은 어떻게 걸을까?

는 코끼리 스티커를 골랐어요. 팔을 앞으로 뻗어 코끼리 코를 표현하기도 해요. 는 움직이지 않고 한 곳에 서서 손으로만 동물 친구를 표현해 주었어요.

이는 강아지 스티커를 골랐어요 토끼 처럼 깡충 깡충 뛰어 보자는 교사의 말에 손으로 토끼 귀를 만들고 깡충깡충 뛰기도 해요. '이는 토끼야'라고 말로 표현해요.

이는 강아지 스티커를 골랐어요 토끼 처럼 깡충 깡충 뛰어 보자는 교사의 말에 손으로 토끼 귀를 만들고 '깡충깡충' 소리를 내며 뛰어요. 코끼리가 된 선생님을 따라 팔로 코끼리 코를 만들기도 했어요.

이는 공룡 스티커를 골랐지만 옷에 붙여주려고 하자 '싫어'라고 말로 표현해요.

▶ 원통이 되어 데굴데굴 굴러보아요.

굴러가는 놀잇감에 관심을 가지고 원통 놀잇감이 데굴데굴 굴러가는 모습을 관찰한 후 직접 신체를 이용해 놀잇감이 되어 데굴데굴 굴러 보며 신체표현놀이를 해보았다.

이는 원통굴리기보다 풍선을 손에 쥐고 놀이해요. 선생님이 바닥에서 데굴데굴 구르는 모습을 보고는 다가와 선생님몸위에 엎드리기도 해요.

이는 원통을 팔에 끼워보기도 하고 멀리 던져 보기도 해요. 멀리 날아간 원통을 가지고 와서 머리 위로도 던져봐요. 선생님이 구르는 모습을 보고 바닥에 누워 원통을 손에 꼭 들고 선생님과 함께 데굴데굴 굴러요.

는 원통에 그려진 코끼리를 보고 선생님에게 '코끼리야'라고 말하기도 했어요. 코끼리가 그려진 원통을 손으로 데굴데굴 굴리며 놀이해요. 바닥에서 데굴데굴 구르기 보다 누워있어요.

은 자리에 앉아서 원통을 들고 큰 원통 안에 작은 원통을 넣어 보기도 하고 원통을 양팔에 끼워 보기도 했어요.

가래떡으로 놀아요.

하늘2반(만2세)

• 날짜: 2021.02.09(화) • 참여대상: 김00, 김00, 도00, 우00, 정00, 조00

- 영아들과 '설날' 노래를 들으며 설날에 관심을 가져본다.
- 설날에 먹는 음식에 중에 '떡국'에 대해서 알아본다.
- 영아들에게 '가래떡'을 소개하고 자유롭게 탐색하며 놀이해본다.

00이는 처음 가래떡을 보여주며 무엇인지 물어보자 '떡 ' 이라고 말해줘요. 길쭉한 가래떡을 보고 '토끼 귀 ' 같다고 표현해요. 가래떡을 손으로 조물조물 만져보고 '이것 보세요.'라고 말하며 길게 늘려 보기도 해요. 00이는 가래떡으로 반지를 만들어 손끝에 붙여봐요. 가래떡을 맛보고 '쫀득쫀득해요. 치즈 맛이 나요.'라고 표현하는 00이에요. 가래떡을 '더 주세요. 더 먹고 싶어요.'라고 말하기도 해요.

00는 길쭉한 가래떡을 보여주며 무엇인지 물어보자 '떡국 ' 이라고 말해요. '토끼 귀, 국수 ' 같다고 표현하기도 해요. 가래떡을 손으로 조물조물 만지며 '말랑말랑해.'라고 말해요.
가래떡 반죽에 구멍이 생기가 구멍이 두개 생겼다고 말하며 구멍 사이에 눈을 대고 '선생님 보여.'라고 말해요.
가래떡을 맛보고 '치즈 맛, 젤리 맛 ' 이 난다고 말하는 00에요.

00이는 놀이 전에 설날에 먹는 음식사진을 보며 유과를 '감자튀김'같다고 말해요. '설날'노래에 맞춰 옆으로 몸을 흔들어 보기도 해요. 00이는 길쭉한 가래떡을 보고 '긴 흰 젤리, 오징어 다리 ' 같다고 표현해요. 가래떡을 조금씩 떼어 동그랗게 만들어 접시 모서리에 한 개씩 올리며 '치즈 과자 만들어요.' 라고 말해요. 작고 동그랗게 만든 가래떡으로 한데 뭉쳐 보고 '양 ' 이라고 표현하기도 해요.
가래떡을 맛본 00이는 '꿀맛 ' 이라고 가래떡의 맛을 표현해 주었어요.

가래떡으로 놀아요.

하늘2반(만2세)

• 날짜: 2021.02.09(화)　　• 참여대상: 김00, 김00, 도00, 우00, 정00, 조00

- 영아들과 '설날' 노래를 들으며 설날에 관심을 가져본다.
- 설날에 먹는 음식에 중에 '떡국'에 대해서 알아본다.
- 영아들에게 '가래떡'을 소개하고 자유롭게 탐색하며 놀이해본다.

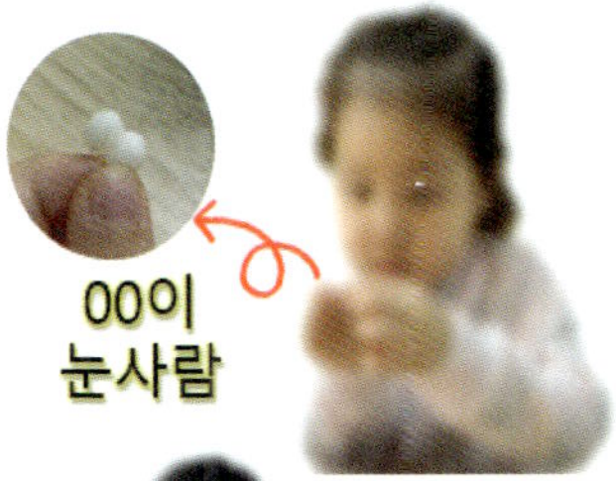

00이는 길쭉한 가래떡을 보고 '오징어, 애벌레, 양구름 같아요.'라고 표현해요.
'예쁘게 동그라미 만들고 있어요.'라고 말하며 선생님이 나누어준 가래떡을 손에 올리고 동글동글 굴려봐요.
가래떡을 조금 떼어내 동그랗게 만들어 '이거 콩이에요.'라고 말하며 선생님에게 보여줘요.
작게 만든 동그라미 두개를 붙여 '00이 눈사람 ' 을 만든 00이에요.
가래떡을 맛보고 '우와 치즈 같다.'라고 말하는 00이에요.

00는 선생님이 나누어준 가래떡을 손으로 잡고 흔들어 보다가 조금씩 뚝뚝 떼어내 봐요. 손바닥 전체를 이용해서 굴려 보기도 하고 손바닥으로 밀어 길게 늘려 보기도 해요.
길게 늘어난 가래떡을 옆으로 쭉 늘려 두개로 나누어 보기도 해요.
00는 가래떡을 만지면 어떤 느낌이 나는지 물어보자 '말랑말랑'이라고 표현해요.
선생님이 정리해보자고 하자 '정리'라고 말하며 모아둔 접시 위에 00의 접시를 올려 정리해요.

00이는 놀이 전에 '손 씻어야 해요.'라고 말하며 스스로 세면대로 가서 손을 씻고 와요.
놀이 전에 함께 불러본 '설날 ' 노래를 따라 부르며 놀이를 시작해요.
00이는 가래떡을 보고 '국수'같다고 말해요. 가래떡을 손으로 조물조물 만져보고 납작하게 눌러보고 쭉~늘려 보기도 해요. '선생님 구멍 ' 이라고 말하며 가래떡 반죽에 난 구멍을 선생님에게 보여줘요. 가래떡을 맛보고 '젤리 맛'이라고 표현하는 00이에요.

눈사람 접기(색종이 접기)

하늘2반(만2세)

- 날짜: 2021.01.13(수) • 참여대상: 김00

- 영아들에게 색종이로 눈사람 접기 활동을 제안한다.
- 눈과 손의 협응을 이용하여 선생님의 도움을 받아 색종이를 접어 본다.
- 방석접기로 눈사람의 얼굴을 만들어 보고 아이스크림 접기를 해서 눈사람의 몸을 만들어 본다.
- 색종이로 접은 눈사람을 자유롭게 꾸며본다.

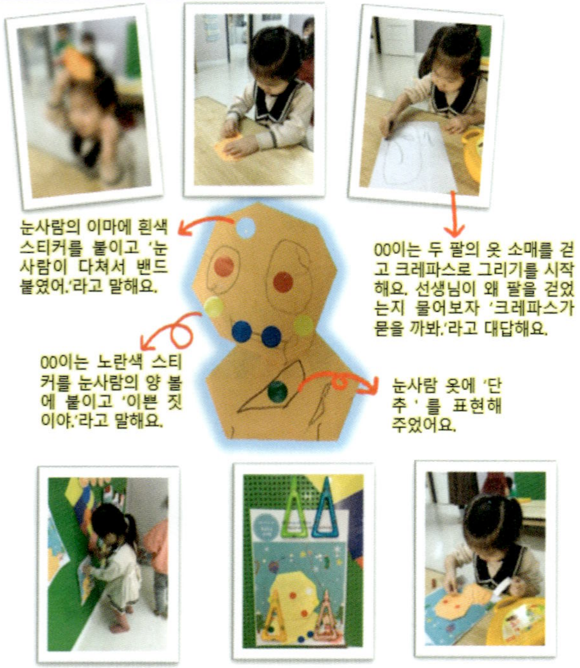

00이는 선생님의 도움을 받아 아이스크림 접기를 해요. 선생님이 무슨 맛 아이스크림인지 물어보자 '딸기 아이스크림'이라고 말하고 아이스크림을 먹는 시늉을 해요.

아이스크림 접기 한 색종이를 반으로 접어 눈사람의 몸을 만들었어요. 00이는 눈사람의 몸을 머리 위에 올리고 '엘사 공주 눈사람'이라고 말해요. 선생님이 방석 접기를 해서 주자 모서리 네 곳을 스스로 살짝 접어 눈사람의 얼굴을 만들었어요. 풀을 가지고 와서 색종이에 꼼꼼하게 풀칠을 하고 활동지에 붙여'색종이 눈사람'을 만들어요. 미술영역에서 크레파스를 두개 가져와 보민에게 하나 나누어 줘요. 크레파스에서 흰색 크레파스를 꺼내 눈사람 위에 색칠해보고'안보이네.'라고 말해요. 흰색 크레파스를 정리하고 검정색 크레파스를 꺼내 눈사람의 눈과 입을 그려줘요. 선생님이 동그라미 모양의 스티커를 제공해주자 스티커로 눈사람의 눈, 입에 붙이고 몸에도 하나 붙여줘요. 완성된 활동지를 자석놀이판에 게시해줘요.

눈사람 접기(색종이 접기)

하늘2반(만2세)

• 날짜: 2021.01.13(수)　　　• 참여대상: 도00

- 영아들에게 색종이로 눈사람 접기 활동을 제안한다.
- 눈과 손의 협응을 이용하여 선생님의 도움을 받아 색종이를 접어 본다.
- 방석접기로 눈사람의 얼굴을 만들어 보고 아이스크림 접기를 해서 눈사람의 몸을 만들어 본다.
- 색종이로 접은 눈사람을 자유롭게 꾸며본다.

00이는 선생님의 도움을 받아 아이스크림 접기를 하고 손바닥으로 색종이를 톡톡 두르려 다리미질을 해줘요. 아이스크림 접기 한 색종이를 손에 들고 '초코 아이스크림'이라고 말해요. 조윤이가 아이스크림 접기 한 색종이를 반으로 접어 머리 위에 올리자 보민이도 따라서 머리 위에 올려보고 '왕관'이라고 말해요. 00이 스스로 풀칠을 해서 색종이접기한 눈사람을 활동지에 붙여봐요. 이가 크레파스를 가져다 주자 '고마워 ' 라고 말해줘요. **이는 크레파스 중에서 00이가 가장 좋아하는 분홍색 크레파스를 골랐어요. 눈사람의 눈과 입, 팔과 다리를 그려줘요. 선생님이 동그라미 스티커를 나누어 주자 동그라미 스티커로 눈사람의 눈과 입, 귀, 팔과 다리를 만들어 붙여주었어요. 눈사람 다리에 붙일 스티커가 부족하자 선생님에게 눈사람의 다리를 가리키며'여기 어디 있지?'라고 말해요. 선생님이 스티커를 하나 더 나누어 주자 눈사람의 그리에 붙여줘요. 완성된 활동지를 세모 자석 블럭을 이용해서 자석판에 붙여 게시해줘요.

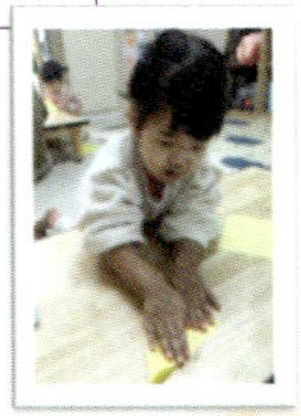

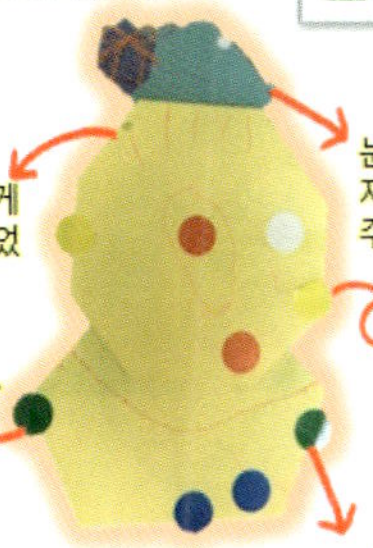

보민이는 크레파스 두 개를 서로 부딪혀 소리를 만들어보고 소리를 유심히 들어봐요.

• 날짜: 2020.05.28(목) • 참여대상: 김00, 김00, 도00, 우00, 정00, 조00 하늘 2반(만2세)

숲에서 놀아요.

숲 체험 활동으로 숲 선생님과 함께 어린이집 주변을 산책하며 여러가지 꽃과 나무를 눈으로 보고 손으로 만져보며 탐색해 보았다.

또 자연물을 탐색해보고 자연물을 이용한 신체 놀이를 경험함으로서 자연을 조금 더 친숙하게 느껴보는 시간을 가져보았다.

산책하다가 돌다리를 만났어요. 앞에 친구를 따라 폴짝폴짝 뛰어서 돌다리를 건너가는 에요.

산책하며 그냥 눈으로만 보고 지나쳤던 꽃을 직접 손으로 만져보는 에요.

손으로 만지며 탐색해 보던 솔방울을 하얀색 천 위에 나란히 길게 연결하였더니 멋진 기차가 되었어요. 친구들과 힘을 합쳐 기다란 기차를 만들고 있는 이에요.

솔방울을 조심스럽게 두 손으로 만져보아요. 는 원으로 돌아오는 길에 길에서 돌맹이를 하나 주워 손에 들고 왔어요. 자연으로 돌려 주자는 선생님의 말에 나무 밑에 돌맹이를 살며시 내려 놓고 왔답니다.

꽃을 보다가 꽃에서 꿀을 따고 있는 벌과 꽃에 살짝 숨어 있던 무당벌레를 만났어요. 선생님 손가락에 올라온 무당벌레를 보고 '무당벌레야.' 라고 말하는 이에요.

친구들과 함께 솔방울을 발로 뻥뻥 차며 솔방울 축구 놀이를 하고 있는 이에요. 발로 차서 멀리 날아간 솔방울을 쫓아가 다시 한번 더 발로 차며 축구 놀이를 해요.

는 클로버 꽃으로 꽃 반지를 만드는 선생님의 모습을 보고 따라해요. 손가락 사이에 꽃을 끼워서 꽃 반지를 만들었어요. 꽃을 따지 않고도 꽃 반지를 만드는 방법을 배운 에요.

이는 소나무를 만져보고 있어요. 손바닥도 대어 보고 손가락으로 살며시 소나무 잎을 만져보기도 해요.

자석 블록으로 놀아요. 하늘2반(만2세)

- 날짜: 2020.07.31(금)
- 참여대상: 김00, 김00, 도00, 우00, 정00, 조00

- 자석 블록을 탐색해보고 자석을 서로 밀어내고 붙는 성질에 관심을 가져본다.
- 자석 블록을 이용해서 다양한 만들기를 하며 상상력과 창의력을 길러본다.
- 손의 힘을 이용해서 자석블록을 다양하게 탐색하며 영아의 소근육을 발달시킨다.

이는 블록상자에서 길쭉한 자석블록과 바퀴를 꺼내요. 선생님에게 긴 자석블록에 바퀴를 연결해 달라고 말해요. 선생님이 바퀴를 연결해주자 '기차 '를 만들었어요. 선생님이 같은 극끼리 밀어내는 성질을 이용해 기차를 움직이는 모습을 보여주자 00이도 선생님을 따라 기차를 움직여봐요. 책상위에서 활동하던 00이는 기차를 바닥자리로 가져와 움직여봐요.

이는 살짝 굽은 자석블록을 연결해서 동그라미 모양을 만들었어요. 보민이가 직접 만든 동그라미를 팔에도 끼워보고 모리 위에 올려 보기도 해요. 선생님이 '00이 팔찌 예쁘다.'라고 말하자 선생님의 말을 따라 '00이 팔찌 예뻐.'라고 말해요. 선생님에게 바퀴를 자석블록에 꽂아 달라고 말해요. 선생님이 바퀴를 연결해주자 기차를 만들어 놀이하는 00이에요.

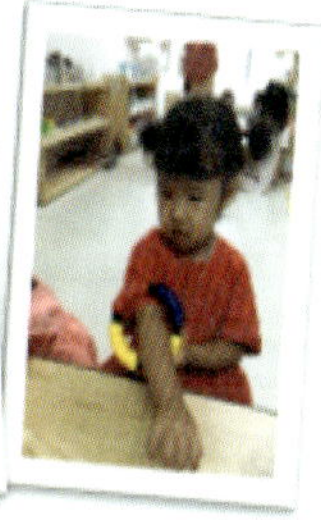

이는 숫자와 글자 자석블록을 자석판에 붙이며 놀이해요. 선생님이 무엇을 만들었는지 물어보자 '조00 어린이집이에요.'이라고 말해요. 책상위에서 세모 네모 모양 자석블록을 연결해서 멋진 작품을 만든 00이에요. 길쭉한 네모 모양의 자석블록을 귀에 대고 '네 네 지금 갈게.'라고 말하며 전화 받는 흉내를 내기도 해요.

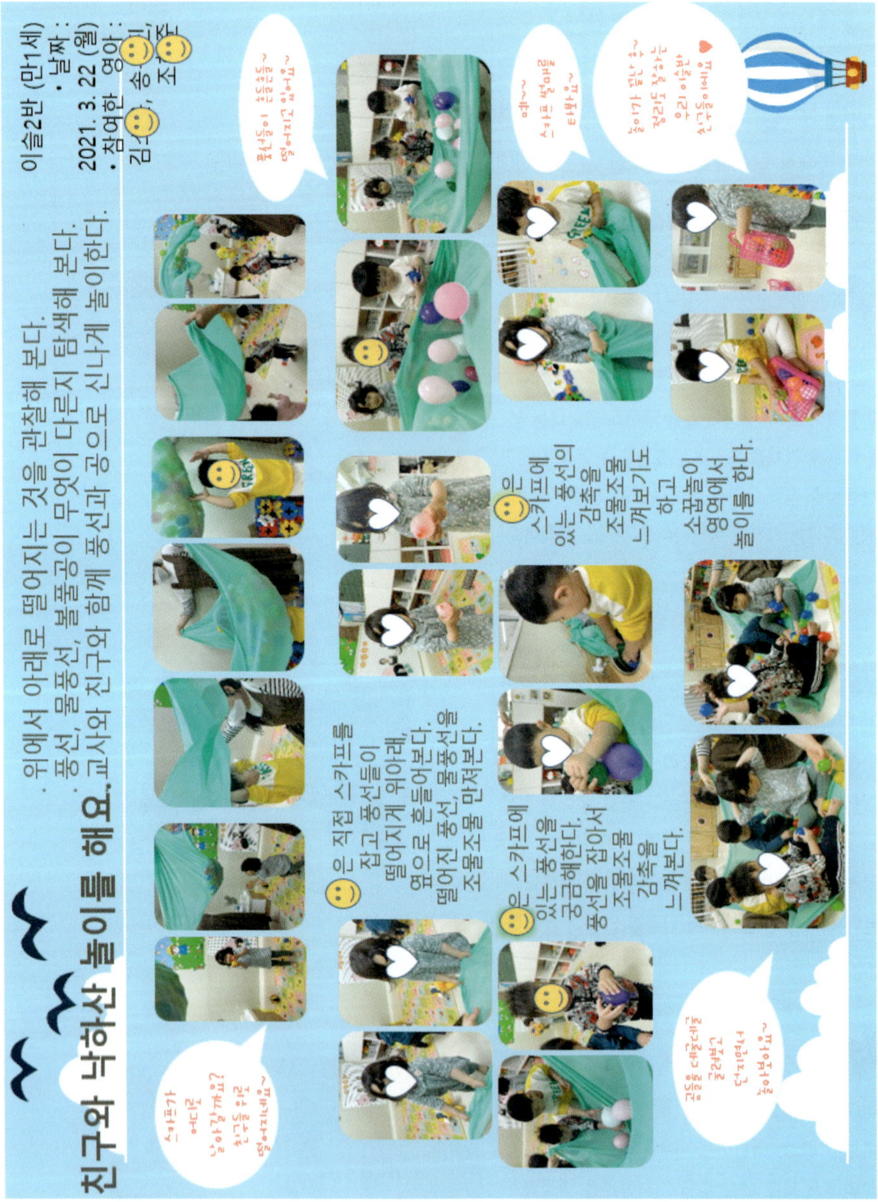

친구와 낙하산 놀이를 해요.
. 위에서 아래로 떨어지는 것을 관찰해 본다.
. 풍선, 물풍선, 볼풀공이 무엇이 다른지 탐색해 본다.
. 교사와 친구와 함께 풍선과 공으로 신나게 놀이한다.
이슬2반 (만1세)
• 날짜 : 2021. 3. 22 (월)
• 참여한 영아 : 김소, 송 민, 조 준
스카프가 어디로 날아갈까요? 친구들 위로 떨어지네요~
풍선들이 흔들흔들~ 떨어지고 있어요~
은 직접 스카프를 잡고 풍선들이 떨어지게 위아래, 옆으로 흔들어본다. 떨어진 풍선, 물풍선을 조물조물 만져본다.
은 스카프에 있는 풍선을 궁금해한다. 풍선을 잡아서 조물조물 감촉을 느껴본다.
은 스카프에 있는 풍선의 감촉을 조물조물 느껴보기도 하고 소꿉놀이 영역에서 놀이를 한다.
예~~ 스카프 썰매를 타봐요~
놀이가 끝난 후~ 정리도 잘하는 우리 이슬반 친구들이에요
공들을 데굴데굴 굴려보고 던지면서 놀아보아요~

푹신푹신 스펀지랑 놀아요~

. 스펀지의 푹신푹신 감촉을 온몸으로 느껴본다
. 스펀지 위에서 편안함을 느끼고 친구와 교사와 재미있게 놀이한다.

이슬2반 (만1세)
• 날짜 : 2021. 3. 26 (금)
• 참여한 영아 : 김소*, 송우*

소*은 앉아서 손과 발로 푹신푹신한 감촉을 느껴본다.

뽀로로와 에디 인형을 안고 스펀지 위를 걸어보고, 스펀지에 인형들을 눕혀준다.

스펀지 위로 소풍을 와서 머핀을 만들고 포도도 잘라 먹는다,

우*은 씩씩하게 걸어보기도 하고 두 손을 짚고 두 발로 점프를 해본다.

냄비를 가져오면서 두 귀를 손으로 감싸면서 '앗뜨' 라는 말을 한다. 냄비에 딸기와 포도를 넣는다.

블록으로 팔찌를 끼우고 와서 스펀지 위를 걸어본다.

스펀지 위에 누워 선생님의 토닥토닥 손길을 느껴본다.

소*과 우*은 함께 스펀지 위에 앉아 소꿉놀이를 한다.

. 다양한 색에 대한 이해도를 높인다.
. 소근육 발달을 도모하며 종이를 자유롭게 구기고 찢어본다.

종이야~ 놀자!

이슬2반 (만1세)
· 날짜 : 2021. 3. 5 (금)
· 참여대상 : 김00, 송00, 조00

소꿉놀이를 하다 교사가 제시하는 종이를 보고 엄마와 함께 책상 앞에 앉는다. 엄마가 가장자리를 조금 찢어주면 찢어보기도 하고 스스로 힘을 줘서 종이를 찢고 구겨 보기도 한다. 나무 활동지에 풀을 발라서 종이를 붙여본다. 그리고 풀을 바르다 손에 풀이 묻어서 느껴보더니 신기한지 풀에 손을 가져다 대고 만져보고 종이에도 손에 묻은 풀로 문질문질해본다. 충분히 느껴본 후 손을 씻으러 간다.

'00아~ 00이가 좋아하는 노란색 종이예요~' 00이가 좋아하는 노란색 습자지를 보여주자 조금 관심을 보인다. 교사와 엄마의 도움으로 습자지를 찢어보고 조물조물해서 구겨본다. 일어나 컵 하나를 가져와 구겨진 종이를 컵에 담아서 마시는 시늉을 해본다. 나무 활동지에 풀을 바르고 습자지를 손으로 꾹꾹 눌러 붙여본다. 풀의 감촉이 신기한지 풀을 손가락에 묻혀서 느껴본다. 그리고 세면대로 가서 손을 씻는다.

교사가 제시하는 습자지 종이에 흥미를 보이지 않다가 엄마와 교사가 함께 '00아~ 이것 봐라~ 이렇게 쭉 찢어지고 있어~'라고 하며 종이를 쭉~ 찢어보는 행동을 하자 엄마의 무릎에 앉아 종이를 찢어본다. 나무 활동지에 종이를 붙이는 것 보다 풀을 바르고 풀의 감촉을 느끼는 것에 흥미를 더 느낀다. 손가락을 비벼보면서 풀의 감촉을 느껴본다.

2020.09.04 금요일

동물이 되어보아요.

참여대상: 조 (만2세 하늘2반)

조채은

- 이는 다른 친구들과 함께 동물머리띠를 쓰고 놀이하기 위해 자기 차례를 기다려요.
-선생님이 이에게 " 가 제일 좋아하는 동물은 무엇이죠?" 물어보자 이는 "뱀이 좋아." 라고 대답을 해요.
-부끄러움을 타는 이는 선생님과 함께 뱀의 움직임 흉내를 내보아요.
-선생님이 " 아 이제 혼자 뱀 흉내를 내볼까?" 라고 말하자 부끄러운 이는 혼자 미소를 살짝 짓더니 걸어서 다시 출발 지점으로 돌아와요.

동물원을 꾸며요.

하늘2반
김00
2020.09.07

- 이는 선생님이 불러주신 동물 노래를 듣고 같이 따라 불렀어요.
-동물원에서 어떻게 동물들을 대해야하는지에 대해 배우고 나만의 동물원을 꾸며보아요.
- 이는 풀 뚜껑을 혼자 열고 동물들에 풀칠을 해요.
-선생님이 " 아 이건 어디 붙일까?" 물어보자 이는 "여기 물에요."라고 대답해요. " 아 이거 무슨 동물인데 물에 붙이는거야?" 물어보자, 코뿔소를 가르키며 "이건 하마니까요."라고 대답해요.
- 이는 동물들을 붙이다가 풀이 손에 묻자 바로 세면대로가서 손을 씻어요.
- 이가 그 다음 원숭이를 집어 들며 "선생님 이건 나무에 붙여야해요."라고 말해서 선생님이 "왜?"라고 물어보자 이는 "왜냐면 원숭이는 나무에서 살아요."라고 대답해요.

참고문헌

강경화(2016). 예비유아교사들의 첫 현장관찰 경험의 의미. 어린이미디어 연구, 15(3). 259-278.

강보배, 민하영(2019). 전래동화를 활용한 정서중심 이야기 나누기 활동과 협동적 게임 활동이 유아의 정서지능에 미치는 효과. 한국아동심리치료학회지, 14(2), 97-112.

고영복(2000). 사회학사전.

곽금주(2002). 아동심리평가와 검사. 서울: 학지사.

곽노의(2018). 유아교육의 역사와 철학. 유아교육사조. 서울: 문음사.

곽덕영(1986). 유아연구. 서울: 형설출판사.

곽현주, 구수연, 박성희, 서동미, 서혜정, 손혜숙, 이명순, 이혜경(2010). 유치원 교사를 위한 교직실무. 서울: 파란마음.

국민건강보험공단 홈페이지(www.hi.nhis.or.kr).

권석만(2012). 현대 심리치료와 상담 이론. 서울: 학지사.

권슬아(2019). 초등학생용 공감 6단계 동화 프로그램 개발. 청주교육대학교 교육대학원 석사학위논문.

권준수, 김재진, 남궁기, 박원명, 신민섭, 유범희, 윤진상, 이상익, 이승한, 이영식, 이헌정, 임효덕(2015). DSM-5 정신질환의 진단 및 통계편람(제5판). 서울: 학지사.

교육부(2019). 개정누리과정 교사용 지침서.

교육부(2014). 2014 유치원생활기록부 기재요령.

교육부(2017). 제4주기 유치원평가 중앙연수.

김경회, 한성희, 김혜금(2018). 아동관찰 및 행동연구. 경기: 정민사.

김남진, 김정은, 최희승(2014). 장애아 진단 및 평가. 경기: 양서원.

김병선, 이윤옥, 김청송(2000). 아동연구방법. 경기: 양서원.

김석우(2015). 교육평가의 이해. 서울: 학지사.

김석우, 김명선, 강태용, 정혜영(2000). 포트폴리오 이론과 실제. 서울: 학지사.

김송이, 정지나, 최혜영, 민성혜(2010). 영유아 관찰 및 실습. 경기: 양서원.

김안나(2012). 유아 관찰을 통한 예비 유아교사의 관찰자로서의 경험의 의미. 미래유아교육학회지, 19(4), 210-229.

김연, 한태숙, 정인희, 박연경, 구현아(2006). 유아의 문제행동에 영향을 미치는 양육태도, 기질, 인지능력, 사회적 능력 간의 구조모형 분석. 열린유아교육연구, 11(2), 229-250.

김이영, 김태인, 김현정, 송명숙, 이지미, 한석실(2015). 영유아 행동관찰의 이해. 경기: 정민사.

김지은(2008). 아동관찰 및 행동연구. 경기: 학현사.

김지은(2014). 영유아 행동관찰의 이해. 경기: 정민사.

김현주, 김정희, 송연숙, 최해경, 박선미(2018). 영유아발달. 서울: 동문사.

김형희(2007). 아동과 청소년의 이상심리학. 서울: 박영사.

김혜윤, 김길숙, 최승화, 최애경(2019). 아동관찰 및 행동연구. 경기: 양서원.

노명숙(2019). 아동관찰 및 행동연구. 서울: 창지사.

다음백과, https://100.daum.net/encyclopedia/view/b01g2530a

다음백과, https://www.youtube.com/watch?v=ZRy1JjFHeq4

다음백과, https://100.daum.net/encyclopedia/view/216XXXH003150

문수백(2013). 학위논문 작성을 위한 연구방법의 실제. 서울: 학지사.

문혁준, 김경은, 서소정, 성미영, 안선희, 임정하 외(2020). 영유아 발달. 서울: 창지사.

박신영, 엄미향, 계승희(2021). 어린이집 교사가 경험한 유아의 까다로운 식습관 인식 및 지도의 어려움에 대한 질적 연구. 학습자중심교과교육연구, 21(7), 365-380.

박은지(2020). 그림책을 활용한 마인드셋 프로그램이 초등학교 저학년의 마인드셋과 그릿에 미치는 영향. 경인교육대학교 교육전문대학원 석사학위논문.

박현아(2020). 초보 아동중심 놀이치료자 학습공동체 참여경험에 대한 사례 연구. 숙명여자대학교 대학원 박사학위논문.

배호순(2000). **수행평가의 이론적 기초**. 서울: 교육과학사.

부산광역시육아종합지원센터(2017). **핵심 쏙쏙 보육과정 해설서**. 부산: 경성문화사.

서현아, 하선혜, 박소윤, 강현미, 한희정, 김산아(2018). **아동관찰 및 행동연구**. 서울: 학지사.

성미영, 전가일, 정현심, 김유미, 정하나(2017). **아동관찰 및 행동연구**. 서울: 학지사.

성태제(2015). **교육연구방법의 이해(제3판)**. 서울: 학지사.

송연숙, 유수경(2008). 유아교사용 역할갈등 척도의 개발과 타당화. **유아교육연구**, 28(4), 189-213.

송연숙, 정혜영, 유수경(2020). **아동관찰 및 행동연구**. 서울: 창지사.

신영희 외(2016). **유아발달**. 서울: 학지사.

신의진(2008). **신의진의 아이 심리백과**. 서울: 갤리온.

신의진(2008). **신의진의 초등학생 심리백과**. 서울: 갤리온.

안선희, 문혁준, 김양은, 김영심, 안효진, 이경옥, 신혜원(2019). **아동관찰 및 행동연구 3판**. 서울: 창지사.

안영진, 장선철(2001). **아동상담**. 서울: 동문사.

양명희, 임유경(2016). **유아행동 관찰 및 평가**. 서울: 학지사.

우수경 · 고정리(2020). **아동관찰 및 행동연구**. 경기: 공동체.

유진이(2018). **청소년 심리 및 상담**. 경기: 양서원

육아정책연구소(2020). 한국아동 성장발달 종단연구 2020(한국아동패널 II) 어머니대상 질문지.

육아정책연구소(2020). 한국아동 성장발달 종단연구 2020(한국아동패널 II).

윤매자, 이화명, 김진영, 김영미(2021). **아동관찰 및 행동연구**. 경기: 지식공동체.

이금희, 김성재, 유혜진(2020). 유아의 스마트폰 과다사용과 관련한 부모요인 규명: 체계적 고찰 및 메타분석. **한국간호과학회, 50(3)**, 349-368.

이미화, 이정림, 여종일, 김경미, 김명순, 이경옥, 이완정, 이정욱, 최일선, 최혜영(2012). **5세누리과정유아평가척도개발**. 서울: 육아정책연구원.

이상욱, 정희영, 강종명, 김미애(2016). **아동권리와 복지**. 경기: 파워북.

이성은, 권리라, 윤현희(2004). 초등교사의 전문성에 관한 참여관찰 연구. **한국교원교육연구, 21(3)**, 5-27.

이순형, 김정민(2008). **아동관찰 및 행동연구**. 서울: 학지사.

이순형,이혜승, 권혜진, 이영미, 정윤주, 한유진, 성미영, 권기남, 김정민(2014). **아동관찰 및 아동연구(2판)**. 서울: 학지사.

이연숙(1997). **어린이집 실내환경 디자인 지침**. 경기: 교육과학사.

이영석, 권대도, 최민수(1989). **유아교육학개론**. 경기: 양서원.

이영석, 이정화(2000). **포트폴리오평가방법의 적용 원리와 실제**. 경기: 교육과학사.

이영애, 유준호(2019). **아동관찰 및 행동연구**. 서울: 한국방송통신대학교출판문화원.

이윤옥(2020). **아동관찰 및 행동연구**. 경기: 정민사.

이윤진, 권미경, 하민경(2013). **유치원생활기록부 활용 실태 및 제고방안**. 서울: 육아정책연구소.

이은해, 이미리, 박소연(2006). **아동연구방법의 이해**. 서울: 학지사.

이정환, 박은혜(2011). **유아관찰워크북**. 서울: 한국어린이육영회.

이종승(2009). **교육심리사회연구방법론**. 경기: 교육과학사.

이지수(2014). 만 5세반 교사의 Work Sampling System 활용 포트폴리오평가 실행연구. 덕성여자대학교 대학원 박사학위논문.

이해정, 강현영, 서현아, 엄세진, 윤정진, 좌승화(2018). **교육평가**. 경기: 공동체.

이현숙(2020). 지역아동센터 시설장들의 다문화교육 경험과다문화교육 역량 강화에 관한 사례연구. 경인교육대학교 교육전문대학원 석사학위논문.

임미선, 박성희(2020). **유아교육개론**. 경기: 공동체.

전경원, 권미은, 최미점(2014). 영화를 통해 엿보는 특수아동의 이해. 경기: 정민사.

전남련, 권경미, 김덕일(2009). 유아관찰 평가의 이론과 실제. 경기: 양서원.

전남련, 김인자, 백향기, 황연옥 외(2016). 아동관찰 및 행동연구. 경기: 양서원.

전정민, 김정미, 박성애, 유혜정, 이은주(2020). 아동관찰 및 행동연구 2판. 서울: 학지사.

전효훈(2016). 조형활동에서 나타나는 유아의 놀이양상과 교사의 반응에 관한 사례연구. 유아교육연구, 36(4), 93-125.

정주인, 권귀염(2020). 놀이중심교육과정 시대: 변화를 위한 유아교사들의 시도. 유아교육연구, 40(3), 93-118.

조복희(2010). 아동연구의 방법. 경기: 교문사.

조성연, 이정희, 황혜정, 나종혜, 양성은(2018). 아동관찰 및 행동연구. 서울: 신정.

조윤경(2010). 행동연구 기초. 경기: 공동체.

조윤경, 김경혜(2013). 아동관찰 및 행동연구. 경기: 공동체.

중앙육아종합지원센터(2020). 어린이집 문서 서식 양식.

표은진(2019). 학령기 아동의 분노표현과 관련변인들 간의 구조적 관계. 대구가톨릭대학교 일반대학원 박사학위논문.

학지사 심리검사연구소. https://inpsyt.co.kr/

홍길회, 박재옥(2019). 아동관찰 및 행동연구. 서울: 동문사.

홍새봄(2019). 혁신유치원 만 5세 바다반의 교육과정 변화에 관한 질적 사례연구. 성결대학교 교육대학원 석사학위논문.

황해익(2015). 유아교육평가의 이해(개정판). 경기: 정민사.

황해익(2019). 아동연구방법. 경기: 정민사.

황해익, 송연숙, 정혜영, 유수경(2013). 영유아 행동관찰법. 서울: 창지사.

황해익, 송연숙, 최혜진, 정혜영, 손원경(2009). 유아 포트폴리오평가. 서울: 창지사.

황해익, 최혜진, 정혜영, 권유선(2016). 아동관찰 및 아동연구. 경기: 공동체.

황혜정 · 문혁준 · 안선희 · 안효진 · 이경옥 · 정지나(2019). 아동연구방법론. 서울: 창지사.

Ahola, D. & Kovacik, A.(2007). *Observing and understanding child devlopment: Achild study mannal*. New York: The Thomson.

Anastasi, A.(1988). *Psychological testing*(6th ed.). New York: Macmillan.

Anne Cronin, MaryBeth Mandich 공저, 양영애 외 공역(2010). 인간발달과 수행. 서울: 정담미디어 · 학지사.

Beaty, J. J.(2006). *Observing Development of the Young Child*(6th ed.). N.J.: Merrill Prentice Hall.

Bentzen, W.(2000). *Seeing young children: A guide to observing and recording behavior*(4td ed.). Albany, New York: Delmar.

Bogdan, R. C. & Biklen, S. K.(2006). *Qualitative research for education: An introduction to theory and methods*(5th ed.). Boston: Allyn & Bacon.

Borg, W. Gall, J. P. & Gall, M. D.(1993). *Applying educational research: A practical guide*(3rd ed.) N.Y.: Longman.

Bredekamp, S.(1987). *Developmentally appropriate practice in early childbood programs*(Revised edition). Washington, DC: National Association for the Education of Young Chil-dren.

Ronson, M. D.(1985). *Manual for the Bronson Social and Task Skill Profile*. New Haven, CN: Mediax Interactive Technologies.

Clements, D. H.(2004). Geometic and spatial thinking in early childhood education. In D. H. Clements, J. Sarama & A. DiBiase(Eds.), *Engaging young children in mathematics*. Mahwah, NJ: Lawrence Erlbaum Associates.

Cohen, R., M. E. Swerdlik, and D. J. Smith.(1992). *Psychological testing and assessment: An introduction to test and measurement*(2nd ed.). Mayfield Publishing Company.

Copley, J. V.(2010). *The young child and mathematics*. Washington DC: National Association for the Education of Young Children 2nd ed.

Cresell, J. W.(1998). *Qualitative inquiry and research design*. 조흥식 · 정선욱 · 김진숙 · 권지성 역.(2005). 질적연구방법론-다섯 가지 전통. 서울: 학지사.

Epstein, A. S.(2007). *The intentional teacher: Choosing the best strategies for young children's learning*. Washington D.C.: NAEYC.

Essa, E. J.(1990). *First steps toward teaching the Reggio Way*. Upper Saddle River, New Jerse: Merill, an imprint of Prentice Hall.

Flanders, N. E.(1970). *Analyzing teacher behavior*. New York: Addision- Wesley.

Gordon, D. G.(2001). Classroom management problems and solution: A few basic guidelines for classroom management cam improve student behavior and reduce stress on the music educator. *Music Educators Journal, 88*(2), 17-23.

Gilkerson, D., & Hanson, M. F.(2000). Family portfolios: Involving families in portfolio documentation. *Early Childhood Education Journal, 27*, 197-201.

Ginsburg, H. P., Lee J. S. & Boyd, J. S.(2008). Mathematics education for young children: What it is and how to promote it. *Social Policy Report, 22*(1), 1-24.

Gronlund, N. E.(1998). Portpolio as an assessment too: Is collection of work enough? *Young Children, 53*, 4-10.

Hebert, E. A., & Schultz, L.(1996). The power of portfolio. *Educational Leadership, 53*, 70-71.

Hendrick, J.(1990). *Total learning: Developmental currculum for the young child*(3rd ed), New York: Macmillan.

Hills, T.(1992). Teaching potentials through appropriate assessment, In S, Bredekamp & T. Rosegrant(Eds.) *Teaching potentials: Appropriate curriculum and assessment for young children*, Washington, DC: National Association for the Eduction of Young Children.

Howe, M. B.(2000). Improving child care and promoting accreditation: The Military Model. Public Policy Report. *Young Children, 55*(5). 61-63.

Irwin, D. M. & Bushnell, M. M.(1980). *Observational strategies for child study*. New York: Holt, Rinehart & Winston.

Jonathan, R. H. & Fabenne, D.(2004). Early mathematics experience: Observing black and white children's everyday activity. *Early Childhood Research Quarterly, 19*, 21-39.

Kats, L. G. & McClellan, D. C.(1997). *Fostering children's social competence: The teacher's role*. Washington, DC: NAEYC.

Lawler, S. D.(1991). *Parent-Teacher conferencing in early childbood education*. Washington, DC: National Association for the United States.

MacDonald, S.(1997). *The portfolio and its use: Aroad map for assessment*. Southern Early childhood Association.

Martin, S. (1999). *Take a look: Observation and portfolio assessment in early childbood*(2nd ed.). Ontario, Canada: Addison-Wesley.

Micklo, S. K.(1997). Math portfolio in the primary grades. *Childhood Education, 73*, 194-199.

Murray J: Farrington DP(Oct 2010). "Risk factors for conduct disorder and delinquency: key findings from longitudinal studies.". *Can J Psychiatry, 55*(10): 633–42. doi:10.1177/070674371005501003. PMID 20964942.

Nilsen, B. (2001). *Week by week: Plans for observing and recording young children*(2nd ed.). Alba-ny, New York: Delmar.

Seidel, S., Walters, J., Kirby, E., Olff, N., Powell, K., Scripp, L.(1997). *Portfolio practices: Thinking through the assessment of children's work*. Washington, DC: National Education Association.

Shaffer, D. R. (2005). 발달심리학. 송길연, 장유정, 이지연, 정윤경 (역). 서울: 시그마프레스(원저 2002 출판).

Shores, E. F. & Grace, C.(1998). 단계별 포트폴리오 활동의 이론과 실제(한유미, 오연주 역, 2003). 서울: 다음세대.

Thompson, R. A.(2006). The development of the person: Social understanding, relationships, conscience, self. In N. Eisenberg(Vol. Ed.) & W. Damon & R. Lerner(Series Eds.), *Handbook of Child Psychology: Vol. 3. Social, emotional, and personality development*(6th ed., 24-98). Hoboken, NJ: Wiley.

Tuckrt, K.(2010). *Mathematics through play in the early years*(2nd ed.). London: Sage Publications Ltd.

Yin, R.(2003). *Application of case study*. 사례연구방법. 신경식 · 서아영 역(2005). 서울: 한경사.

Daum 백과(https://100.daum.net/encyclopedia/view/216XXXH003120

EBS 아이의 사생활.

https://www.youtube.com/watch?v=Am1i8c1bZto(동영상)

https://100.daum.net/encyclopedia/view/185XX76700040

http://blog.daum.net/jhwhee

https://blog.naver.com/rhkdfhr307/221502140296

https://blog.naver.com/leelove7270

https://education-is-power.net/operant-conditioning/

https://baleun-namja.tistory.com/17

https://blog.naver.com/majormap20/222227725763

http://youtu.be/m7snpTMu10O

https://blog.naver.com/crowdark7/104185197

https://cafe.daum.net/SHIN.ROH.DREAM/SQmx/76?q

https://ko.wikipedia.org/wiki

https://100.daum.net/encyclopedia/view/145XXXXXX3670 질병관리청 국가건강정보포털(2021.6.5.출력)

저자소개

박수연
교육학박사
호산대학교 유아교육과 교수

김현오
대구가톨릭대학교 유아교육과 박사수료

표은진
대구가톨릭대학교 아동학박사

이한솔
대구대학교 유아교육과 석사졸업
부산 천사의 학교 특수교사

아동관찰 및 행동연구

초판 1쇄 인쇄 / 2021년 8월 15일
초판 1쇄 발행 / 2021년 8월 20일

•

공저자 / 박수연 · 김현오
표은진 · 이한솔
발행인 / 이 중 수
발행처 / **동 문 사**

•

서울특별시 서대문구 홍제원 1길 12
(홍제동 137-8)
Tel : 02)736-3718(대), 736-3710, 3720
Fax : 02)736-3719
등록번호 : 1974.04.27 제9-17호
가격 : 21,000원

•

ISBN : 979-11-6328-329-4(93370)
E-mail : dong736@naver.com
www.dongmunsa.com